Originelle Jakobswegmarkierung auf dem Weg nach Weihenzell, Etappe 12

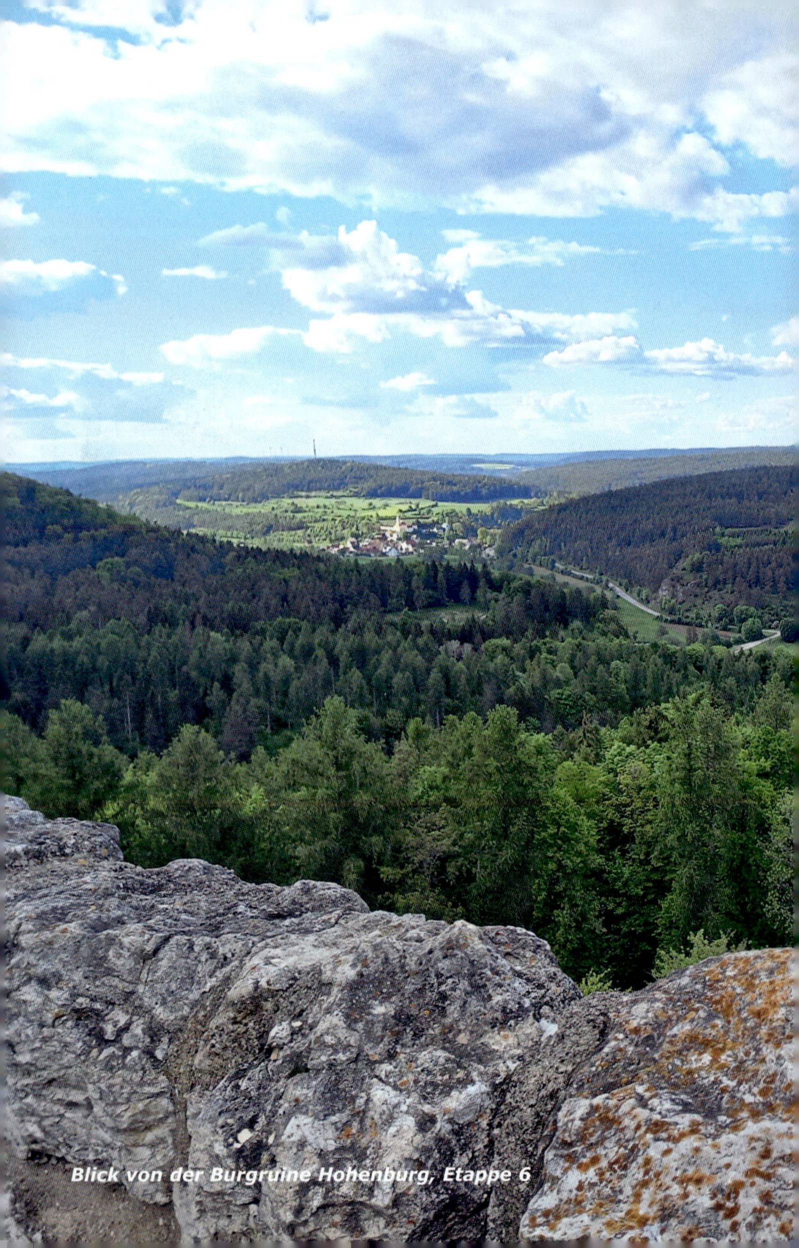
Blick von der Burgruine Hohenburg, Etappe 6

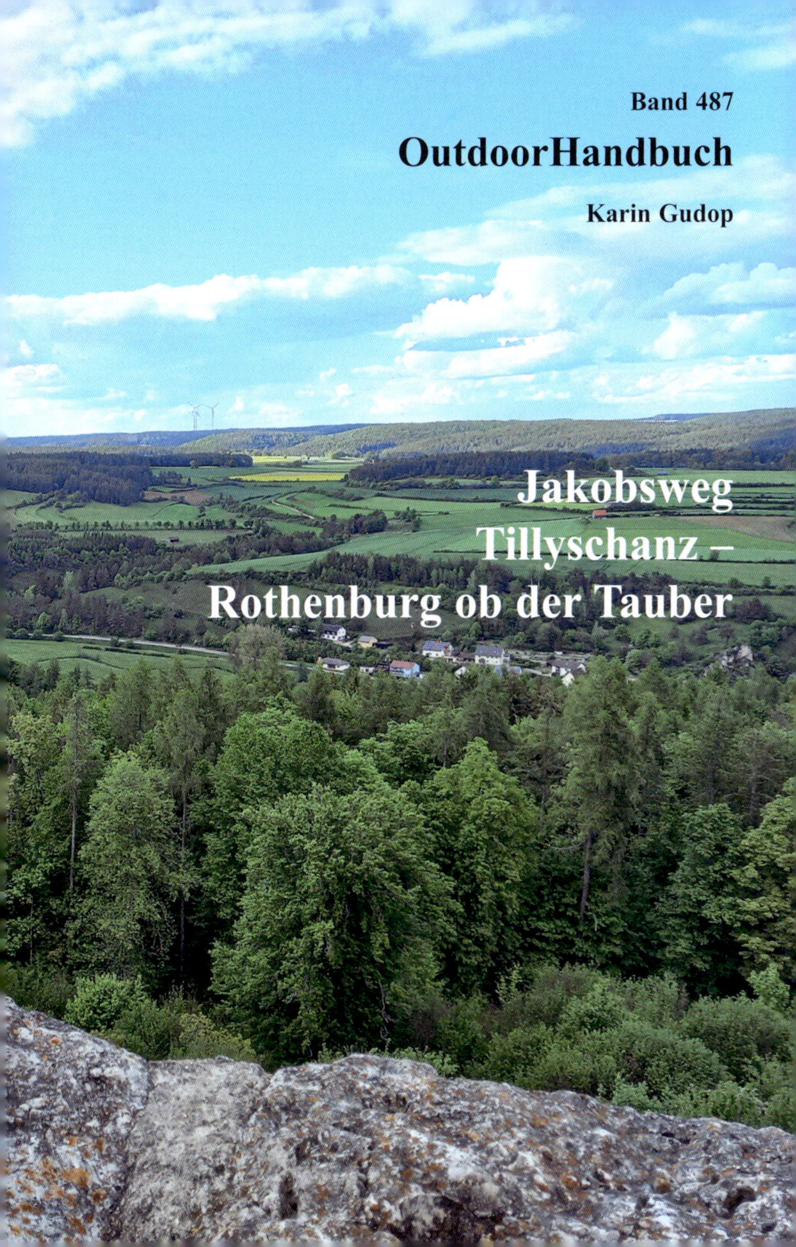
Band 487
OutdoorHandbuch
Karin Gudop
Jakobsweg
Tillyschanz –
Rothenburg ob der Tauber

Jakobsweg Tillyschanz –

Dieses OutdoorHandbuch wurde konzipiert und redaktionell erstellt vom:

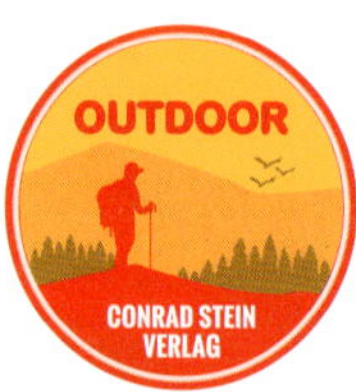

Conrad Stein Verlag GmbH
Kiefernstr. 6, 59514 Welver
☏ 023 84/96 39 12
info@conrad-stein-verlag.de
www.conrad-stein-verlag.de
www.facebook.com/outdoorverlag
www.instagram.com/outdoorverlag

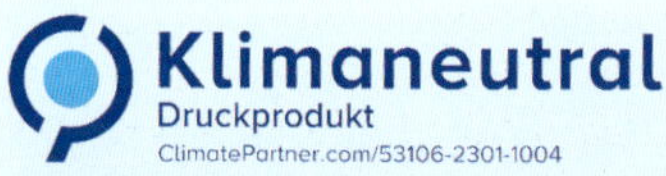

Als Outdoor-Verlag sind uns der Schutz und die Erhaltung der Natur seit jeher ein besonderes Anliegen. Auch in Sachen Klimaschutz haben wir eine Vorreiterrolle inne: Wir sind der einzige Buchverlag in Deutschland, der bereits seit 2008 seine Bücher konsequent klimaneutral in Deutschland produzieren und transportieren lässt. Dabei wird nicht nur klimaneutral, sondern auch nachhaltig, d. h. so umweltschonend wie möglich produziert, z. B. durch die Auswahl von umweltfreundlichen Materialien. Die bei der Produktion der Bücher entstandenen CO_2-Emissionen werden durch die Unterstützung von zertifizierten Klimaschutzprojekten ausgeglichen. Jedes Buch wird daher mit dem Logo „klimaneutral" und einer Climate-Partner-Zertifikatsnummer versehen. Mithilfe dieser Nummer können Sie unter www.climatepartner.com Informationen zu der eingesparten CO_2-Menge und dem Projekt finden, das mit der Abgabe gefördert wird.

Das Engagement des Conrad Stein Verlags wurde im Rahmen des Projekts „Klimaneutraler Buchverlag" mit dem Westenergie Klimaschutzpreis 2022 ausgezeichnet.

OutdoorHandbuch Band 487

ISBN 978-3-86686-738-3 1. Auflage 2023

Text und Fotos: Karin Gudop
Karten: Manuela Dastig
Lektorat: Anna-Lena Ebner
Layout: Alexandra Sauerland

Gesamtherstellung: AZ Druck und Datentechnik GmbH, Kempten

Dieses OutdoorHandbuch hat 192 Seiten mit 43 farbigen Abbildungen sowie 23 farbigen Kartenskizzen im Maßstab 1:125.000, 18 farbigen Höhenprofilen und einer farbigen, ausklappbaren Übersichtskarte.

Alle Informationen, schriftlich und zeichnerisch, wurden nach bestem Wissen zusammengestellt und überprüft. Sie waren korrekt zum Zeitpunkt der Recherche. Eine Garantie für den Inhalt, z. B. die immerwährende Richtigkeit von Preisen, Adressen, Telefonnummern und Internetadressen, Zeit- und sonstigen Angaben, kann naturgemäß von Verlag und Autor – auch im Sinne der Produkthaftung – nicht übernommen werden.

Autor und Verlag freuen sich über Ihr Feedback. Schreiben Sie Ihre Tipps und Verbesserungen an info@conrad-stein-verlag.de oder nutzen Sie unsere Social-Media-Kanäle. Bitte nennen Sie dabei Titel, Auflage und Seitennummer.

Dieses Buch ist im Buchhandel und in Ausrüstungsläden erhältlich und kann im Internet oder direkt beim Verlag bestellt werden.

Titelfoto: St.-Jakob-Kirche in Nürnberg

Inhalt

☺ Eine **Übersichtskarte** des Weges, **Autorenprofil** sowie eine Liste aller verwendeten **Symbole** in diesem Buch finden Sie auf den vorderen und hinteren Umschlagseiten bzw. -klappen.

Einleitung

Tillyschanz an der tschechischen Grenze ist der Ausgangspunkt des knapp 300 km langen Jakobsweges der über Schwandorf, Nürnberg und Heilsbronn nach Rothenburg ob der Tauber führt.

In 14 Etappen zzgl. zwei Alternativetappen begleitet Sie der Pilgerführer von Tillyschanz über die waldigen Hügel der Oberpfalz und durch das vor Schwandorf gelegene Charlottenhofer Weihergebiet. Sie durchstreifen das romantische Lauterachtal mit seinen Burgen und Schafweiden, bis Sie auf der Etappe nach Feucht die Oberpfalz verlassen.

In Mittelfranken bieten sich Ihnen neben der Hauptroute, die am Stadtrand von Nürnberg verläuft, noch zwei Wegalternativen: eine über die Innenstadt von Nürnberg und eine über die Goldschlägerstadt Schwabach.

Alle drei Wege vereinen sich schließlich in dem kleinen Städtchen Heilsbronn mit seinem beeindruckenden Münster. Weiter geht es durch wunderschöne Wälder und Täler mit Pilgerrastplätzen, die zum Verweilen einladen, bis Sie Colmberg mit seiner mächtigen Burg bewundern dürfen. Den krönenden Abschluss bildet das mittelalterliche Rothenburg ob der Tauber mit seiner großartigen Jakobuskirche und den zahlreichen Fachwerkhäusern.

Dieser oberpfälzisch-fränkische Jakobsweg ist verbunden mit dem mittlerweile umspannenden Netz von Jakobswegen in Deutschland, das über die Grenzen hinweg die verschiedenen Kirchen und Länder verbindet. Somit ist ein ökumenisches und europäisches Wegenetz mit dem gemeinsamen Zielpunkt Santiago de Compostela entstanden.

Sowohl Nürnberg als auch Rothenburg o. d. T. sind Knotenpunkte von Pilgerwegen.

Von Rothenburg o. d. T. kann man über Ulm und weiter auf dem Oberschwäbischen Jakobsweg nach Konstanz, durch die Schweiz nach Genf und schließlich durch Frankreich über Le Puy-en-Velay nach Santiago pilgern.

Die zwei weiteren Wege führen von Rothenburg o. d. T. nach Freiburg im Breisgau bzw. nach Speyer.

Ein kurzer Abstecher in die Geschichte des Jakobsweges zeigt, dass diese im 7. Jh. mit der Verehrung des Apostels Jakobus des Älteren begann. Seit 1122 wird in den Jahren, in denen der Jakobustag am 25. Juli auf einen Sonntag fällt, ein heiliges Jahr begangen.

Am 25. Juli 816 n. Chr. wurden die Reliquien des Apostels in der Kirche, einer neu errichteten Wallfahrtsstätte, im spanischen Compostela beigesetzt.

Die Motivation der mittelalterlichen Pilgerinnen und Pilger war wohl meistens eine religiöse, aber auch Armut, Abenteuerlust oder das Entfliehen des tristen Alltags spielten sicher eine Rolle beim Vorhaben, nach Santiago de Compostela zu wandern, bis zur Küste von Galicien zu pilgern und somit das vermeintliche „Ende der Welt" in der Region Finisterre zu erreichen. Sie erhofften sich sowohl die Erlösung von Sünden als auch die Heilung von Gebrechen und so machten sich die Menschen auf den weiten Weg nach Spanien zum heiligen Jakobus vom Sternenfeld.

Den Pilgernden begegneten auf ihrer gefährlichen Reise Krankheiten, Straßenräuber, Betrüger und viele erreichten dadurch ihr Ziel nie. Das Glück war grenzenlos für diejenigen, die diesen beschwerlichen Weg meisterten und Santiago de Compostela wohlbehalten erreichten.

1987 hat der Europarat die Jakobswege zu europäischen Kulturwegen erklärt. Die verschiedenen Wege erreichen strahlenförmig Santiago de Compostela in Nordwestspanien, der Ort, an dem schon die mittelalterlichen Pilgerinnen und Pilger das Grab des heiligen Jakobus des Älteren vermuteten.

Im 21. Jh. beginnt nun für Sie Ihr Jakobsweg in Tillyschanz in der Oberpfalz, Ihr höchstpersönlicher eigener Weg. Vielleicht sind Sie das erste Mal auf einem Jakobsweg unterwegs, vielleicht sind Sie schon auf verschiedenen Wegen gepilgert und vielleicht waren Sie sogar schon in Santiago de Compostela.

Wie auch immer, genießen Sie diesen abwechslungsreichen Weg, der Ihnen in der heutigen Zeit viele Annehmlichkeiten bietet, wie saubere Unterkünfte und reichhaltiges Essen. Erfreuen Sie sich auf Ihrer Reise an der Fülle dieser Geschenke. Der Jakobsweg bietet immer noch die besondere Faszination, mit der Jakobsmuschel als Pilgersymbol und Richtungsweiser sich in Richtung Santiago auf den Weg zu machen.

Menschen aus unterschiedlichen Ländern mit verschiedenen Sprachen kommen auf den Pilgerwegen miteinander in Kontakt, lernen sich kennen und bilden teilweise langlebige Freundschaften. Auch das trägt in unserer unruhigen Zeit zu einem friedlichen Miteinander in Europa bei.

Begeben Sie sich auf diese spannende Reise, wandern Sie mit offenen Augen auf dem Jakobsweg und freuen Sie sich auf die Begegnungen, die Ihnen zuteilwerden. Vielleicht treffen Sie interessante Menschen, haben inspirierende Gespräche, schließen Freundschaften oder Sie legen Ihren Weg einfach nur in Stille zurück. Möglicherweise erfahren Sie Hilfe in schwierigen Situationen oder helfen einem anderen Menschen.

Nehmen Sie sich auf jeden Fall so viel Zeit wie möglich, um Ihren persönlichen Weg zu gehen.

Sie können einfach mal mit wenig Gepäck ganz unbeschwert und ohne Leistungsdruck in der Natur unterwegs sein. Dabei dürfen Sie eingeschliffene Verhaltensweisen loslassen, sich selbst wieder spüren, die eigene Lebendigkeit und Lebensfreude wieder wahrnehmen.

Was bei Ihrer minimalen Ausrüstung allerdings nicht fehlen sollte, ist die, heute meistens am Rucksack, sichtbar getragene Jakobsmuschel sowie ein Pilgerstab, der auch als dritter Fuß der Pilgerinnen und Pilger bezeichnet wird. Er dient als Stütze, gibt aber auch im spirituellen Sinn Halt und symbolisiert die Dreifaltigkeit. Er wird in unserer Zeit auch gerne durch zwei komfortable Wanderstöcke ersetzt.

Zu guter Letzt gibt es da noch den Pilgerausweis, der Ihnen erlaubt, in Pilgerherbergen zu übernachten. Er wird mit Stempeln der einzelnen Wegetappen versehen und berechtigt dazu, sich in Santiago de Compostela die Pilgerurkunde ausstellen zu lassen. Der Pilgerausweis ist der Nachfolger eines Schriftstücks, das den Pilgerinnen und Pilgern als freies Geleit im Mittelalter ausgehändigt wurde.

Zu jeder Etappe habe ich Sehenswürdigkeiten beschrieben, die Sie vielleicht inspirieren, die eine oder andere Kirche, ein Museum oder auch ein besonderes Gebäude zu besichtigen. Betrachten Sie dies als ein Angebot, etwas Neues in seiner Schönheit zu erleben, und nicht als zu absolvierendes Programm. Wie auch immer Sie Ihren höchstpersönlichen Weg zurücklegen und erleben, ob Sie die gesamte Strecke oder nur etappenweise unterwegs sein werden … der Weg ist bekanntlich das Ziel!

Ich freue mich sehr, dass Sie sich für diesen Pilgerführer entschieden haben und wünsche Ihnen viel Freude auf diesem oberpfälzisch-fränkischen Jakobsweg.

Danke

Danke sage ich allen freundlichen Menschen, die ehrenamtlich in Pilgerherbergen oder Pilgerzentren wie in Nürnberg und Schwabach tätig sind und mich mit interessanten Tipps versorgt haben, sowie den privaten und professionellen Quartiergeberinnen und -gebern, die bereit sind, Pilgerreisende aufzunehmen und diese mit Freude zu umsorgen.

Land und Leute

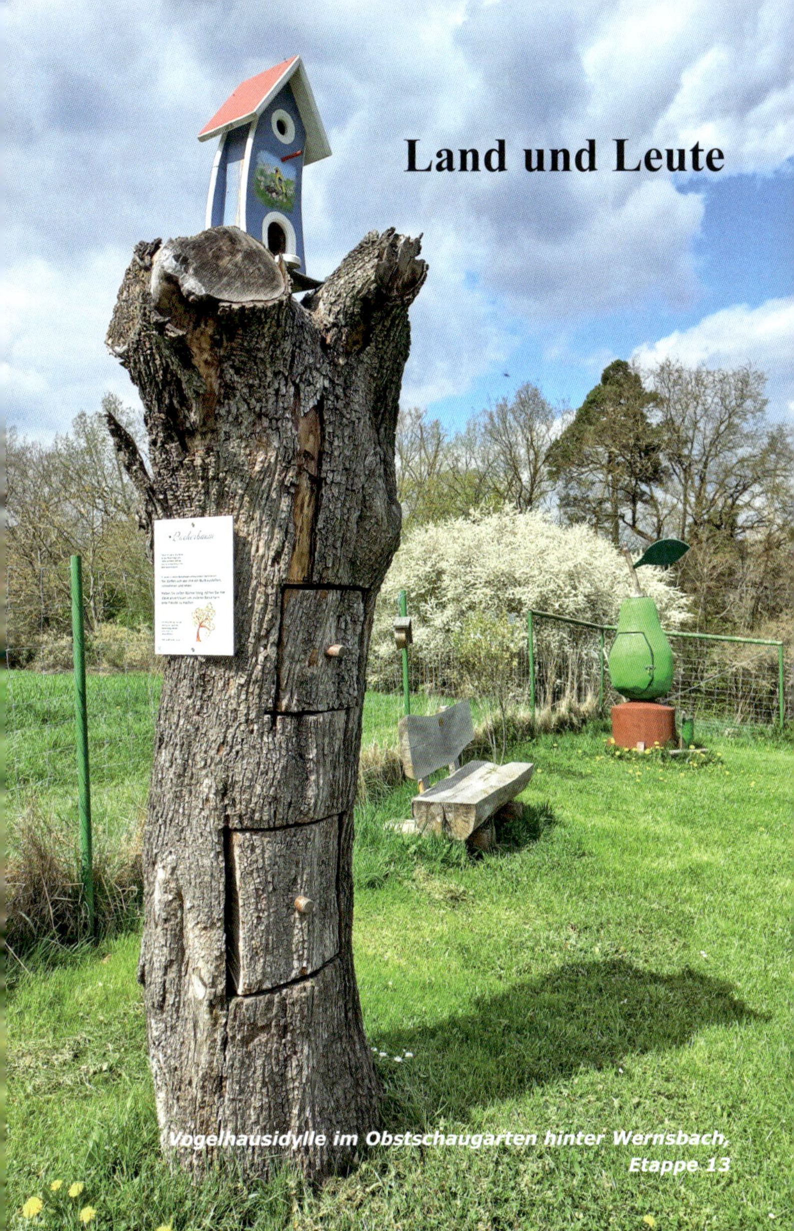

Vogelhausidylle im Obstschaugarten hinter Wernsbach, Etappe 13

Die Oberpfalz

Die Oberpfalz mit seiner Hauptstadt Regensburg, der größten Stadt des Regierungsbezirks, grenzt an den Böhmerwald in der Tschechischen Republik, ans Fichtelgebirge und an die Donau beim Fränkischen Jura. Es ist eine überwiegend dünn besiedelte Region mit stark ländlichem Charakter.

Die Region war schon in frühgeschichtlicher Zeit eher wenig bevölkert, bedingt durch die unwegsamen Wälder, nicht schiffbaren Flüsse und kargen Böden. Die ersten Slawinnen und Slawen siedelten sich im frühen Mittelalter an. Durch eine intensive Rodungs- und Siedlungstätigkeit ab dem späten 10. Jh. führte dies in der Region zu einem stärkeren Bevölkerungsanstieg.

Vor dem 19. Jh. gehörte der Raum nördlich der Donau und westlich des Böhmerwaldes zu drei Territorien der Wittelsbacher und zu verschiedenen anderen Herrschaftsbereichen. Dabei machte das Fürstentum der sogenannten „Oberen Pfalz“ nur einen Teil des heutigen Regierungsbezirks aus.

Der Oberpfälzer Wald ist eine raue Mittelgebirgslandschaft mit hohem Waldanteil. Charakteristisch sind Rodungsinseln, tief eingeschnittene Flusstäler, Fischweiher – und nicht zu vergessen Burgen. Mit über 700 Burgen und Schlössern besitzt die Oberpfalz die meisten Herrschaftssitze auf deutschem Boden.

Das Lebenselixier der Oberpfälzer ist das Zoigl, ein untergäriges Bier, dass die Bauern ursprünglich für den Eigenbedarf brauten. Später schenkten sie es wie in einer Besenwirtschaft aus, statt Wein gab es Bier. Auch heute noch betreiben einige Familien die aus der guten Stube entstandenen Gastwirtschaften als Nebenerwerb. Gebraut wird der Zoigl noch in den Kommunbrauhäusern, wie z. B. in Eslarn.

Auch die kulinarische Seite hat mit üppigen Schlachtschüsseln, die ein Klassiker der Oberpfälzer Küche sind, einiges zu bieten. Frisches Schlachtfleisch wird zusammen mit frisch abgefüllten Würsten, Kraut, Kartoffeln und Bauernbrot verspeist. Wer eher auf Fisch steht, kann sich genüsslich an die beliebten Oberpfälzer Karpfen halten, die in unterschiedlichen Zubereitungsarten auf den Tisch kommen.

Kein Oberpfälzer Essen kommt ohne Kartoffeln aus. In allen Variationen werden sie kredenzt, ob gekocht oder gebraten, als Knödel oder Brei – Erdäpfel gehören einfach dazu. Als Beispiel ist hier der Oberpfälzer Pfannendotsch, ein Reibekuchen in der Pfanne, zu nennen sowie der Drahdiwixal, was in der Oberpfalz liebevoll für Bauchstechala verwendet wird, was wiederum auf Hochdeutsch „Fingernudeln aus Kartoffelteig“ heißen soll.

In der Oberpfalz legen die Menschen besonders viel Wert auf ihren Glauben, sie sind ehrlich und authentisch, genauso wie ihre Heimat. Sie sprechen einen Dialekt, der sich ein wenig vom gängigen Bairisch abhebt. Das Nordbairische, das hier meistens gesprochen wird, ist eine sehr urtümliche Variante des Bairischen.

Mittelfranken

Mittelfranken mit seiner Hauptstadt Ansbach, Teil der Region Franken, liegt im Nordwesten Bayerns. Es bietet eine Vielfältigkeit an Landschaften wie das Fränkische Seenland, das Taubertal und die Frankenhöhe, um nur einige zu nennen, die Sie auf Ihrem Weg durchwandern werden.

Wenn man geschichtlich zurückblickt, sieht man, dass sich Franken, insbesondere Würzburg und Nürnberg, durch die herrschenden Stauferkönige zu einem bedeutenden Zentrum entwickelte. Das änderte sich im Spätmittelalter, als Franken unter der territorialen Aufsplitterung in Deutschland litt. Hinzu kamen in dieser Zeit nach der Reformation sowohl die konfessionellen Probleme als auch die Folgen des Dreißigjährigen Krieges.

Mit der neuen Einteilung des Königreichs Bayern durch König Ludwig I. wurden 1837 die nach Flüssen benannten Kreise neu gegliedert. Mittelfranken wurde dabei aus dem Rezatkreis gebildet, der noch heute im Wesentlichen in seiner jetzigen Gestalt als Regierungsbezirk besteht.

Bemerkenswert in Mittelfranken sind auch die im fränkischen Stil erbauten Fachwerkhäuser mit dem Netzfachwerk, den geraden und geschwungenen Andreaskreuzen und auch die Schnitzereien und farbigen Fassungen an den Querriegeln, die zumeist in der Blüte der Renaissance entstanden.

Auch das leibliche Wohl kommt in Mittelfranken nicht zu kurz. Das Angebot an Frankenweinen ist vielfältig, hier sei nur der Bocksbeutel genannt. Ebenso gibt es eine breite Palette an Bieren, die z. T. in traditionellen familiengeführten Brauereibetrieben erzeugt werden. Diese werden in Heckenwirtschaften der Winzerinnen und Winzer bzw. in den Bierkellern oder Biergärten kredenzt.

Die fränkischen Spezialitäten wie Bratwurst, Braten mit Klößen, deftige Brotzeitteller mit Laugenbrezeln oder frischem Bauernbrot lohnen, probiert zu werden.

Knapp die Hälfte der in Nürnberg lebenden Menschen sind waschechte Mittelfranken, der Rest stammt aus anderen Teilen Bayerns, Deutschlands oder der Welt. Daraus resultiert, dass sich die städtische Bevölkerung anders wahrnimmt als die Menschen im Rest Mittelfrankens, die zu fast zwei Dritteln auch dort geboren sind. Die Nürnbergerinnen und Nürnberger, die sich meist als zurückhaltend beschreiben und die Traditionen eher vernachlässigen, stehen im Gegensatz zur mittelfränkischen Landbevölkerung. Die empfindet sich noch als heimat- und naturverbunden, bodenständig und traditionsbewusst.

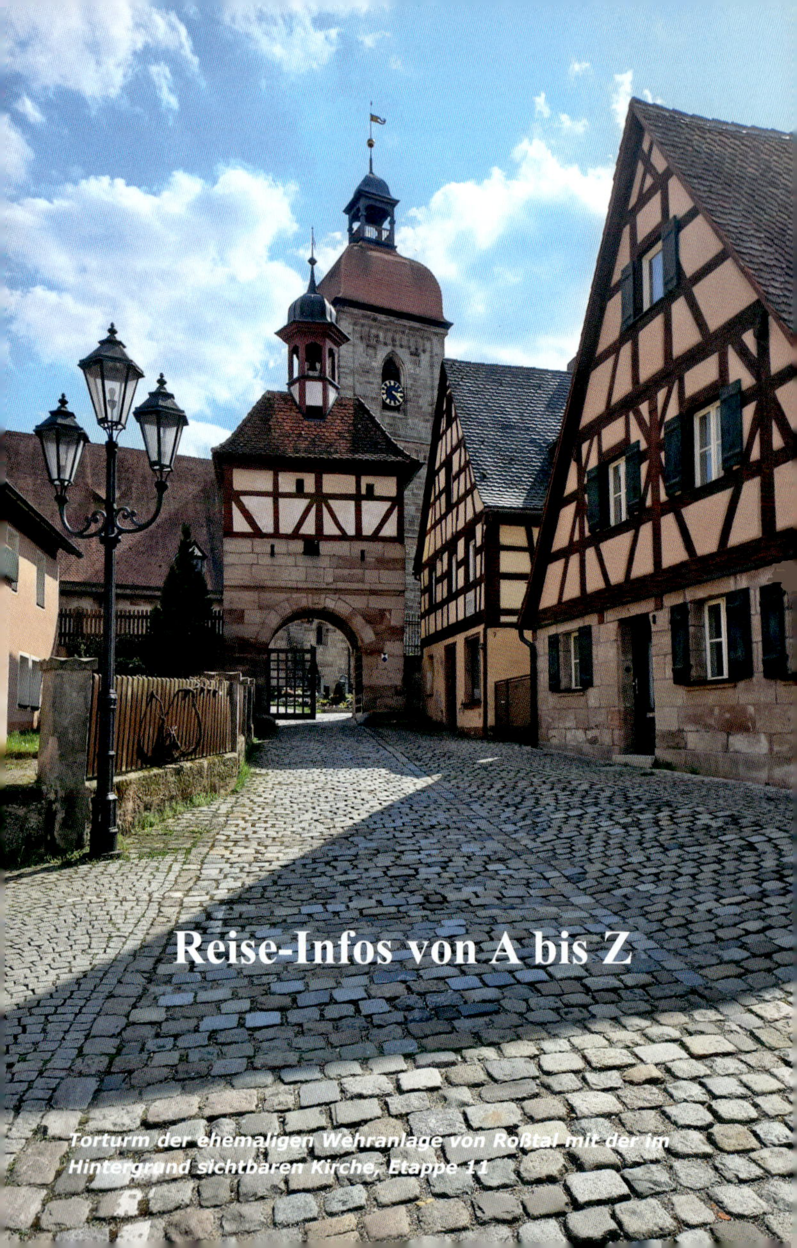

Reise-Infos von A bis Z

Torturm der ehemaligen Wehranlage von Roßtal mit der im Hintergrund sichtbaren Kirche, Etappe 11

An- und Abreise

Verkehrsverbindungen

Sofern man nicht als Wanderin oder Wanderer von Prag kommt, ist für die Anreise nach Tillyschanz zu beachten, dass dieser zu Eslarn gehörende, 5 km entfernte Grenzweiler nicht mit öffentlichen Verkehrsmitteln erreicht werden kann, sondern nur mit dem Taxi oder zu Fuß. Es steht Ihnen natürlich frei zu entscheiden, auf diese ersten 5 km zu verzichten um direkt von Eslarn zu starten.

Eslarn erreicht man vom Bahnhof Weiden i. d. OPf. nur mit dem Bus, der in etwa stündlich verkehrt.

Mit der Bahn

Für die Anreise über Nürnberg Hbf. oder München Hbf. bieten sich mindestens stündlich Zugverbindungen nach Weiden in der Oberpfalz an. Zu diesen beiden Metropolen gibt es Verbindungen aus allen Teilen Deutschlands sowie von den großen europäischen Städten.

Für die Rückreise mit der Bahn, z. B. von Rothenburg o. d. T., bestehen Zugverbindungen, die Sie mit mindestens einmaligem Umsteigen und innerhalb von ca. 1 ½ Std. wieder nach Nürnberg zurückbringen und mehrmals täglich verkehren. Von dort haben Sie wieder Anschluss zu allen deutschen Großstädten.

Die An- und Rückreise mit der Bahn bietet ganz sicher die umweltfreundlichste Alternative im Vergleich zu dem Flugzeug oder dem Auto.

Auch wenn Sie nur tageweise pilgern, gibt es ein paar Möglichkeiten, mit der Bahn zu Ihrem Startpunkt zurückzukehren, da Orte wie Schwandorf, Feucht, Reichelsdorf (S-Bahn nach Nürnberg), Nürnberg, Schwabach, Roßtal, Heilsbronn, Rothenburg o. d. T. ans deutsche Bahnnetz angeschlossen sind. Bei den einzelnen Etappen finden Sie bei den Orten das Symbol 🚆, wenn eine Zugverbindung vorhanden ist.

Auskünfte über Zugverbindungen (und auch Busverbindungen) erhalten Sie auf der Seite 💻 www.bahn.de.

Mit dem Bus

Eine günstige Alternative zu Bahn und Auto stellen die Busverbindungen dar. Der ZOB in Nürnberg befindet sich nur rund 200 m vom Hauptbahnhof entfernt und dient als Bushaltestelle für nationale und internationale Fernbusse. Auch Schwandorf, Schwabach und Rothenburg o. d. T. werden von Fernbussen angefahren.

🚌 ZOB Nürnberg – Zentraler Omnibusbahnhof, Willy-Brandt-Platz, 90402 Nürnberg

Die verschiedenen Busanbieter sind unter folgender Adresse verlinkt:

www.fernbusse.de/fernbus-anbieter

Falls Sie nur einzelne Etappen erwandern oder radeln wollen, beachten Sie jedoch, dass die Nahverkehrsbusse die kleineren Ortschaften manchmal nur im Rahmen des Schülerverkehrs, also nicht während der Ferien oder nur ein- bis zweimal täglich, anfahren. Am Samstag und Sonntag verkehren zudem viele Buslinien überhaupt nicht.

Mit dem Auto

Falls Sie mit dem Auto anreisen möchten, bieten sich Verbindungen von Nürnberg über die A6 bis zur Ausfahrt Vohenstrauß und weiter über die St2155 nach Eslarn.

Von Norden und Süden kommend fahren Sie auf der A93 bis zum Kreuz Oberpfälzer Wald und dort weiter auf der A6 wie zuvor beschrieben.

Vor Ihrer Abreise sollten Sie sich bei Ihren Gastgeberinnen und Gastgebern in Eslarn erkundigen, ob Sie dort Ihr Fahrzeug für die Dauer Ihrer Pilgerreise abstellen können.

Mit dem Flugzeug

Der nächstgelegene Flughafen befindet sich im Norden von Nürnberg und bietet Verbindungen zu vielen größeren Städten in Deutschland und Europa. Die U-Bahn-Linie U2 verbindet den Flughafen mit dem Hauptbahnhof Nürnberg sowie mit der gesamten Nürnberger Innenstadt.

Aber auch München eignet sich als Flughafen, da hier eine Zugverbindung über Freising nach Regensburg mit dortigem Umstieg nach Weiden besteht.

Ausrüstung

Um Ihren Jakobsweg auch körperlich zu genießen, empfehle ich Ihnen, Ihr Augenmerk insbesondere auf die Schuhe und den Rucksack zu legen. Ob Ihre bevorzugten Schuhe eher Turnschuhe oder festere, höhere Bergschuhe sind, spielt keine Rolle, wenn Sie in diesen Schuhen über mehrere Stunden schmerzfrei laufen können. Falls Sie im Weitwandern noch nicht erfahren sind und nicht wissen, welcher Schuh sich am besten eignet, empfehle ich Ihnen einen leichten, halbhohen Trekkingschuh mit einer guten biegsamen Sohle der Kategorie A/B oder B.

Der Rucksack, ca. 40 l bis 50 l Fassungsvermögen, sollte auf Ihre Rückenlänge abgestimmt sein und Ihnen ein gutes Tragegefühl vermitteln. Lassen Sie sich in einem Sportfachgeschäft dazu beraten und probieren Sie den Rucksack dort

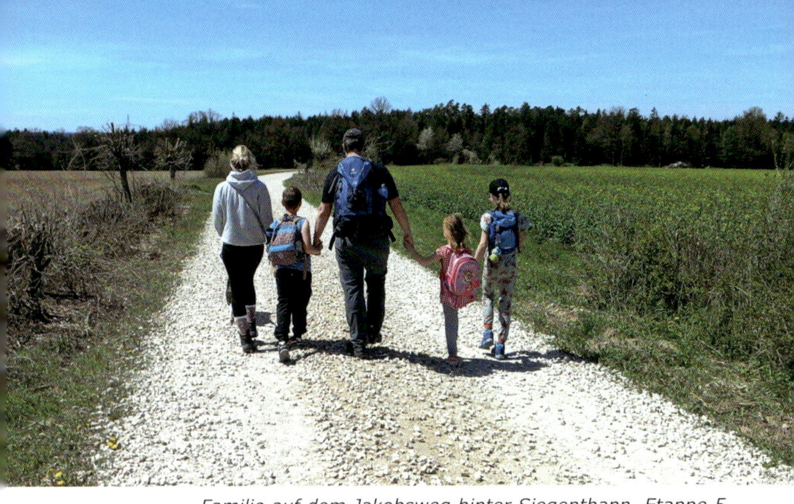

Familie auf dem Jakobsweg hinter Siegenthann, Etappe 5

vor Ort mit eingelegten Gewichten aus. Idealerweise besitzt der Rucksack einen integrierten Regenschutz, was jedoch bei den gängigen Rucksackmarken meistens der Fall ist. Ansonsten können Sie eine superleichte Hülle dazukaufen.

Bedenken Sie, dass Sie Ihren Rucksack über viele Stunden auf Ihrem Rücken tragen und er sich, gerade zu Beginn Ihrer Pilgerschaft, mit zunehmender Tageszeit immer schwerer anfühlt. Die Faustregel besagt, dass das Gewichts des Rucksacks maximal 10-15 % Ihres eigenen Körpergewichts betragen sollte. Es lohnt sich, zu Hause die einzelnen Dinge, die Sie mitnehmen möchten, zu wiegen, damit Sie Ihren Weg im wahrsten Sinne des Wortes leicht und unbeschwert zurücklegen können. Außerdem befinden Sie sich auf einem Jakobsweg in Europa, der eine Infrastruktur bietet, die es Ihnen ermöglicht, dringend benötigte Gegenstände nachzukaufen. Meine Erfahrung besagt jedoch, dass die Wahrscheinlichkeit, zu viele Sachen mit sich herumzutragen, deutlich höher ist als umgekehrt. Ihr Rücken wird unterwegs mit Ihnen kommunizieren und Ihnen deutlich machen, ob er zufrieden ist oder nicht.

Wanderbekleidung aus Mikrofasern oder noch besser aus Merinowolle ist leicht und trocknet auch nach dem Waschen schnell. Wenn Sie nicht in Bekleidung investieren möchten, finden Sie ganz sicher auch in Ihrem Fundus Dinge, die sich beim Wandern gut tragen lassen.

Nachfolgend habe ich Ihnen eine Packliste aufgeführt, die aus meinem eigenen Erfahrungsschatz von vielen Tausenden Kilometern auf dem Jakobsweg stammt.

In der Liste ist auch die Kleidung enthalten, die Sie tagsüber tragen werden.

Bekleidung

- ☐ 3 Paar Wandersocken
- ☐ 3 Unterhosen, möglicherweise 2 Sport-BHs
- ☐ 2 Wanderhosen/Trekkinghosen, idealerweise zum abzippen, oder auch nur eine kurze Hose
- ☐ 5 farbige Shirts, davon mindestens 1 langärmliges
- ☐ 1 dünne, aber warme Jacke, z. B. aus Fleece
- ☐ 1 lange Unterhose zum Schlafen und für kalte Tage, um sie unter der Wanderhose zu tragen
- ☐ 1 leichte, winddichte Jacke
- ☐ 1 leichte Regenjacke und/oder Regenponcho, der über den Rucksack geht
- ☐ 1 leichte Regenhose
- ☐ 1 Paar Wanderschuhe
- ☐ 1 Paar Trekkingsandalen, falls Sie mehrere Wochen in warmen Gegenden unterwegs sind
- ☐ 1 Kopfbedeckung, je nach Gusto und Jahreszeit von Strohhut über Mütze bis Schlauchschal
- ☐ 1 Paar Flipflops/Crocs für die Unterkunft
- ☐ 1 Paar Handschuhe in kalten Jahreszeiten
- ☐ 1 Lieblingsstück, das unbedingt mit auf den Weg muss

Hygieneartikel

- ☐ Zahnbürste, Zahnpasta
- ☐ Seife (kann auch zum Waschen der Kleidung genutzt werden), evtl. Shampoo
- ☐ Deo
- ☐ Creme, Sonnencreme
- ☐ Kamm oder kleine Bürste
- ☐ Nagelfeile oder Schere
- ☐ Taschentücher
- ☐ etwas Klopapier
- ☐ Menstruationsartikel
- ☐ Rasierer
- ☐ Ohropax
- ☐ Handtuch aus Mikrofaser

☺ Einige der o. g. Artikel sind auch in kleinen Abpackungen in Drogeriemärkten erhältlich.

Kleine Apotheke

- ☐ Blasenpflaster
- ☐ Hirschtalg oder sonstige fetthaltige Fußcreme
- ☐ Pflaster, 1 Verbandspäckchen, 1 elastische Binde, 1 Wundauflage, 1 Dreieckstuch, 1 kleine Schere
- ☐ 1 Wundsalbe, z. B. Zinksalbe
- ☐ Tabletten gegen Durchfall, wie z. B. Kohletabletten
- ☐ Schmerzmittel für den Notfall
- ☐ 1 Salbe gegen Muskelschmerzen, wie z. B. roter Tigerbalm
- ☐ persönliche notwendige Medikamente
- ☐ 1 Signalpfeife, die oftmals aber schon im Brustgurtschließer des Rucksacks integriert ist

Unterlagen/Finanzen

- ☐ Bahn-, Bus- oder Flugtickets
- ☐ Personalausweis
- ☐ Pilgerausweis
- ☐ Pilgerführer Tillyschanz – Rothenburg o. d. T.
- ☐ Versicherungskarte der Krankenkasse
- ☐ Police der Auslandskrankenversicherung
- ☐ Bargeld, EC-Karte/Kreditkarte
- ☐ Adressen von Familie und Freunden

Verpflegung

- ☐ Trinkflasche (1 l) oder Schlauch im Rucksack
- ☐ leichtes Reisebesteck
- ☐ evtl. eine Tupperschüssel
- ☐ evtl. Müsliriegel, Obst oder Ähnliches für den Notfall
- ☐ Mineralien und Vitamine

Sonstiges

- ☐ Rucksack
- ☐ kleine Umhängetasche oder Bauchtasche für Dokumente, Pilgerführer, etc.
- ☐ Schlafsack bzw. Hüttenschlafsack (diese werden nicht unbedingt auf dem Weg von Tillyschanz nach Rothenburg benötigt, da auch die Pilgerherbergen und Jugendherbergen bezogene Betten oder zumindest Fleecedecken anbieten)

- ☐ Wanderstab oder Teleskopstöcke
- ☐ Jakobsmuschel
- ☐ Stirnlampe
- ☐ Smartphone
- ☐ Ladekabel
- ☐ Kopfhörer
- ☐ evtl. eine Kamera
- ☐ Kugelschreiber
- ☐ Sicherheitsnadeln (auch praktisch, um ein Wäschestück aufzuhängen)
- ☐ Wäscheleine

Einkaufen und Einkehren

In vielen kleineren Orten sind manchmal keine Einkaufs- oder Einkehrmöglichkeiten mehr vorhanden und Supermärkte liegen nicht unbedingt direkt am Weg.

Soweit Dorfläden, Bäckereien oder Restaurants in kleinen Ortschaften von mir entdeckt wurden, habe ich diese bei den einzelnen Orten mit Öffnungszeiten aufgeführt. Bei kleinen und großen Städten mit entsprechender Infrastruktur können Sie selbst aus dem großen Angebot wählen.

Zu Beginn der Etappe weise ich außerdem darauf hin, wenn die Versorgungsmöglichkeiten sehr eingeschränkt sind. Bitte beachten Sie, dass Öffnungszeiten sich verändern können, und nehmen Sie daher lieber vorher telefonisch Kontakt auf, um auf Nummer sicher zu gehen. Im Rucksack sollte idealerweise immer etwas Selbstverpflegung und ein Getränk dabei sein. Bei vielen Quartieren erhalten Sie aber auch sicher ein Lunchpaket und Getränke für unterwegs.

Fahrradfahrerinnen und Fahrradfahrer

Das Buch wendet sich auch an alle, die den Jakobsweg per Rad be- und erfahren möchten. Es ist nicht immer möglich, mit einem Tourenrad, das hier als Beurteilungsgrundlage dient, dem offiziellen Jakobsweg zu folgen.

Daher ist die Routenbeschreibung für Radfahrerinnen und Radfahrer im laufenden Text mit dem Symbol 🚲 gekennzeichnet, wenn mir eine Abweichung vom Jakobsweg nötig erschien.

Trotzdem dürfte es immer eine persönliche Ermessenssache sein, ob Sie ein bestimmtes Wegstück auf dem Jakobsweg oder auf der vorgeschlagenen Radalternative zurücklegen möchten. Ausschlaggebend sind hierbei natürlich auch das eigene Fahrvermögen und der Fahrradtyp, mit dem Sie unterwegs sind.

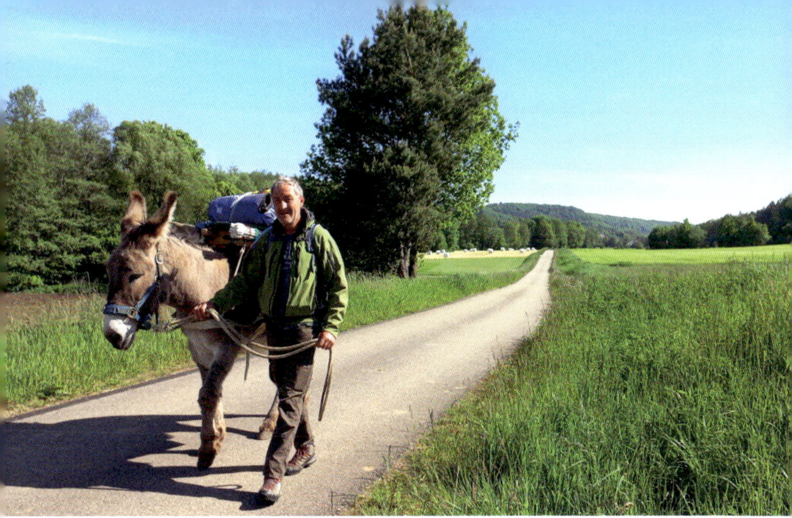

Ein Pilger unterwegs mit seinem Esel, Etappe 9

Tatsächlich sind inzwischen fast 10 % der Pilgerinnen und Pilger mit dem Rad auf dem Jakobsweg unterwegs. Insbesondere ist diese Fortbewegungsmöglichkeit auch für Menschen geeignet, die aus welchen Gründen auch immer den Jakobsweg nicht fußläufig bewältigen können. Auch auf dem Fahrrad, auf landschaftlich schönen Wegen, können Sie innere Einkehr erleben und die Umgebung intensiv wahrnehmen.

Klima und Reisezeit

Sowohl Wandern als auch Radfahren ist im Prinzip zu fast jeder Jahreszeit möglich, was natürlich auch von Ihrer Wetterfestigkeit abhängt. Bevorzugte Monate sind in jedem Fall Mai bis Oktober, wo Sie auch mit schneefreien Wegen rechnen können.

Landkarten und GPS

Der Pilgerführer bietet Ihnen übersichtliche Karten und Höhenprofile an. Falls Sie trotzdem nicht auf Wanderkarten verzichten möchten, folgen einige Beispiele.

Landesvermessungsamt Bayern bietet für den Weg folgende Karten im Maßstab 1:50.000 an:

- ▷ UK50-20, Naturpark Oberpfälzer Wald, mit Schwandorf, Burglengenfeld, Neunburg vorm Wald, Oberviechtach und Oberpfälzer Seenland

- ▷ UK50-19, Naturpark Hirschwald, mit Amberg, Neumarkt i. d. OPf. und Sulzbach-Rosenberg
- ▷ UK50-18, Nürnberger Land – Frankenalb, mit Nürnberg, Fürth, Erlangen, Schwabach und Lauf a. d. Pegnitz
- ▷ UK50-17, Naturpark Frankenhöhe, mit Rothenburg ob der Tauber und Ansbach

Vom Kompass-Verlag gibt es Karten im Maßstab 1:50.000:

- ▷ Kartenset Nr. 186 (Oberpfälzer Wald). Es ist bedingt geeignet, da hier nur eine relativ kurze Strecke zu Beginn des Weges abgedeckt wird.
- ▷ Karte Nr. 176 (Regensburg, Amberg, Schwandorf)
- ▷ Kartenset Nr. 163 (Nürnberg und Umgebung)
- ▷ Karte Nr. 164 (Frankenhöhe). Diese Karte gibt es – Stand: September 2022 – nur als Auflage 2009.

☺ Die Kartenempfehlungen wurden von der Geobuchhandlung Kiel überprüft. 💻 www.geobuchhandlung.de

Die GPS-Tracks zu den beschriebenen Wegen können Sie auf der Internetseite des Verlags (💻 www.conrad-stein-verlag.de) herunterladen.

📖 **GPS** Grundlagen · Tourenplanung · Navigation von Michael Hennemann, Conrad Stein Verlag, Basiswissen für draußen, IISBN 978-3-86686-769-7, ca. € 12,90, Neuauflage 2023

Markierungen

Der im Buch beschriebene Weg ist von Tillyschanz bis Rothenburg o. d. T. durchgehend mit einer weißen Muschel auf blauem Grund markiert. Die Qualität der Kennzeichnung schwankt von älteren abgenutzten Muschelzeichen bis hin zu neuwertigen Jakobswegmarkierungen. Teilweise wird die Jakobswegmarkierung von lokalen Markierungen überlagert und benötigt daher Ihre Aufmerksamkeit. Falls Sie an einer Kreuzung keine Markierung entdecken und auch keinen Hinweis im Buch lesen, dann bedeutet das, dass Sie geradeaus auf dem Weg weitergehen.

Die Zuständigkeit für die Markierungen und für Informationen liegt bei diesen Gesellschaften:

- ♦ Oberpfälzer Waldverein, Rotkreuzplatz 10, 92637 Weiden i. d. OPf., ☎ 09 61/364 51, ✉ owv-hv@gmx.de, 💻 www.owv-hv.de, 🚪 Bürozeiten Di-Do 8:00-12:00 (Abschnitt Tillyschanz – Ensdorf)

- Fränkischer Albverein, Heynestraße 41, 90443 Nürnberg, 09 11/42 95 82, info@fraenkischer-albverein.de, www.fraenkischer-albverein.de, Mi 14:00-17:00 (Abschnitt Ensdorf – Rothenburg o. d. T.)
- Fränkische St. Jakobus-Gesellschaft Würzburg e. V., Ottostraße 1 – Kilianeum, 97070 Würzburg, 09 31/38 66 38 70, info@jakobus-franken.de, www.jakobus-franken.de, Di und Fr 9:00-12:00

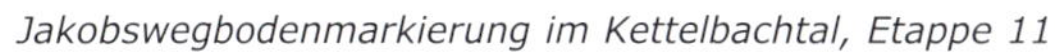

Jakobswegbodenmarkierung im Kettelbachtal, Etappe 11

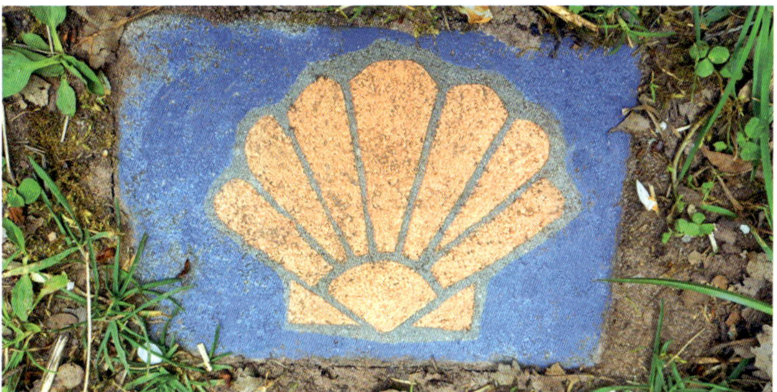

Notruf und Erste Hilfe

Die bundesweiten Notrufnummern lauten wie folgt:

▷ **Polizeinotruf 110:** bei Bedrohung, in Gefahr, bei Straftaten

▷ **Feuerwehr/Rettungsdienst 112:** in Fällen, die lebensbedrohlich sein könnten, wie Bewusstlosigkeit, schwere Verletzungen, starke Schmerzen, Verdacht auf Herzinfarkt, Schlaganfall etc.

▷ **Ärztlicher Bereitschaftsdienst 116 117:** Wenn Sie Beschwerden haben, die keinen Aufschub einer ärztlichen Behandlung erlauben und zu einem Zeitpunkt auftreten, an dem die Praxen geschlossen sind, beispielsweise am Wochenende oder an Feiertagen. Bei Bedarf wird Ihr Anliegen an einen Arzt weitergeleitet oder Sie erfahren den Standort der nächsten Praxis, die Sie selbst aufsuchen können, oder der Bereitschaftsdienst kommt zu Ihnen in die Unterkunft.

Eine Erste-Hilfe-Grundausstattung sollten Sie trotzdem in Ihrem Rucksack mitführen. Es gibt Erste-Hilfe-Sets, die im Handel erhältlich sind.

Öffentlicher Nahverkehr

Der Jakobsweg führt in der Oberpfalz durch ländlich geprägtes Gebiet mit wenig vorhandenen öffentlichen Nahverkehrsmitteln. Im Großraum Nürnberg bietet sich Ihnen dagegen ein größeres Angebot von Bussen, S-Bahnen und Nahverkehrszügen, um im Bedarfsfall ein Wegstück mit diesen zurückzulegen.

Bei den Ortsangaben der einzelnen Etappen finden Sie das Symbol 🚌 bzw. 🚆, wenn es dort regelmäßige Verbindungen gibt.

Hier möchte ich nochmals auf den Link der Bundesbahn verweisen, der Auskünfte über Zugverbindungen (und auch Busverbindungen) gibt:

💻 www.bahn.de.

Pilgerausweis und Pilgerstempel

Der 10 x 15 cm große Pilgerausweis, auf Spanisch Credencial del Peregrino, weist Sie als Jakobuspilgerin und -pilger aus. Dabei handelt es sich um ein auf den persönlichen Namen ausgestelltes, mit Ihrer Personalausweisnummer versehenes Papier, das nicht übertragbar ist. Den Ausweis erhalten Sie bei einer Jakobusgesellschaft, in Pilgerzentren und manchmal auch in Herbergen. Mit diesem Pilgerdokument erlangen Sie Zutritt sowohl zu kirchlichen als auch öffentlichen Herbergen. Außerdem ist der Pilgerausweis notwendig, um Ihre zurückgelegte Pilgerreise nachzuweisen, wenn Sie in Santiago de Compostela Ihr Ziel erreicht haben. Wesentlich ist er natürlich auch als bleibendes Andenken an die besondere Zeit auf dem Jakobsweg.

Bitte vergessen Sie nicht, sich rechtzeitig Ihren Pilgerausweis online bei einer der Jakobusgesellschaften zu bestellen oder sich diesen über das Pilgerzentrum der Jakobskirche in Nürnberg zu besorgen. Hier einige Adressen, wo Sie per Post einen Pilgerausweis bestellen können:

💻 www.jakobskirche-nuernberg.de
- www.jakobus-franken.de
- www.haus-st-jakobus.de
- www.deutsche-jakobus-gesellschaft.de

Unterkunft und Verpflegung

Die Unterkunftssituation ist auf diesem Weg nicht immer befriedigend, aber es dürfte, außer in Ferienzeiten, kein großes Problem darstellen, eine Bleibe zu finden.

Die Frage, ob Sie vorher reservieren oder einfach zu Ihrem Etappenziel laufen, bleibt natürlich Ihnen überlassen. Wenn Sie eine bestimmte Unterkunft anvisieren und wissen, dass Sie die Wegstrecke bewältigen, rufen Sie 1-2 Tage vorher an oder schreiben eine E-Mail, um Ihre Unterkunft zu buchen. Gerade bei privaten Unterkünften ist eine Voranmeldung meistens erwünscht.

Bitte sagen Sie die Unterkunft wieder ab, falls das von Ihnen geplante Etappenziel nicht erreicht werden kann!

Die bei den einzelnen Etappen aufgeführten Übernachtungsmöglichkeiten erheben keinen Anspruch auf Vollständigkeit. Beachten Sie bitte, dass sich die angegebenen Preise möglicherweise verändern und nur als Richtwert dienen. Das Frühstück ist in der Regel in den genannten Preisen eingeschlossen, was jedoch bei den Unterkünften mit ÜF oder nur Ü vermerkt ist.

Ich habe mich bemüht, Ihnen ein breites Spektrum an Übernachtungsmöglichkeiten vorzuschlagen, von Pilgerherbergen, Privatquartieren und Jugendherbergen bis hin zu Gasthöfen und Hotels.

Bisher bietet der Weg erst eine Pilgerherberge, und zwar in Schwabach auf der Alternativroute über Schwabach nach Heilsbronn.

Privatunterkünfte gibt es nur wenige, die meist von den Tourist-Informationen vermittelt werden.

Voraussetzung für eine Übernachtung in Jugendherbergen ist die Mitgliedschaft im Deutschen Jugendherbergswerk, die in den Jugendherbergen selbst oder bei der DJH Service GmbH erworben werden kann. Der Übernachtungspreis schließt die Bettwäsche mit ein sowie die Verpflegung gemäß Reservierung. Jugendherbergen stehen Gästen aller Altersklassen zur Verfügung.

Das größte Angebot besteht bei Gasthöfen und Hotels, die in der Regel schon auf Pilgerinnen und Pilger eingestellt sind.

Updates

Der Conrad Stein Verlag veröffentlicht Updates zu diesem Buch, die direkt von der Autorin oder von Leserinnen und Lesern dieses Buches stammen. Bitte suchen Sie vor Ihrer Abreise auf der Verlagshomepage www.conrad-stein-verlag.de diesen Titel.

Der abgebildete QR-Code führt Sie direkt zu der richtigen Seite.

Wegplanung

Der Jakobsweg von Tillyschanz nach Rothenburg o. d. T. wird in 14 Etappen zzgl. zwei Alternativetappen beschrieben. Die Etappen orientieren sich an der erfahrungsgemäßen Gehstrecke von einer durchschnittlich trainierten Person auf dem Jakobsweg.

Ihnen bleibt es natürlich frei, die Etappen zu verändern und Ihren Bedürfnissen entsprechend anzupassen. Soweit vorhanden, werden auch Unterkünfte zwischen den Etappenzielen genannt, sodass Sie Etappen je nach Belieben verlängern oder verkürzen können.

Die Gesamtgehzeit und die Kilometerangaben am Anfang jeder Etappe dienen Ihnen zur Orientierung. Einigermaßen fitte Wanderinnen und Wanderer benötigen im flachen Gelände 4 km in der Stunde. Der durch Steigungen benötigte erhöhte Zeitbedarf ist bereits in den Zeitangaben der einzelnen Etappen mitberücksichtigt worden.

In der Wegbeschreibung finden Sie nummerierte Wegpunkte, die es Ihnen erleichtern, sowohl die einzelnen Etappenabschnitte auf den Karten und Höhenprofilen zu erkennen, als auch die zurückgelegten und vor Ihnen liegenden Kilometer besser einzuschätzen.

Dieser Pilgerweg ist auch ideal, um nur für ein paar Tage zu pilgern, da einige Orte am Weg über eine gute Zuganbindung verfügen. Der Wiedereinstieg ist dann für Sie ebenso problemlos, da folgende Städte direkt an das deutsche Bahnnetz angeschlossen sind: Schwandorf, Feucht, Reichelsdorf (S-Bahn nach Nürnberg), Nürnberg, Schwabach, Roßtal, Heilsbronn, Rothenburg o. d. T.

Lokale Touristinformationen sind bei den jeweiligen am Jakobsweg liegenden Orten genannt.

Überregionale Informationen und Unterkunftsverzeichnisse erhalten Sie u. a. bei den folgenden Fremdenverkehrsorganisationen:

- Tourismusverband Ostbayern, Im Gewerbepark D 04, 93059 Regensburg, ☏ 09 41/58 53 90, info@ostbayern-tourismus.de, www.ostbayern-tourismus.de, Mo-Do 8:00-17:00 und Fr 8:00-16:00
- Tourismusverband Franken e. V., Pretzfelder Straße 15, 90425 Nürnberg, ☏ 09 11/94 15 10, info@frankentourismus.de, www.frankentourismus.de, Mo-Fr 7:00-17:00, Sa 8:00-12:00

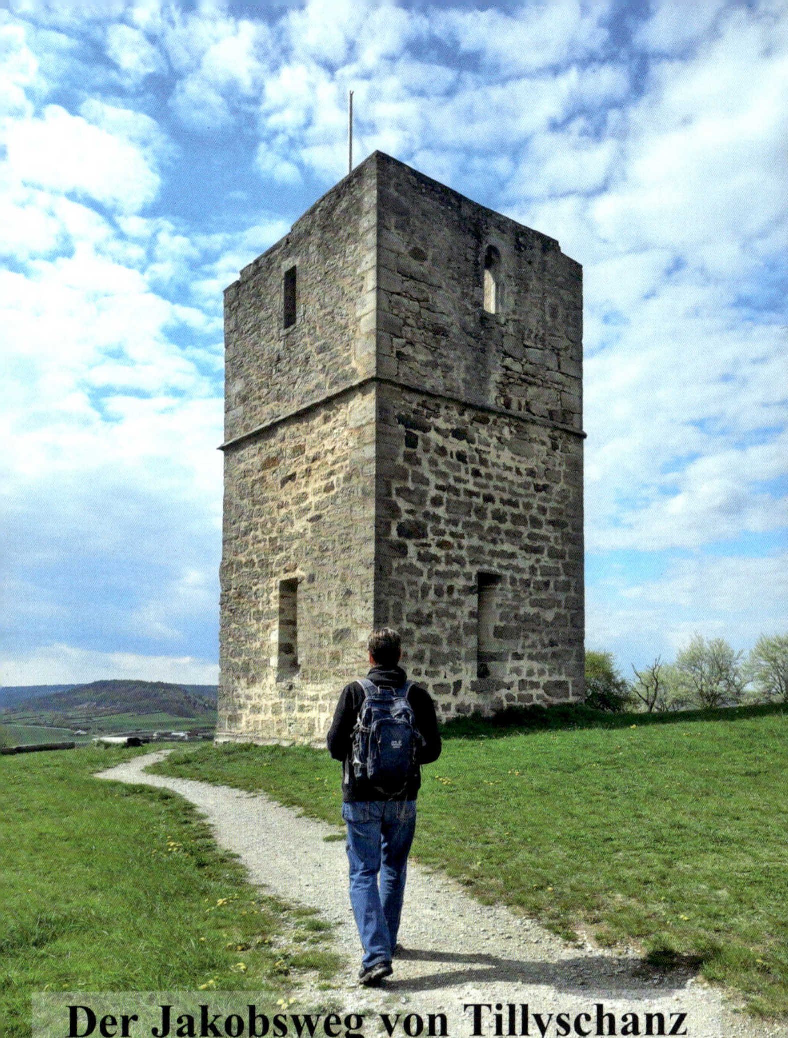

Der Jakobsweg von Tillyschanz nach Rothenburg ob der Tauber

Pilger auf dem Weg zur Lehrberger Kappl, Etappe 13

Der Oberpfälzer Wald

Der zu Eslarn gehörende Grenzweiler Tillyschanz ist als Ausgangspunkt des hier beschriebenen Jakobsweges nicht mit öffentlichen Verkehrsmitteln erreichbar. Es besteht jedoch die Möglichkeit, dass Sie mit dem Taxi, zu Fuß oder mit Ihrem Fahrrad die Wegstrecke ab Eslarn zurücklegen, oder auf diesen Wegabschnitt verzichten. Deshalb folgt hier zunächst der Hinweis auf ein Taxiunternehmen und die Beschreibung einer Wegstrecke von Eslarn nach Tillyschanz.

Taxi Ach, Lerchenstraße 1, 92693 Eslarn, ☏ 096 53/12 67, 01 70/187 48 48, mietautoach@t-online.de, bitte geben Sie mindestens 2-3 Std. vorher Bescheid, wenn Sie zum Ausgangspunkt des Jakobsweges nach Tillyschanz gefahren werden möchten.

Von Eslarn nach Tillyschanz

Die knapp 5 km lange Strecke beginnt am ehemaligen Bahnhof von Eslarn. Von dort folgen Sie der Stichstraße bis zu ihrer Einmündung in die St2155. Sie gehen hier links auf der Bahnhofstraße in Richtung Marktplatz und der Pfarrkirche.

Rechter Hand würden Sie dagegen auf der Moosbacher Straße gleich die Pension Zur Krone (☞ Etappe 1) erreichen.

Nach der Pfarrkirche geht es weiter auf der Kirchenstraße, bis Sie den Tillyplatz mit einem Denkmal passieren. Sie wandern noch ein Stück geradeaus auf der Tillystraße. Wenig später zweigen Sie links auf die Böhmer Straße ab. Beim Ortsende folgen Sie dem asphaltierten Rad- und Fußweg neben der Autostraße. Vor der ansteigenden Linkskurve der Straße liegt rechter Hand ein überdachter Rastplatz. Weiter geradeaus gehend erreichen Sie schließlich den P Parkplatz an der Grenze sowie den eigentlichen Grenzübergang, wo Sie eine Infotafel über den Jakobsweg vorfinden.

Tillyschanz ⌘

Tillyschanz ist ein Grenzübergang zu Tschechien und gehört seit 23.03.1913 als Gemeindeteil zum Markt Eslarn. Jenseits der Grenze liegt der Weiler Železná in der Gemeinde Bělá nad Radbuzou. Der Name Tillyschanz zeugt von den Ereignissen während des Dreißigjährigen Krieges, als die Schanzen 1611 auf Befehl der Amberger Regierung entstanden. Diese wurden beiderseits der Straße nach

Eisendorf zum Schutz gegen Einfälle aus Böhmen erstellt, aber zunächst nicht benötigt. Erst 1621 wurden die Grenzbefestigungen auf Betreiben des kaiserlichen Feldherrn Tilly (1559-1632) umgebaut.

☺ ✎ Vom **P** Parkplatz auf deutscher Seite führen Trampelspuren zu den Resten dieser Bodenschanze, die direkt an der Grenze zur Tschechischen Republik liegt.

Etappe 1: Tillyschanz – Wildstein

19,1 km, 5 Std. 40 Min., ↑ 378, ↓ 223, ⇧ 508-731 m

0,0 km	⇧ 530 m	Tillyschanz ⌘
1,7 km	⇧ 547 m	Gabelung Waldrand
4,4 km	⇧ 518 m	Eslarn, Tillyplatz (Denkmal) BANK
6,1 km	⇧ 520 m	Eslarn, Atzmannsee (Pavillon)
8,0 km	⇧ 539 m	Waldrand, Picknickplatz
10,7 km	⇧ 654 m	Eisenbrunnenquelle
14,4 km	⇧ 577 m	Querung Staatsstraße 2160
18,1 km	⇧ 729 m	Abzweig nach Wildstein
19,1 km	⇧ 675 m	Wildstein

Der Jakobsweg führt Sie hinter Tillyschanz ein Stück durch den Wald und verläuft dann durch eine wunderschöne hügelige Felder- und Wiesenlandschaft. Unterwegs begegnen Ihnen die typischen kleinen, romantischen Weiher, die die Oberpfalz in großer Anzahl zu bieten hat. Sie wandern durch den kleinen Erholungsort Markt Eslarn, wo Sie am Ortsende auf einen kleinen Badesee treffen. Nun geht es weiter über die bewaldeten Hügel bis nach Wildstein. Auf dem benachbarten, 744 m hohen Wildenstein, der von einer Burgruine und einem Gipfelkreuz gekrönt wird, genießen Sie bei einem kleinen Abstecher herrliche Ausblicke über die Oberpfälzer Waldbuckel.

Der Jakobsweg beginnt direkt am Grenzübergang in Tillyschanz und schließt an den von Prag kommenden Jakobsweg an. Sie gehen über den **P** Parkplatz auf deutscher Seite und kurz danach folgt die Abzweigung eines Fahrweges mit der Muschelmarkierung (weiße Muschel auf blauem Untergrund) rechts in den Wald hinein. Sofort danach biegen Sie links auf einen schmalen Pfad ein, der Sie in den Wald führt. Sie folgen der Muschelmarkierung für ca. 1,5 km durch den Mischwald bis zu einer Gabelung am Waldrand ❶.

Hier lichtet sich der Wald, Birken säumen den Weg und die Markierung weist Sie nach links. Der Weg führt zunächst noch am Waldrand entlang und dabei eröffnen sich Ihnen wunderbare Blicke in das Hügelland rund um Eslarn. Sie wandern durch eine Senke, am rechten Wegesrand liegen Fischweiher und geradeaus erblicken Sie bereits die Kirchturmspitze von Eslarn.

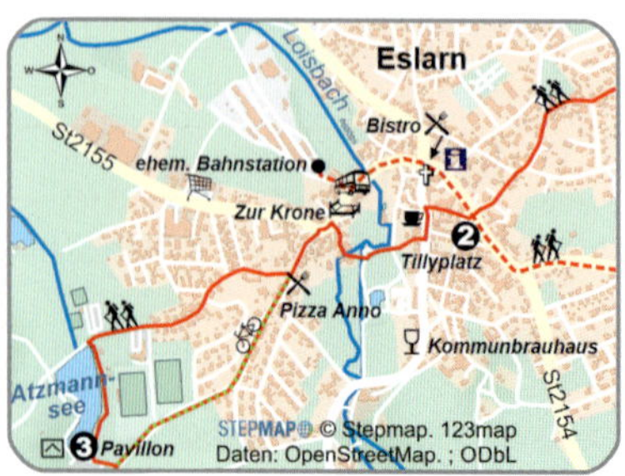

Kurz vor Eslarn überqueren Sie eine Umgehungsstraße und wandern in bisheriger Richtung entlang der Heubachgasse bis zum Ortsrand. Die mit einigen Windungen versehene Heubachgasse führt Sie schließlich zum Tillyplatz ❷ in Eslarn, den Sie auch schon auf dem Weg nach Tillyschanz berührt hatten.

Eslarn

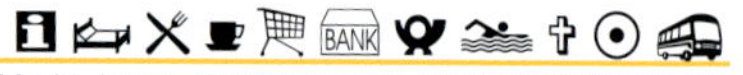

Tourist-Information im Rathaus, Marktplatz 1, 92693 Eslarn, ☏ 096 53/92 07-35, poststelle@eslarn.de, www.eslarn.de, Mo-Fr 8:00-12:00, Mo auch 14:00-16:00 und Mi auch 14:00-17:30. Hier ist die Vermittlung von diversen Privatunterkünften möglich, die gerne Jakobspilgerinnen und Jakobspilger aufnehmen. Bitte beachten Sie, dass nur zu den angegebenen Zeiten Auskünfte erteilt und Zimmer vermittelt werden können. ➲ Direkt am Weg, wenn Sie vom Bahnhof kommen

Pension Zur Krone, Moosbacher Straße 3, 92693 Eslarn, ☏ 096 53/350, landgasthof-karl@t-online.de, www.landgasthof-karl.de, 27 Betten, ÜF DZ ab € 75, EZ ab € 45, ➲ 50 m vom Weg entfernt, beim Abzweig zur Moosbacher Straße

Bistro Eslarn, Singerstraße 1, 92693 Eslarn, ☏ 096 53/929 20 51, tägl. 11:00-22:00, Pizza, Salate, Döner, Vegetarisches, Pfannen- und Grillgerichte, ➲ 130 m vom Weg entfernt, in der Nähe der Kirche

♦ **Pizza Anno**, Kapellenstraße 7, 92693 Eslarn, ☏ 096 53/929 99 98, www.pizza-anno.de, Mo-Do Ruhetag, Fr-So und Feiertage 17:00-21:30, Bestellannahme bis 21:30, nur Selbstabholung möglich, ➲ direkt am Weg gelegen, beim Abzweig auf den Tradweg

Café Karl, Brennerstr. 10, 92693 Eslarn, ☏ 096 53/524, Sa 6:00-12:00 (nur Verkauf, kein Cafébetrieb), So 13:30-18:00, ➲ direkt am Weg

⊙ Den Pilgerstempel gibt es in der Pfarrkirche Mariä Himmelfahrt und in der Gemeindeverwaltung zu den oben angegebenen Öffnungszeiten.

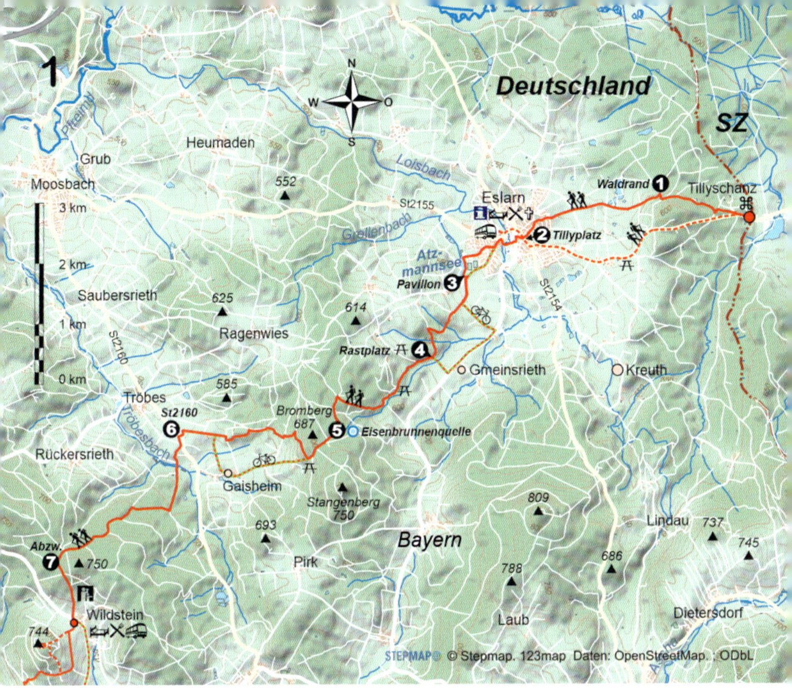

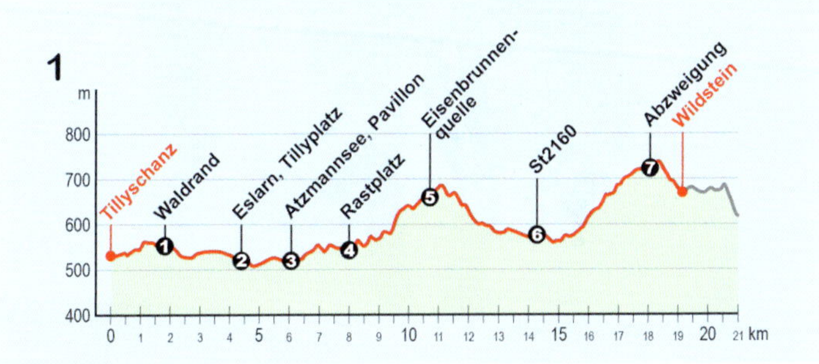

Linie 6291 nach Weiden, von dort gibt es Zugverbindungen zu den größeren bayerischen Städten.

Taxi Ach, Lerchenstraße 1, 92693 Eslarn, ☏ 096 53/12 67, 01 70/187 48 48, mietautoach@t-online.de

✝ Sehenswert ist die weithin sichtbare **Pfarrkirche Mariä Himmelfahrt** von 1682 mit ihrem imposanten Zwiebelturm. Aus dem 18. Jh. stammt die Madonna, die den Chorbogen zwischen Kirchenschiff und Altarraum schmückt. 1967 erfolgte eine Renovierung der Pfarrkirche und ein neuer frei stehender Altarstein wurde in die Mitte des Presbyteriums gerückt. An der Stirnseite befindet sich der reich vergoldete Akanthusaltar mit den herrlichen Seitenaltären. Der Altar stellt eine fantasievolle Verschmelzung von Baum und Monstranz dar.

Eslarn ist ein reizvoll gelegener Erholungsort, der vom Oberpfälzer Wald umgeben wird. Der Ort wurde im Jahre 1240 erstmals urkundlich erwähnt und wechselte im Laufe der Jahrhunderte häufig seine Besitzer. Eslarn bestand um die Mitte des 13. Jh. aus elf Höfen und einer Mühle sowie elf Wohnhäusern. In den ersten 500 Jahren nach der Gründung des Dorfes gab es hier keine Schule. Ein Schlosskaplan unterrichtete damals die Kinder, allerdings nur die der Hofmarksherren und reichen Grundbesitzer.

Ruheplatz unter einer Kiefer bei Eslarn

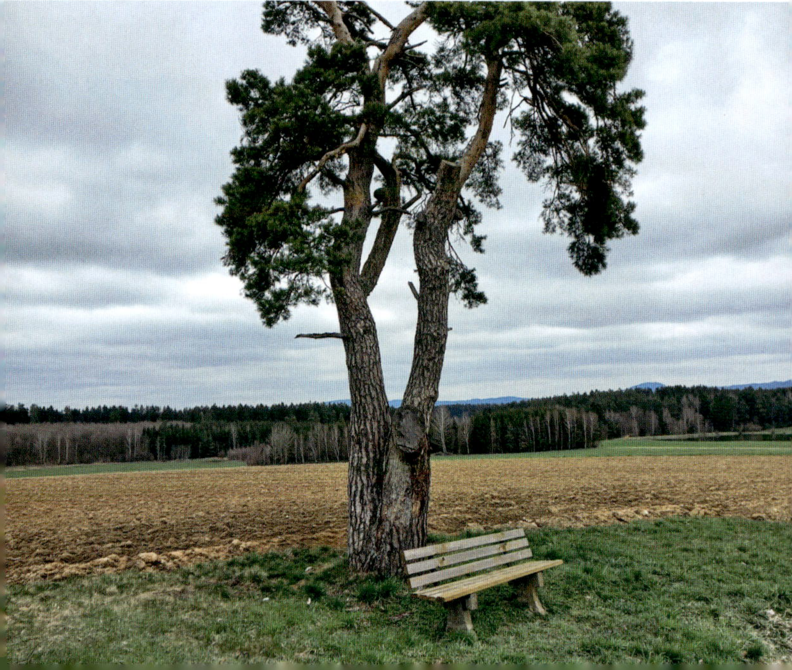

1619, zu Beginn des Dreißigjährigen Krieges, wurde Eslarn zum Markt ernannt. Schon zuvor hatten sich einige Bauernhöfe um Eslarn herum angesiedelt. 1588 bestand Eslarn aus 153 Anwesen. Nach dem Kriegsende im Jahr 1648 schrumpften die Besitztümer auf 120 zusammen.

Das Ende des Dreißigjährigen Krieges brachte der Eslarner Bevölkerung auch endgültig den katholischen Glauben. Zuvor hatten sich die Bewohnerinnen und Bewohner nach den Bekenntnissen ihrer Landesherren zu richten.

Bis in die zweite Hälfte des 16. Jh. befanden sich im Süden von Eslarn auf dem Wenzelsberg, der heutige Schlossberg, ein Schloss und eine Kapelle, die dem heiligen Wenzeslaus geweiht war und zahlreiche Wallfahrende anzog. Während des Dreißigjährigen Krieges wurde sowohl die Kapelle als auch das Schloss zerstört.

Nach dem Zweiten Weltkrieg wuchs die Bevölkerung auf über 4.000 Personen an – auch bedingt durch die vielen Heimatvertriebenen aus dem Sudetenland, die wenigstens vorübergehend eine neue Heimat in Eslarn fanden. Als der Ort weitgehend von den Kriegsschäden neu aufgebaut war, stellten sich die Sorgen um Arbeitsplätze ein. Viele Menschen aus Eslarn wanderten in die bayerischen Städte oder bis nach Amerika aus, um die Versorgung ihrer Familien zu gewährleisten.

Seit 1989 der sogenannte Eiserne Vorhang zum Osten fiel, ist ein ungehinderter reger Verkehr nach Tschechien zu verzeichnen.

Mitten im Ort lädt Sie ein kleiner Kurpark mit Weiher zum Verweilen ein. Sehenswert ist auch das Kommunbrauhaus. In einem Teil des Gebäudes können Bürgerinnen und Bürger noch immer ihr Bier, das sogenannte Zoigl, selbst brauen. Im ehemaligen Lagerhaus befindet sich das Informationszentrum für Besucherinnen und Besucher, wo Sie viel Wissenswertes über diese Tradition der Oberpfalz erfahren können.

Der Zoigl ist ein untergäriges Bier, das im Original nur im Oberpfälzer Wald nach althergebrachter Weise hergestellt wird. Gebraut wird der Zoigl in einigen Kommunbrauhäusern wie hier in Eslarn. Die „Brauenden Bürger“ finanzieren diese Braustätte durch das „Kesselgeld“, eine Art Mitgliedsbeitrag.

☺ In Eslarn sollten Sie sich noch um Proviant bemühen, da unterwegs keine Einkehrmöglichkeiten vorhanden sind!

Vom Tillyplatz wenden Sie sich nach rechts in die Poststraße. An ihrem Ende geht es kurz links in die Brennerstraße, wobei Sie am Café Karl vorbeikommen. Nun biegen Sie rechts in den Hofweiherweg ein.

Der Fuß- und Radweg quert eine kleine Brücke über den Loisbach, passiert einen Bauernhof und ein kleines Sträßchen bringt Sie dann an die Moosbacher Straße. Dort liegt rechter Hand die Pension Zur Krone. Sie gehen hier allerdings links und verlassen kurz danach die Moosbacher Straße, um leicht links der Kapellenstraße zu folgen.

Wenn Sie dagegen der rechts abbiegenden Moosbacher Straße folgen, erreichen Sie nach 350 m einen Supermarkt.

Radfahrerinnen und Radfahrer radeln bei der Pizzeria Anno weiter geradeaus auf der Kapellenstraße, bis Sie bald danach rechts in die Roßtränker Straße einbiegen. Bei der nächsten Gelegenheit zweigen Sie links, gemeinsam mit dem Jakobsweg, auf die Teerstraße ein. Noch vorm Erreichen des Waldes fahren Sie links auf einen Feldweg mit der Bezeichnung E6, den Sie bis zu seiner Einmündung in die Autostraße nutzen. Dort halten Sie sich rechts, durchqueren den Weiler Gmeinsrieth und bald danach geht es rechts auf einem asphaltierten Fahrweg Richtung Roßtränk weiter. Beim Rastplatz ❹ treffen Sie wieder auf den Jakobsweg.

Kurz vor der Pizzeria Pizza Anno geht es rechts in den Tradweg, der sich dann halb links als Sportplatzstraße fortsetzt. Sie erreichen das Sportzentrum mit einem Minigolfplatz und gelangen zum dahinterliegenden idyllisch gelegenen Atzmannsee.

Kiosk Atzmannsee, ab ca. Mai bis Sep, bei entsprechender Witterung ist der Kiosk geöffnet.

Direkt vor dem See wandern Sie links über die Badewiese am Ufer entlang. Am Seeende erblicken Sie einen Pavillon ❸, halten sich links und treffen sofort auf eine Fahrstraße, die Roßtränker Straße.

Auf diese biegen Sie rechts ein und schon nach wenigen Metern geht es links auf eine Teerstraße, die an einem Pferdestall vorbeiführt. Nun marschieren Sie aufwärts bis zum Waldrand, wo ein altes verfallenes Haus steht.

Es geht geradeaus durch den Wald bis zu einer großen Wiesenfläche, die Sie geradeaus überqueren, und danach tauchen Sie wieder in den Wald ein. Sie erreichen eine Wegkreuzung und folgen dem breiten Schotterweg nach links bis zu einer kleinen Asphaltstraße. Hier befindet sich ein Schilderbaum mit dem Wegweiser „Wildstein 11,8 km“ sowie ein einladender Rastplatz ❹.

Sie wandern rechts auf das Asphaltsträßchen und biegen nach knapp 300 m links in einen allmählich ansteigenden Forstweg ein, der Sie in den Wald führt.

Linker Hand erblicken Sie einen kleinen Weiher mit einer Holzhütte. Bald danach, bei der Holztafel „Kimmerlweiher" und dem Hinweisschild „Stangenberg 3 km", erreichen Sie eine am Weiher gelegene ⛼ Rastbank.

Nach 1,3 km auf der einsamen, aufwärtsführenden Waldfahrstraße gelangen Sie zu einer Wegkreuzung mit Bauminsel, wo Sie sich links halten. Es folgt 600 m später die am Wegesrand liegende Naturquelle Eisenbrunnen ❺ mit einer roten ⛼ Ruhebank.

Weiter geht es hinauf zu dem Sattel zwischen dem Bromberg (⇧ 687 m) und dem Stangenberg (⇧ 750 m), wo sich der Wald lichtet. Danach wandern Sie leicht bergab und bei der nächsten Weggabelung folgen Sie der Muschelmarkierung nach rechts.

✋ Die Forststraße geht kurz danach in einen Fahrweg über und Sie erblicken unten die ersten Bauernhöfe von Gaisheim. Nur wenige Meter danach, bei einer roten ⛼ Ruhebank, zweigt der markierte Weg unvermittelt vom breiten Fahrweg nach rechts in den Wald ab und führt nicht hinab nach Gaisheim!

🚲 Radfahrerinnen und Radfahrer radeln hier auf dem Fahrweg hinab nach Gaisheim. In der Dorfmitte, in der Linkskurve, biegen Sie rechts ab, verlassen den Ort und treffen nach 700 m auf den Jakobsweg, dem Sie in westliche Richtung folgen.

Sie wandern auf dem Pfad am Hang entlang, bis dieser zunehmend absteigend auf einen tiefer liegenden, breiteren Forstweg trifft. Auf diesem links abwärtsführenden Weg wandern Sie bis zum Waldende und dann rechts auf dem Grasweg am Waldrand entlang, mit schönen Ausblicken in die Landschaft. Sie betreten wieder den Wald und kurz danach zweigt ein kleiner, nicht gut sichtbarer Pfad nach links in eine Fichtenschonung ab. Nach dem Verlassen des Waldes folgt bald ein querender Feldweg. Für ein kurzes Stück gehen Sie rechts am Waldrand entlang und entfernen sich dann in einem Linksbogen vom Wald.

Sie passieren einen Bauernhof und bei der folgenden Straßengabel halten Sie sich links und gleich danach rechts zur Landstraße St2160 ❻, die zwischen Tröbes und Gaisheim überquert wird. Zunächst gehen Sie links in Richtung Wirthsschleif, ignorieren die Abzweigung nach rechts und wandern weiter geradeaus in das Tal des Tröbesbachs hinein.

Bei der folgenden Linkskurve zweigt der Jakobsweg rechts auf einen zwischen Wiesen und Felder verlaufenden Feldweg ab. Sie queren den kaum sichtbaren Tröbesbach. Danach wandern Sie für ca. 800 m auf dem breiten, leicht ansteigenden Forstweg.

Bei der zweiten Weggabelung verlassen Sie diesen und folgen der Jakobsmuschelmarkierung rechts auf einen breiten, teils steil bergan führenden Waldweg. Nach ca. 1 km erreichen Sie einen querenden Forstweg, auf dem Sie gemäß der Markierung nach rechts abbiegen. Bald danach, an einem Holzlagerplatz, halten Sie sich bei einer größeren Weggabelung auf den rechten, bergaufführenden Weg. Von hier aus sind es noch ca. 850 m bis Sie eine Wegkreuzung erreichen.

Es geht weiterhin geradeaus, denn erst bei der nächsten Abzweigung ❼ führt Sie die Jakobsmuschel nach links abwärts bis zum Waldrand. Nun haben Sie bereits schöne Blicke auf Wildstein und Umgebung.

Am nordwestlichen Ortsrand von Wildstein stoßen Sie auf die Autostraße und folgen ihr in den Ort. Beim Feuerwehrhaus vollführt die Straße eine Linkskurve, wo die heutige Etappe endet.

An dieser Stelle zweigt der Jakobsweg nach rechts Richtung Teunz ab, links gehend erreichen Sie jedoch den Gasthof Zum Wildenstein.

Wildstein

Gasthof-Pension Zum Wildenstein, Wildstein 32, 92552 Wildstein, ☏ 096 77/279, info@zumwildenstein.de, www.zum-wildenstein.de, 10 Betten, ÜF EZ ab € 40, DZ ab € 35 p. P., Ermäßigung bei längeren Aufenthalten, außerdem steht eine Ferienwohnung zur Verfügung, Küche ab 11:30. Das Restaurant mit Biergarten bietet eher kleine Gerichte, die ggf. zu einem umfangreicheren Essen kombiniert werden können. Eine Fahrradunterstellmöglichkeit ist vorhanden. ➲ 80 m vom Feuerwehrhaus

Rufbus Linie 8403 nach Teunz in Richtung Nabburg Bf., ☏ 094 31/802 80 05, bis 1 Std. vor Abfahrt anmelden, Mo-Fr 7:00-18:30, Sa 7:00-12:00

Wildstein ist ein kleines, idyllisch gelegenes Bergdorf, das heute zur Gemeinde Teunz gehört. Eingerahmt wird Wildstein von verschiedenen Bergen. Nach Süden öffnet sich der Blick in Richtung Fausnitztal. Auf dem im Südwesten gelegenen, 744 m hohen Wildenstein, dem höchsten Punkt in der Gemeinde Teunz, befand sich im Mittelalter eine Burg. Sie diente dem Schutz und der Kontrolle der von Osten vorbeiführenden Handelswege und der Abwehr von Überfällen.

Von der Burgruine können Sie herrliche Blicke ins Umland genießen.

Dieser Abstecher auf die Burgruine lohnt für einen Abendspaziergang oder aber Sie heben sich ihn für den nächsten Morgen auf, da er zu Beginn der 2. Etappe liegt (☞ siehe Beschreibung dort).

Etappe 2: Wildstein – Guteneck

19,4 km, 5 Std. 45 Min., ↑ 251 m, ↓ 525 m, ⇧ 404-678 m

0,0 km	⇧ 675 m	Wildstein
2,4 km	⇧ 600 m	Kühried
5,1 km	⇧ 560 m	Kirche St. Jakob
6,0 km	⇧ 510 m	Fuchsberg
8,2 km	⇧ 460 m	Teunz
10,5 km	⇧ 479 m	Voggendorf
12,3 km	⇧ 490 m	Rottendorf
14,1 km	⇧ 540 m	Enzelsberg
19,4 km	⇧ 404 m	Guteneck

Die heutige Etappe lädt Sie wieder ein, die wundervolle, stille Natur der Oberpfalz zu genießen. Auf bergigen Wegen, aber auch auf flachen Wegstücken durch die Felder bieten sich Ihnen schöne Ausblicke in die Landschaft. Zu Beginn lohnt ein Abstecher auf den Wildenstein und im weiteren Verlauf des Weges die Besichtigung der Wallfahrtskirche St. Jakob. Den Abend können Sie mit einer Übernachtung im Schloss Gutenberg abschließen.

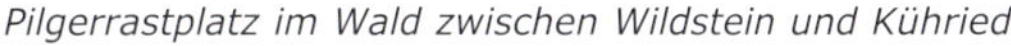

Pilgerrastplatz im Wald zwischen Wildstein und Kühried

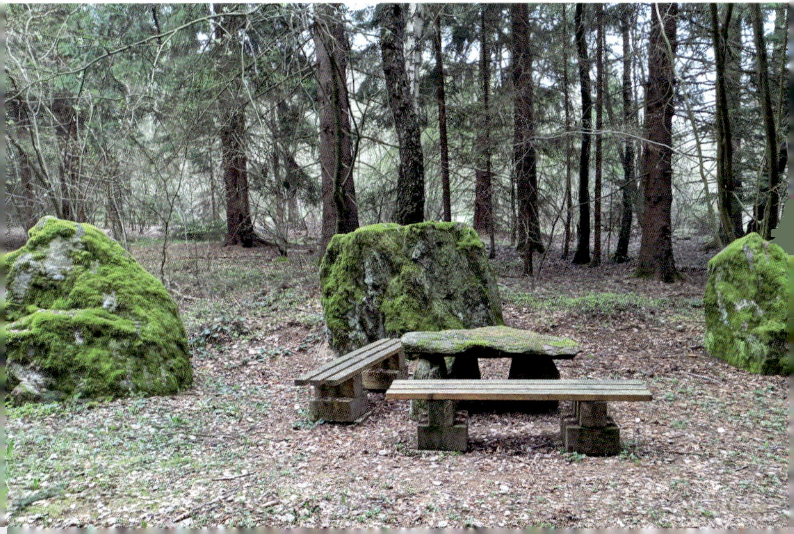

☺ Da es in Wildstein keine Einkaufsmöglichkeit gibt, besteht die Möglichkeit, entweder in der Unterkunft um ein Lunchpaket zu bitten oder sich im 8 km entfernten Teunz im Kramerladen mit Bäckerei oder bei der Metzgerei Schiessl mit Lebensmitteln einzudecken.

Radfahrerinnen und Radfahrer benutzen zwischen Wildstein und der Kirche St. Jakob bei Fuchsberg die Autostraße. Von Wildstein radeln Sie nach Kühried und biegen noch vor der Kapelle links ab. Nach gut 2 km, dabei passieren Sie Ziegelhütte, biegen Sie rechts auf eine Nebenstraße, die nach 1,2 km zur Jakobskirche und dort wieder auf den Jakobsweg führt.

In der Linkskurve der Autostraße, beim Feuerwehrhaus, zweigt der Jakobsweg ab und führt ansteigend durch eine Rechtskurve in Richtung des Wildensteins. Kurz danach erreichen Sie eine Gabelung mit dem Hinweisschild „Fuchsberg, Teunz und Enzelsberg" und folgen links der südwärts ziehenden, kleinen Panoramastraße am Osthang des Wildensteins.

Bei schönen Wetter lohnt es sich einen Abstecher auf den Wildenstein zu machen, um die Aussicht auf die Oberpfälzer Waldhügellandschaft zu genießen, ➲ Hin- und Rückweg 1,4 km und zusätzliche 70 Hm. Der Hinweg führt Sie geradeaus zum Gipfel, der Rückweg leitet Sie in südwestliche Richtung wieder zum Jakobsweg. Insgesamt bedeutet dieser Abstecher 450 m mehr Wegstrecke gegenüber dem Normalweg. Natürlich können Sie den Hinweg auf den Wildenstein auch als Rückweg nutzen, was dann 1,2 km mehr Wegstrecke für Sie bedeuten würde.

Sie passieren linker Hand zwei landwirtschaftliche Gebäude und folgen anschließend an der Weggabelung dem Weg an der Südostflanke des Wildensteins nach rechts aufwärts. An einem kleinen Weiher vorbeigehend werden Sie talauswärts mit grandiosen Aussichten belohnt. Hier trifft auch der Abstecher vom Wildenstein auf den Weg. Die kleine Fahrstraße verabschiedet sich nach links und Sie wandern geradeaus auf einem Forstweg in den Wald hinein. Wenig später erblicken Sie auf der rechten Seite einen steinzeitmäßg wirkenden Rastplatz mit moosbewachsenen Steinen.

Kurz danach biegen Sie links auf den zunehmend steiler abwärtsführenden Waldpfad ab. Sie stoßen auf einen etwas breiteren Waldweg, dem Sie nach rechts folgen, und verlassen diesen kurz danach wieder nach links.

Sie gehen nun auf einem Pfad weiter, der sich weiterhin bergab schlängelt, und erreichen bald eine Teerstraße. Hier ist die Markierung uneindeutig. Sie wenden sich nach links auf die abwärtsführende Straße.

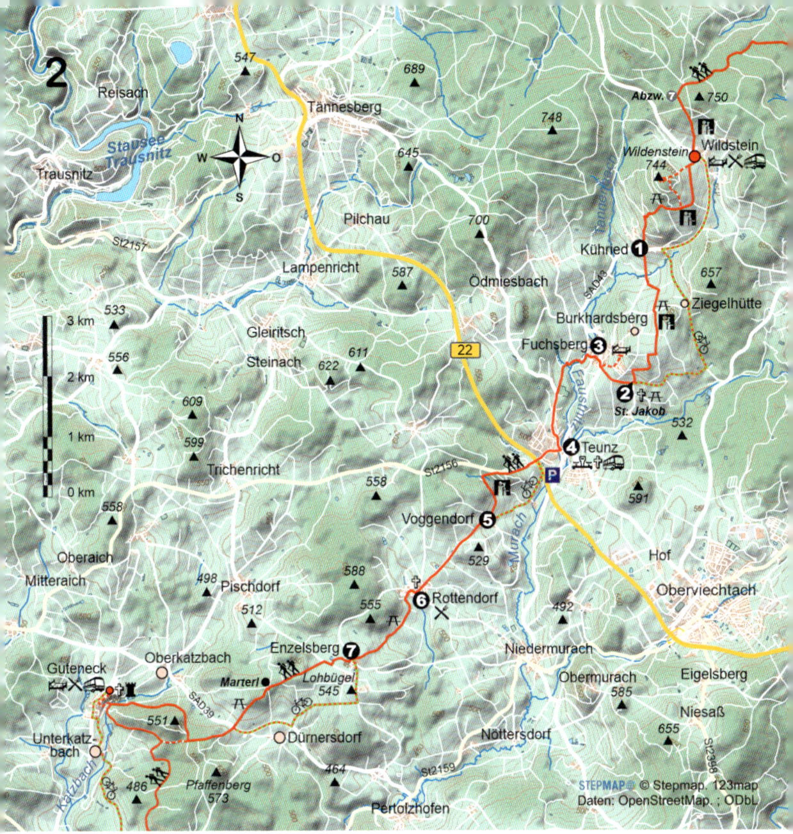

2

Reisach
Stausee Trausnitz
Trausnitz
St2157
547
Tännesberg
689
748
Abzw. 7
750
Wildstein
Wildenstein
744
645
Pilchau
700
Kühried 1
Lampenricht
587
Ödmiesbach
SAD43
657
Ziegelhütte
Burkhardsberg
3 km
533
Gleiritsch
Steinach
611
622
22
Fuchsberg 3
556
2 km
2 St. Jakob
532
609
1 km
599
Trichenricht
St2156
4 Teunz
591
0 km
558
558
Voggendorf 5
529
Murach
Oberaich
Mitteraich
Hof
498
Pischdorf
588
6 Rottendorf
Oberviechtach
512
555
492
Enzelsberg 7
Niedermurach
Oberkatzbach
Guteneck
Marterl
Lohbügel
545
Obermurach
585
Eigelsberg
SAD39
551
Niesaß
Unterkatz-
bach
Dürnersdorf
Nöttersdorf
655
St2398
Katzbach
486
Pfaffenberg
573
464
St2159
Pertolzhofen
STEPMAP © Stepmap. 123map
Daten: OpenStreetMap. ; ODbL

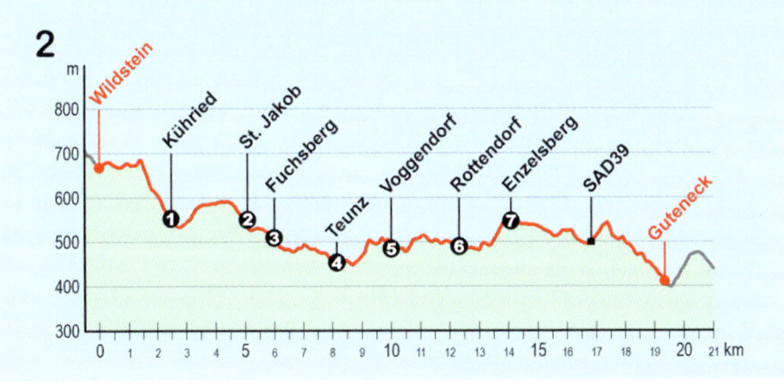

In Kühried ❶, beim Feuerwehrhaus angekommen, überqueren Sie die Kreisstraße SAD43.

Gegenüber wandern Sie auf einer kleinen Asphaltstraße durch eine Senke mit dem dahinplätschernden Höcherlbach und an Fischteichen vorbei. Sofort danach verlässt der Jakobsweg das Asphaltsträßchen nach links auf einen Wiesenweg, der an einem rechts liegenden Waldflecken vorbeiführt. Der Weg mündet wieder in ein Teersträßchen ein, dem Sie links folgen.

In der folgenden Linkskurve biegt rechts ein aufwärtsführender Wiesenweg ab, dem Sie bis zu einer Querstraße folgen. Hier halten Sie sich kurz links und zweigen gleich wieder rechts in einen sehr schmalen Pfad ein, der linksseitig an einer Baum-Busch-Reihe vorbeiführt. Die Hecke endet und es geht weiter geradeaus durch die Felder bis zu einer querenden Teerstraße. Sie treffen hier auf einen Picknickplatz in Höhe des rechter Hand liegenden Ortes Burkhardsberg.

Ein wenig nach rechts versetzt wandern Sie weiter geradeaus durch die Felder mit wunderbaren Rundblicken in die oberpfälzische Hügellandschaft. Kurz nachdem es bergab geht, leitet Sie bei einer Gabelung ein Wegweiser nach rechts. Nach 150 m biegen Sie links auf eine bewaldete Anhöhe ab, wo sich ein altes, in die Jahre gekommenes Jagdhaus befindet.

Sie umrunden dieses Waldstück nach rechts und gehen auf einem bergabführenden Feldweg weiter, bis Sie linker Hand zu der unterhalb des Weges liegenden Wallfahrtskirche absteigen.

Normalerweise ist die Kirche St. Jakob ❷ immer geöffnet und der überdachte Rastplatz unter der Baumgruppe vor der Kirche lädt zur Ruhepause ein. Hier befinden sich Informationstafeln über die Wallfahrtskirche.

Die **Kirche St. Jakob** wird außerhalb von Fuchsberg auf einer kleinen Anhöhe liegend von zwei mächtigen Kastanien beschirmt. Ihre Geschichte begann, wie vom Volksmund überliefert wird, an dem Ort der jetzigen Kirche mit einem Denkmal aus Mauerwerk und einem auf Holz gemalten Bildnis des heiligen Jakob. Eine weitere Legende berichtet von einer Kirche, die jedoch zur Zeit der Reformation verfiel.

Historisch sicher belegt ist aber die Errichtung der Kirche im 18. Jh. Als Stifter kommen Graf Carl Clement von Taufkirchen zu Fuchsberg und seine Gemahlin Eleonore von Taufkirchen-Kreuth infrage. Der Hintergrund dieser privaten Stiftung ist ein Gelübde. Das Ehepaar bat den heiligen Jakobus, ihren Sohn in den Türkenkriegen vor Verwundung und Tod zu bewahren. Als sich diese Bitte erfüllte, wurde St. Jakob vermutlich 1766 (wieder)errichtet.

Nach aufwendigen Renovierungen und einer Generalsanierung von 2013-2015 bilden das Gotteshaus und die neu geschaffene Informationsstelle eine sehenswerte und informative Einheit.

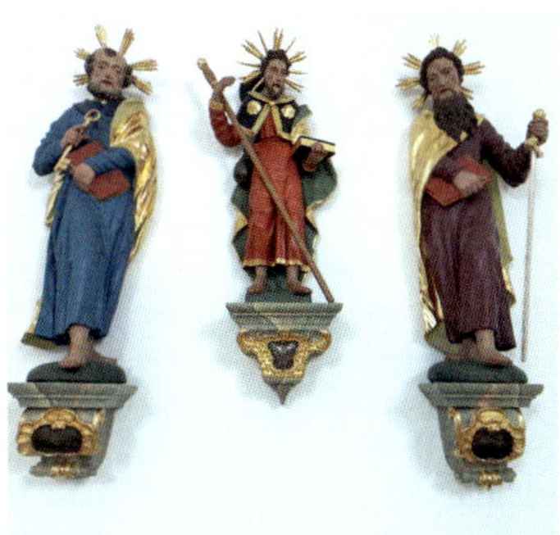

In der Kirche St. Jakob

Im Inneren fällt die Empore ins Auge, deren Brüstung reich mit Bildern verziert ist. Dort finden Sie das zentral platzierte Wappen der Familie von Taufkirchen sowie Szenen aus den kriegerischen Auseinandersetzungen mit den Türken. Unter der Empore ist in der Mitte das Ölbild einer Maria-Hilf-Madonna des Winklarner Hinterglasmalers Karl Josef Ruf d. Ä. angebracht. Das heutige Altarbild zeigt den heiligen Jakob als Pilgerpatron mit dem Pilgermantel, der typischen Muschel und dem Pilgerstab. Wo früher ein Seitenaltar stand, schmücken nun Petrus, Jakobus der Ältere und Paulus die Wand. Nach vorheriger Anmeldung und Terminabsprache werden auch Kirchenführungen angeboten. Bitte wenden Sie sich in diesem Fall an Herrn Pfarrer Herbert Rösl bzw. an das Pfarramt in Teunz.

- katholisches Pfarramt, St. Lambert, Hauptstraße 23, 92552 Teunz, ☎ 096 71/501, 📱 096 71/91 84 46
- weitere Infos unter 💻 www.st-jakob-fuchsberg.de

Unterhalb der Kirche folgen Sie bei einer Straßengabelung der Asphaltstraße nach rechts bis zur Ortsdurchfahrtsstraße in Fuchsberg.

Kurz vor der Ortsdurchfahrtsstraße haben Sie die Möglichkeit, direkt zur Unterkunft der Familie Feierfeil zu gelangen

Hier haben Sie die Möglichkeit, direkt zur Unterkunft der Familie Feierfeil zu gelangen. Sie biegen scharf rechts in die Schreinergasse ab und über die links abbiegende Straße Kreuzerhof gelangen Sie zur Oberen Siedlungsstraße.

Ansonsten gehen Sie nun zunächst halb rechts auf die Ortsdurchfahrtsstraße. Sie kommen bald zu dem kleinen Dorfplatz von Fuchsberg ❸, der von einem Baum verziert wird und zwischen den Armen der unteren Dorfstraße liegt.

Fuchsberg

Ferienwohnung Fam. Feierfeil, Obere Siedlungsstraße 4, 92552 Fuchsberg, 📱 015 75/204 54 65, juliarohrmueller@yahoo.de, 4 Betten, Ü ab € 45 p. P., für jede weitere Person € 5, Garten, separater Haustüreingang, sonstiger Service nach Absprache, ➲ 600 m vom Weg

In Fuchsberg selbst liegt direkt am Jakobsweg das ehemalige Schloss, dessen älteste Teile ins Mittelalter zurückreichen und das heute Sitz der Schlossbrauerei Fuchsberg ist, die ein bei Einheimischen hoch geschätztes Bier herstellt.

In Fuchsberg gehen Sie beim Dorfplatz auf ein kleines Häuschen mit der Aufschrift „Gartenbauverein" zu. Vor diesem halten Sie sich links, bis die untere Dorfstraße an einer Weggabelung mit einem Rechtsbogen in die Bubenlohe übergeht. Rechter Hand befindet sich ein majestätisches, gusseisernes Tor der Schlossbrauerei Fuchsberg sowie die Kapelle der Brauerei.

Kurz danach biegen Sie bei der Muschelmarkierung links in Richtung Badeteich ab, wo sich auch Ruhebänke befinden. Sie halten sich sogleich nochmals links und erblicken bald danach rechts, am Ende des Sees, eine kleine Brücke, über die Sie den Bach Faustnitz überqueren.

Danach geht es links und Sie wandern an einigen Klärteichen vorbei. Bei Erreichen des Asphaltweges gehen Sie nochmals links. Für 500 m wandern Sie die meiste Zeit am Waldrand entlang, passieren schließlich einen Sportplatz und treffen dann auf die Ödmiesbacher Straße. Auf diese biegen Sie links ab und erreichen nach gut 1 km die Nabburger Straße im Zentrum von Teunz ❹. Am Eck befindet sich die Bäckerei Brandstätter und der Jakobsweg zweigt hier rechts ab.

Links führt Sie die Nabburger Straße zur Bushaltestelle, zur ca. 200 m entfernten Metzgerei in der Hauptstraße und auch zur kurz dahinter liegenden Pfarrkirche St. Lambert.

Obwohl Teunz der Hauptort der Gemeinde Teunz ist, gibt es hier aktuell keine Übernachtungsmöglichkeit. Es besteht nur die Möglichkeit, in das 4 km entfernte Oberviechtach auszuweichen. Dort gibt es mehrere Übernachtungsalternativen im Zentrum, diese sind zu erfragen bei der Touristinfo Oberviechtach, ☏ 096 71/307-19. Zu erreichen ist Oberviechtach mit dem Bus oder mit Taxi Greber.

Teunz

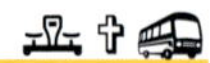

Bäckerei Brandstätter, Nabburger Straße 2, 92552 Teunz, ☏ 096 71/15 45, Mo-Fr 6:00-12:30 und 14:00-18:00, Sa 6:00-12:30

♦ **Metzgerei Schiessl**, Hauptstraße 12, 92552 Teunz, ☏ 096 71/92 39 23, Mo-Fr 7:30-18:00, Sa 8:00-14:00

Linie 11 nach Oberviechtach

Taxi Greber, 92552 Teunz, ☏ 096 71/731, 017 54/10 96 94

✝ Sehenswert ist die 1723 im Barockstil errichtete katholische **Pfarrkirche St. Lambert**. Der erste Kirchenbau erfolgte im romanischen Stil um 1100 und wurde dem heiligen Lambertus geweiht. Ihr Mauerwerk findet sich noch heute im rückwärtigen Teil der jetzigen Kirche.

Sie verlassen Teunz auf der Nabburger Straße in westliche Richtung und überqueren schon bald die viel befahrene B22.

🚲 Radfahrerinnen und Radfahrer biegen an der Kreuzung der B22 links ab, schieben ihr Rad über den Parkplatz und überqueren an seinem Ende die Bundesstraße. Sie benutzen dann die rechts abzweigende Straße nach Voggendorf.

Sie gehen weiter geradeaus auf der linken Straßenseite der Nabburger Straße. Nach 150 m zweigt links ein grasbewachsener Fußweg ab, der weiter in bisheriger Gehrichtung parallel zur Nabburger Straße verläuft. Am Waldrand geht es zunächst steil bergauf. Der Weg flacht ab und führt dann auf einem schmalen, moosbewachsenen Pfad in den Wald hinein.

Der etwas zugewucherte Pfad steigt im Wald wieder empor und entfernt sich von der Straße. Dann leitet die Markierung über den Tradbach und auf einen breiten Waldweg bis zum Waldrand.

Im offenen Gelände bietet sich Ihnen linker Hand ein schöner Blick Richtung Teunz und Murchtal. Sie passieren das rechts liegende Islandpferdegestüt und erreichen kurz danach eine querende Autostraße in Voggendorf ❺, der Sie rechts durch den Ort hinauf folgen.

Auf der wenig befahrenen Landstraße wandern Sie aus dem Dorf hinaus. Sie kommen an einem rechts liegenden Teich vorbei und gelangen schließlich auf der im Ort Rottendorf abwärtsführenden Straße zu dem am rechten Eck liegenden Gasthof Zeitler ❻.

Rottendorf ✕ ✝

✕ **Gasthaus Zeitler**, Rottendorf 9, 92545 Niedermurach, ☏ 096 71/911 43, Mo und Fr ab 17:00, So ab 14:00, Brotzeiten und Getränke erhältlich, ➲ direkt am Weg

Sie folgen der Markierung rechts Richtung Enzelsberg. Nur kurz danach folgen Sie im Ortszentrum von Rottendorf der Markierung nach links.

Das Teersträßchen schlängelt sich aus dem Ort hinaus, vorbei an der Privatmolkerei Bechtel, und steigt im freien Gelände hinauf. Beim ersten Strommast finden Sie eine ⛩ Ruhebank mit einer danebenstehenden Christusfigur und können hier die schönen Ausblicke in die Landschaft genießen.

Im stetigen Auf und Ab durchwandern Sie die Felder- und Wiesenlandschaft, bis Sie die Anhöhe erreichen. Vor Ihnen tauchen die ersten Häuser von Enzelsberg auf und nun geht es abwärts zum Ortsrand. In Enzelsberg ❼ queren Sie die von Rottendorf kommende Autostraße.

Radfahrerinnen und Radfahrer zweigen hier auf die Autostraße nach links ab, durchfahren Enzelsberg und biegen bei der Kreuzung nach dem Lohbügel rechts Richtung Dürnersdorf ab. Dort treffen Sie auf die Kreisstraße, folgen ihr nach rechts durch den Ort und fahren weiter Richtung Oberkatzbach.

Sie treffen dann nach gut 1 km wieder auf den Jakobsweg, der die SAD39 kreuzt.

Hier zeigt ein Wegweiser nach „Guteneck 5,5 km" und „Altendorf 11 km". Sie wandern zunächst auf einem Feldweg in bisheriger Richtung weiter. Nach einem Rechts-links-Bogen endet der Weg an einem idyllischen Teich, wo Sie sich links zur Autostraße halten. Auf dieser geht es kurz rechts und dann links auf einem Feldweg bis zum Waldrand hinauf.

Die Markierung leitet Sie durch den Wald und an Waldrändern entlang und nach ca. 800 m erreichen Sie an einer Wegkreuzung ein Steinmarterl von 1876.

Beim Steinmarterl wandern Sie zunächst links, nach 50 m rechts und nach 20 m erneut links auf einen Pfad, der steil ansteigt. Achten Sie auf dem teilweise zugewachsenen Pfad immer auf die Markierung. Schließlich kommen Sie wieder aus dem Wald heraus und treffen linker Hand auf eine Ruhebank bei einer alten Buche.

Sie laufen über den geteerten Feldweg hinab zur Kreisstraße, die Sie zwischen Oberkatzbach und Dürnersdorf überqueren.

Nun wandern Sie zum Waldrand hinauf und folgen bei der Weggabelung der Markierung nach rechts in den Wald hinein. Bergauf und bergab führt Sie der Weg zu einer Kreuzung, wo die Jakobsmuschel sowie das Hinweisschild „Zum Gasthof Vetterl 2500 m" nach rechts weisen.

Geradeaus können Sie hier dagegen die Strecke nach Hohenirlach um 2,5 km abkürzen. Sie erreichen dann nach ca. 450 m wieder den Jakobsweg, dem Sie nach links folgen!

Allerdings können Sie diese Abkürzung nur nutzen, wenn Sie nicht beabsichtigen, in Guteneck zu übernachten!

Der markierte, tendenziell abwärtsführende Weg führt Sie durch den Wald in Richtung Oberkatzbach. Bei einer Weggabelung geht es in einem Linksbogen in das Katzbachtal hinab. Das Gelände wird wieder flacher und nach ca. 2 km findet sich rechts erneut ein Hinweisschild zum „Gasthof Vetterl 500 m". Hier bei diesem Abzweig endet die 2. Etappe, der Jakobsweg geht hingegen weiter geradeaus.

Wenn Sie hier den Jakobsweg verlassen wollen, um in Guteneck zu übernachten, dann folgen Sie dem Pfad über die Brücke. Sie gehen über die Straße Am Radschin und rechts auf der Hofmarkstraße am Gasthof Vetterl vorbei zur dahinterliegenden Verwaltung vom Schloss Guteneck.

Guteneck

Gästehaus Schloss Guteneck, Schlossberg 1, 92543 Guteneck, ☎ 096 75/ 91 46 62, kontakt@schloss-guteneck.de, www.schloss-guteneck.de, 11 Betten in 5 Zimmern, Ü ab € 35 p. P., F € 8, bitte 1-2 Tage vorher die Unterkunft reservieren, außerdem gibt es einen kleinen Laden mit Proviant, der geöffnet wird, wenn Sie bei der Verwaltung läuten. Ab April 2023 wird an Sonntagen ein Café eröffnet, das in den Sommermonaten bis Oktober betrieben wird. Fahrradunterstellmöglichkeit, Außengelände, ➲ 600 m vom Ende der Etappe

Gasthaus Vetterl, Hofmarkstraße 3, 92543 Guteneck, ☎ 096 75/914 07 50, Gasthaus tägl. ab 17:00, So auch 10:00-14:00, Küche Mo Ruhetag, So, Di-Do bis 21:00, Fr, Sa bis 22:00, bei Voranmeldung auch außerhalb der Öffnungszeiten, ➲ 550 m vom Ende der Etappe.

Rufbus Linie 8402 über Willhof nach Nabburg, ☎ 094 31/802 80 05, Anmeldung bis 1 Std. vor Abfahrt, Mo-Fr 7:00-18:30, Sa 7:00-12:00, Kleinbus, beschränkte Kapazität

Das denkmalgeschützte Schloss Guteneck liegt auf einer felsigen Anhöhe über dem Katzbachtal. Ursprünglich stand hier bereits im 13. Jh. eine Burg, auf deren gotischen Grundmauern später ein Schloss erbaut wurde. Der Wohnflügel mit der Schlosskapelle St. Katharina entstand im 14./15. Jh. Das Schloss wurde bei einem Dorfbrand 1822 in Mitleidenschaft gezogen und die Anlage später schrittweise wieder aufgebaut, u. a. mit einem zweigeschossigen Arkadenhof. Außerdem existiert auf dem Gelände ein dreiseitiger Gutshof und die 1571 erbaute Brauerei, die 1822 als Halbwalmdachbau neu erbaut wurde.

Heute finden in der Schlossanlage zahlreiche Veranstaltungen statt, wie Gartentage, Ritteressen, Highland Games und Weihnachtsmarkt.

Etappe 3: Guteneck – Hohenirlach

17,7 km, 5 Std. 30 Min., ↑ 427 m, ↓ 445 m, ⇧ 368-511 m

0,0 km	⇧ 404 m	Guteneck
4,0 km	⇧ 417 m	Schirmdorf
5,9 km	⇧ 377 m	Willhof
6,6 km	⇧ 375 m	Abzweig nach Altendorf BANK
7,1 km	⇧ 381 m	Unterkonhof
8,6 km	⇧ 494 m	Waldlichtung Hollerschlag
11,3 km	⇧ 398 m	Mitterauerbach ()
13,5 km	⇧ 496 m	Wundsheim
15,8 km	⇧ 399 m	Einmündung Straße bei Raffach
17,7 km	⇧ 387 m	Hohenirlach ()

Heute bietet Ihnen der Jakobsweg eine hügelige Landschaft mit vielen Waldabschnitten, Tälern und kleinen Orten mit sehenswerten Kirchen. Auf dem Weg nach Hohenirlach ergattern Sie bereits die ersten Ausblicke auf die wunderschöne Oberpfälzer Seenplatte.

☺ Auch heute gilt es für Sie sich mit Proviant einzudecken, da es erst wieder in der Unterkunft in Hohenirlach eine Bewirtung gibt, oder Sie nehmen den Abstecher, wie im Text beschrieben, über Altendorf in Kauf, wo Sie auch übernachten können.

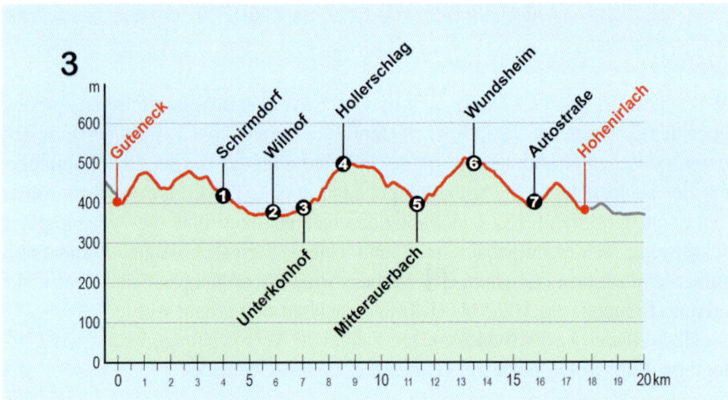

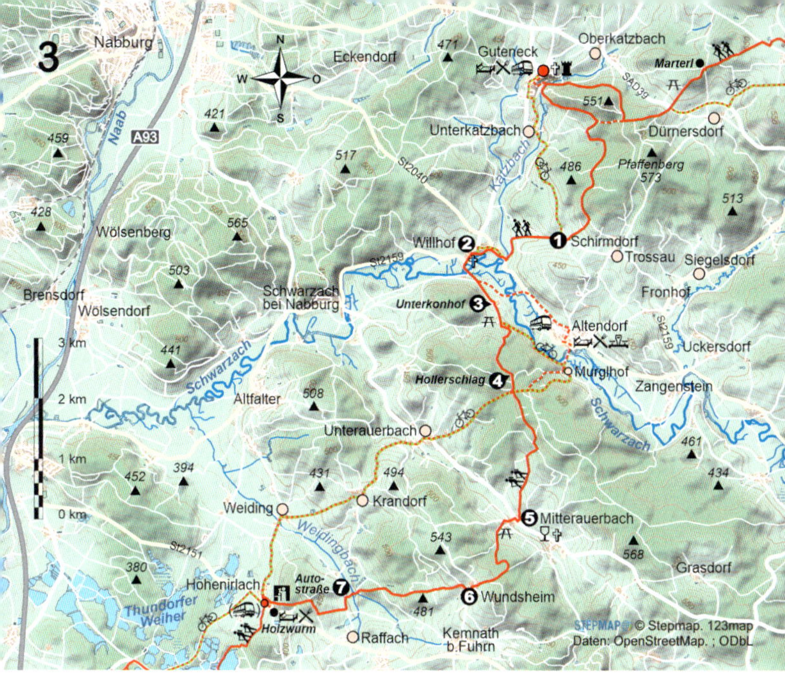

Mit dem Rad fahren Sie in südliche Richtung auf der Hauptstraße weiter, bis Sie kurz vor dem Ortsende links in die Felsmühlstraße abbiegen. Kurz danach geht es rechts auf den Feldweg und weiter nach Unterkatzbach. Im Ort biegen Sie bei der ersten Möglichkeit nach links und gleich wieder nach rechts ab und erreichen auf einer kleinen Nebenstraße Schirmdorf und am Ende der Straße den Jakobsweg.

☺ Wenn Sie in Guteneck eingekehrt sind oder übernachtet haben, gehen Sie wieder zurück zu dem Abzweig am Etappenende, wo Sie den Jakobsweg verlassen haben.

In südwestliche Richtung wandern Sie geradeaus bis zur Weggabelung in der Linkskurve. Sie halten sich links auf dem ansteigenden Weg, der zunächst durch lichten Wald führt und schöne Tiefblicke auf einen Weiher und das darunterliegende Unterkatzbach bietet.

Der erste rechte Abzweig wird von Ihnen ignoriert. Bei der nächsten Gabelung wandern Sie rechts abwärts auf das offene Gelände zu. Sie gehen weiter am Waldrand entlang, queren eine Wegkreuzung und mit einem Linksbogen tauchen

Sie wieder in den Wald ein. Nun geht es ein Stück steil bergauf durch den Katzbacher Schlag, bis Sie eine Wegkreuzung passieren und der Weg Sie fast eben bis zur nächsten Weggabelung mit Bauminsel führt. Nun steigen Sie nach rechts gut 600 m bis zum Waldrand hinab.

Gleich danach zweigt rechts ein steil abwärtsführender Grasweg ab und führt Sie durch die Felder direkt nach Schirmdorf, das an den südlichen Hängen des 573 m hohen Pfaffenberges liegt.

Beim ersten Hof am Ortsrand von Schirmdorf ❶ gehen Sie rechts durch den Ort, wandern neben der leicht abwärtsführenden Straße an zwei Teichen vorbei, und in das Tal des Katzbachs hinein. Eine Linkskurve leitet Sie auf die St2040, die nach Willhof führt. Sie gehen kurz rechts und danach zweigt auf der anderen Seite der Staatsstraße links ein Schotterweg ab, der neben der Schwarzach verläuft.

Radfahrerinnen und Radfahrer bleiben auf der Altendorfer Straße (St2040), fahren direkt nach Willhof hinein, biegen in der Ortsmitte nach links in die Straße Am Dorfplatz ein und erreichen wieder den Jakobsweg.

Der Schotterweg geht in einen Wiesenweg über, der Sie am Ende stark ansteigend auf die Teerstraße Am Dorfplatz führt. Sie wandern gemächlich durch die Häuserreihen und halten sich dann zur Schwarzacher Straße. In diesem Eck befindet sich auch die Jakobskirche von Willhof ❷.

Die über den Friedhof erreichbare kleine katholische **Filialkirche St. Jakob** geht ebenfalls auf das 12. Jh. zurück, wurde aber nach Baufälligkeit im 17. Jh. umgebaut und erneuert. Ein romanisches Portal auf der Südseite führt ins Kircheninnere. Der sehenswerte Hochaltar aus dem 17. Jh. ist mit einem Bildnis von Jakobus dem Älteren versehen.

Auf der Schwarzacher Straße geht es südwärts aus dem Ort hinaus. In der Rechtskurve der Straße gehen Sie geradeaus auf eine asphaltierte Nebenstraße mit dem Hinweisschild „Unterkonhof 1 km“. Sie wandern über die Schwarzach und erreichen die zwischen Willhof und Unterkonhof gelegene ehemalige Bahnstrecke, auf der heute der Radweg Bayerisch-Böhmischer Freundschaftsweg entlangführt. Hier befindet sich auch ein Picknickplatz.

Wer in Altendorf übernachtet, hat hier die Möglichkeit, nach links auf diesem Radweg in den gut 2 km entfernten Ort zu gelangen.

Altendorf

Gasthof Schiesl, Neunburger Straße 9, 92540 Altendorf, ☏ 096 75/215, robert.schiesl@t-online.de, ÜF EZ ab € 55, DZ ab € 90, Zuschlag HP € 18, Restaurant Mo Ruhetag (außer an Feiertagen), Di-Fr ab 17:30, Sa 11:00-14:00 und ab 17:30, So 11:00-14:00, ➲ 2,2 km vom Jakobsweg

Gasthaus Sorgenfrei mit Café-Bar und Biergarten, Neunburger Straße 10, 92540 Altendorf, Do Ruhetag, Mo-Mi, Fr, Sa 18:00-24:00, So 9:00-23:00, frische und regionale Speisen, selbst gemachte Kuchen, auch vegetarische Gerichte, ➲ 2,2 km vom Jakobsweg

Dorfladen Altendorf, Kirchsteig 2, 92540 Altendorf, ☏ 096 75/914 07 41, Mo-Fr 6:00-13:00, Di-Fr auch 16:00-18:00, Sa 6:30-12:00, So 7:00-10:00, ➲ 2,3 km vom Jakobsweg

Für den Rückweg zum Jakobsweg können Sie einen kürzeren, aber unmarkierten Weg wählen. Von Altendorf gehen Sie vom Gasthof Schiesl ein kurzes Stück in östliche Richtung auf der Neunburger Straße entlang und biegen dann rechts in die Unterauerbacher Straße ein. Sie gehen über die Brücke der Schwarzach und erreichen nach gut 200 m die von rechts einbiegende kleine Straße am Ortsrand von Murglhof. Hier gehen Sie noch ein Stück geradeaus an den ersten Häusern des Ortes vorbei und biegen vor dem Weiher nach rechts auf den Weg ab. Dieser führt Sie ein kurzes Stück zunächst am Waldrand entlang und bei einer Weggabelung geht es nach rechts in den Wald. Nach gut 200 m biegen Sie bei einer Waldschneise links in einen kleinen Waldweg ein und nach weiteren 400 m erreichen Sie wieder die von Murglhof kommende Straße. Hier gehen Sie rechts und gelangen nach 250 m wieder zum Jakobsweg, der hier die Straße quert und Sie nun nach links in den Wald führt.

Der Jakobsweg führt weiter geradeaus durch Unterkonhof ❸ und bald danach queren Sie eine kleine, in Richtung Murglhof/Altendorf führende Nebenstraße.

Radlerinnen und Radler nutzen diese kleine Nebenstraße bis kurz vor Murglhof. Dort fahren Sie nach rechts auf einer Straße weiter, kreuzen dabei den Jakobsweg und kommen nach Unterauerbach. Im Ort radeln Sie nach rechts in die Neunburger Straße, links in die Krandorfer Straße und bis nach Krandorf. Dort biegen Sie in der Ortsmitte rechts nach Weiding ab. In Weiding geht es bei der querenden Straße links und weiter bis zum Etappenziel nach Hohenirlach.

Sie wandern auf dem ansteigenden Feldweg zunächst am Waldrand entlang und dann in den Wald hinein. Der Forstweg schlängelt sich ansteigend durch den Wald.

Sie bleiben auf dem Hauptweg und ignorieren alle abzweigenden Wege. Bei einer Wegkreuzung führt der Hauptweg rechts weiter und Sie halten sich richtungsmäßig geradeaus auf dem schmalen, ansteigenden Weg. Der markierte Weg vollführt einen Linksbogen und Sie erreichen bald die Waldlichtung Hollerschlag ❹, wo Sie rechts wieder in den Wald hineinmarschieren.

Der kleine, zugewachsene Waldweg führt auf einen breiteren Forstweg und in einem leichten Rechtsbogen pilgern Sie an einem Wegkreuz vorbei. Es geht noch etwas bergab und Sie stoßen auf die von Murglhof kommende Teerstraße, der Sie kurz links folgen. Nach ca. 30 m biegen Sie rechts in den mit vielen Kiefern bewachsenen Mischwald und wandern geruhsam auf dem ebenen Weg weiter.

☺ An dieser Stelle bei der Teerstraße mündet der von Altdorf kommende Weg wieder auf den Jakobsweg ein.

Holzkreuz auf der Anhöhe kurz vor Mitterauerbach

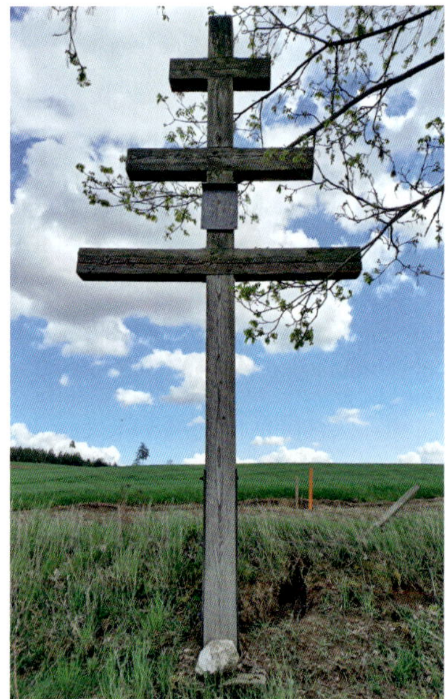

Nach ca. 900 m erreichen Sie die Wegspinne mit Hinweisschildern. Der Jakobsweg führt rechts hinab in Richtung Mitterauerbach und Hohenirlach. Er stößt bald danach auf einen querenden Forstweg mit einem Holzlagerplatz, wo Sie links gehen. Nach gut 100 m biegen Sie rechts hinab ins Auerbachtal und verlassen den Wald.

Sie wandern ein Stück durch die Felder, bis die Markierung nach links zeigt und der Schotterweg Sie aufwärtsführt. Auf der Anhöhe erreichen Sie ein Holzkreuz mit drei Querbalken. Nun wandern Sie die Ausblicke genießend ins idyllisch gelegene Mitterauerbach.

In der Dorfmitte von Mitterauerbach ❺ geht es rechts weiter auf dem Jakobsweg. Sie streifen den Gasthof Zur alten Linde, der im Jahr 2022 nicht mehr betrieben wurde.

Links geht es zur Kirche und dem Dorfgemeinschaftshaus.

Dorfgemeinschaftshaus Aiherlhof, 92431 Mitterauerbach, wenn bei Fam. Rieger, ☏ 096 75/16 63, und Fam. Schieder, ☏ 096 75/382, jemand zu Hause ist, kann man hier diverse Getränke beziehen, ansonsten müssen Sie mit dem Wasserhahn an der Hauswand oder auf dem Friedhof vorliebnehmen. Ein öffentliches WC befindet sich gegenüber der Kirche. ➲ 100 m vom Weg

Sehenswert ist hier die katholische **Filialkirche Unsere Liebe Frau**, einst eine Wallfahrtskirche, deren älteste Teile an den Eingängen und beim Chor aus romanischer Zeit stammen. Später wurde sie mehrfach umgebaut. Kunstgeschichtlich interessant sind vor allen Dingen die um 1500 entstandenen Gewölbemalereien und die wertvolle Rokokoausstattung aus der zweiten Hälfte des 18. Jh. Vor der Kirche befinden sich vier Sitzbänke, um sich auszuruhen.

Beim Gasthof wandern Sie rechts auf die Kreisstraße, um kurz danach links der ansteigenden Straße zu folgen. Bis zum Ortsende bleiben Sie auf dieser Straße und biegen beim letzten Haus erneut nach links ab. Sie marschieren weiter bergan und gelangen nach dem Linksbogen des Weges zu den am Wegrand liegenden Weihern mit einer Ruhebank.

Anschließend wandern Sie in den Wald hinein. Im weiteren Aufstieg folgen Sie dem Weg durch eine Links- und Rechtsbiegung und passieren eine linker Hand liegende, landwirtschaftlich bewirtschaftete Waldlichtung. Sie spazieren noch ein Stück durch den Wald und dann über ein Teersträßchen in die kleine zu Neunburg vorm Wald gehörende Ortschaft Wundsheim.

Auf der Talstraße nach links erreichen Sie den Dorfteich von Wundsheim ❻, biegen danach rechts ab und in einem Linksbogen wandern Sie zum Ort hinaus. Der Jakobsweg führt in gerader Linie bis zum Waldrand hinab. Sie wandern geradeaus durch ein Waldstück und in einem leichtem Rechtsbogen geht es abwärts durch ein lang gestrecktes Wiesengelände. Am Wiesenende kreuzen Sie einen Querweg und folgen dort dem Grasweg in den Wald. Am Ende dieses Waldstücks überqueren Sie den Weidingbach, passieren einen links liegenden, fast ausgetrockneten Weiher und erreichen die Autostraße Krandorf – Raffach ❼.

Auf ihr geht es kurz nach links und ein Stück vor dem Dorfweiher von Raffach biegen Sie rechts ab, um auf einem breiten Feldweg bergan durch Wiesen und Felder zu wandern. An seinem Ende gehen Sie rechts auf dem Teerweg weiter. Wenig später ist der Anstieg geschafft. Sie zweigen nun links vor dem Wald auf einen Grasweg zum Waldrand ab. In der Folge bietet sich linker Hand eine schöne Aussicht zur Oberpfälzer Seenplatte.

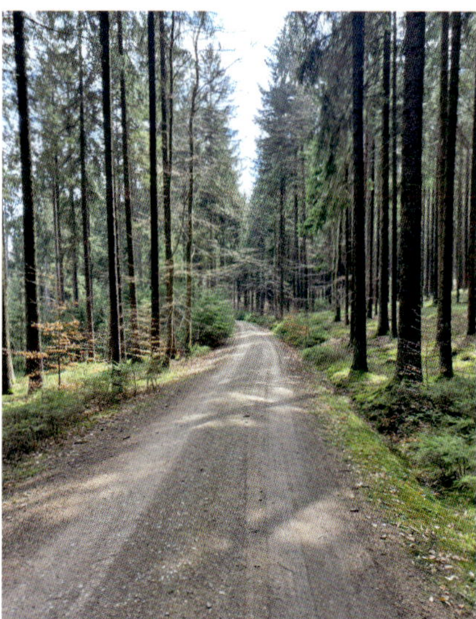

Auf einsamen Wegen durch den Wald

Bei einer Weggabelung wenden Sie sich nach halb rechts in ein Wäldchen hinein, um weiter auf dem gut markierten, aber schlecht sichtbaren Pfad bis zum Waldrand zu wandern. Hier beginnt bereits Hohenirlach und es folgt ein unbefestigter Wiesenweg, bei dem explizit auf einem Schild darauf hingewiesen wird, ausschließlich diesen zu benutzen. Dieser Weg führt nach dem Hinweisschild leicht nach rechts und dann in einem Linksbogen auf die Durchfahrtsstraße von Hohenirlach, der Sie links folgen. Kurz danach können Sie nach rechts abbiegen, wo der Jakobsweg weiter Richtung Schwandorf verläuft. Hier endet die heutige Etappe.

↳ Wenn Sie aber im Gasthof Holzwurm übernachten, gehen Sie noch ca. 200 m geradeaus der Beschilderung nach.

Hohenirlach

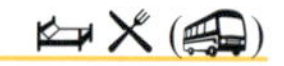

🛏 ✕ **Gasthof-Landhotel Holzwurm**, Hohenirlach Nr. 10, 92521 Hohenirlach, ☏ 094 39/202, ✉ info@landhotel-holzwurm.de, 💻 www.landhotel-holzwurm.de, 25 Betten, ÜF EZ ab € 65, DZ ab € 47 p. P., zusätzliches Bett im DZ ab € 25, 🚪 Fr Ruhetag, u. U. ist nach vorherigem Anruf eine Übernachtung auch an diesem Tag möglich, Restaurant Fr Ruhetag, Mo-Do 17:00-22:30, Sa, So 11:30-22:30, warme Küche Mo-Do 17:00-20:30, So 11:30-14:00 und 17:00-20:00, ➲ 200 m vom Weg

(🚌) Rufbus Linie 8405 nach Schwandorf, ☏ 094 31/802 80 05, Anmeldung bis 1 Std. vor Abfahrt, Mo-Fr 7:00-18:30, Sa 7:00-12:00, Kleinbus, beschränkte Kapazität

Hohenirlach ist ein kleiner Weiler der Gemeinde Schwarzenfeld und ein nördliches Eingangstor zum Naturschutzgebiet Oberpfälzer Seenland.

Etappe 4: Hohenirlach – Schwandorf

13,5 km, 4 Std. 40 Min., ↑ 82 m, ↓ 127 m, ⇧ 360-444 m

0,0 km	⇧ 387 m	Hohenirlach
2,1 km	⇧ 371 m	Aussichtsturm Murner See
4,4 km	⇧ 368 m	Holzhaus
5,7 km	⇧ 371 m	Charlottenhofkomplex
8,5 km	⇧ 373 m	Autobahnbrücke
11,2 km	⇧ 434 m	Waldspielplatz Jahnstraße
13,5 km	⇧ 360 m	Schwandorf BANK

Nach Hohenirlach wandern Sie noch ein Stück durch Felder und Wälder bis Sie die großartige Landschaft der Oberpfälzer Seenplatte erreichen. Einer der größten See ist der Murner See, der zum Baden und Wassersport einlädt. Nach Holzhaus erreichen Sie das Charlottenhofer Weihergebiet, das zweitgrößte Naturschutzgebiet der Oberpfalz. Die landschaftliche Schönheit des Gebiets zeichnet sich durch vielseitige Pflanzenbestände aus, ebenso durch seine Bedeutung als Brut-, Durchzugs- und Raststätte für viele Vogelarten. Nachdem Sie den gemütlichen Teil des Weges genossen haben, führt Sie der Jakobsweg wieder ins Hügelland und abschließend hinunter ins Naabtal nach Schwandorf.

Wer bereit ist, sein Rad auch mal ein Stück zu schieben, kann das folgende Wegstück durch das Seengebiet auch per Rad erleben. In Holzhaus und bei der Autobahnbrücke ❹ besteht die Möglichkeit. auf die Radwege zu wechseln.

Ansonsten fahren Radfahrerinnen und Radfahrer vom Gasthof in Hohenirlach in nordwestliche Richtung auf der Staatsstraße weiter und biegen dann links auf die SAD19 ein, der Sie bis Holzhaus folgen. Kurz vor dem Ort treffen Sie bereits wieder auf den Jakobsweg.

☺ Falls Sie im Gasthof-Landhotel Holzwurm übernachtet haben, gehen Sie zunächst die 200 m zum Jakobsweg zurück.

Bei den Hinweisschildern u. a. mit dem Hinweis „Schwandorf 13,8 km queren Sie die Staatsstraße und wandern auf dem gegenüberliegenden Feldweg geradeaus weiter. Sie passieren Teiche sowie eine überdachte Wanderkartentafel, bis Sie der Weg in den Wald hineinführt. Nach 50 m im Wald zeigt die Muschelmarkierung nach rechts. Nach dem Linksbogen des Weges folgt eine Weggabelung am Edelmannsee. Sie wenden sich nach rechts und wandern am Ufer des Sees entlang.

Die nächsten Kilometer erfreuen Sie sich an der schönen und romantischen Landschaft der Oberpfälzer Seenplatte und an dem Charlottenhofer Weihergebiet.

❀ Im Oberpfälzer Seenland liegt das Charlottenhofer Weihergebiet und ist mit einer Fläche von ca. 830 ha das zweitgrößte Naturschutzgebiet der Oberpfalz. Diese Seenlandschaft wurde in den letzten Jahrzehnten umfangreich renaturiert. Wo bis vor ca. 30 Jahren noch Braunkohlegruben existierten, bietet sich Ihnen heute eine attraktive Gewässerlandschaft. Nicht nur für Pilgernde und Wandernde, auch für alle Wassersportlerinnen und -sportler sind die ehemaligen Braunkohlegruben (z. T. auch Kiesgruben) ein Naturerlebnis.

Das Charlottenhofer Weihergebiet besticht nicht nur durch seine landschaftliche Schönheit, sondern auch durch wertvolle Pflanzenbestände. Außerdem bietet das Weihergebiet eine Brut-, Durchzugs- und Raststätte für über 100 verschiedenen Vogelarten, wie z. B. Fisch-, Seeadler, Schwarzstörche, Kormorane, Flussläufer, Flussregenpfeifer.

Der Weg wird nach ca. 400 m beidseitig von Wasser begrenzt. Kurz vor dem Südende des Edelmannsees gabelt sich der Weg, Sie gehen nach links und treffen kurz danach auf eine wenig befahrene Autostraße. Hier gehen Sie zunächst links und in der Linkskurve der Straße biegen Sie rechts ab.

Sie kommen an einem der mehrfach vorhandenen ⩩ Picknickplätze vorbei und spazieren auf einem geschotterten Fuß- und Radweg am Ufer des Murner Sees entlang. Kurz danach taucht der hölzerne ⩩ Aussichtsturm ❶ auf und mit ihm eine von mehreren am Wegrand installierten Informationstafeln über den Murner See.

Nach etwa 600 m, nach einer leichten Rechtskurve, zweigt die Jakobswegmarkierung u. a. mit dem Wegweiser „Holzhaus 1,7 km" nach rechts vom Uferweg ab. Ein Wiesenweg führt Sie zu einer Häusergruppe, die zu Rauberweiherhaus gehört. Dort treffen Sie auf eine Autostraße, der Sie nach rechts folgen. Sie pilgern auf der Holzhauser Straße aus Rauberweiherhaus hinaus, bis Sie nach ca. 1 km die Landstraße SAD19 erreichen. Sie halten sich links bis zur Ausflugsgaststätte (🍴) Holzhaus ❷, die nur sporadisch geöffnet hat.

🚲 Radlerinnen und Radler folgen zunächst dem Jakobsweg an der Gaststätte Holzhaus vorbei und bleiben auf dem Sträßchen, bis Sie wieder links auf die SAD19 abbiegen. Sie passieren Freihöls und biegen vor der Autobahn links auf die kleine, zur Autobahn parallel verlaufende Straße ab. Nach 1,8 km erreichen Sie die Autobahnbrücke der A93, die auch vom Jakobsweg erreicht wird.

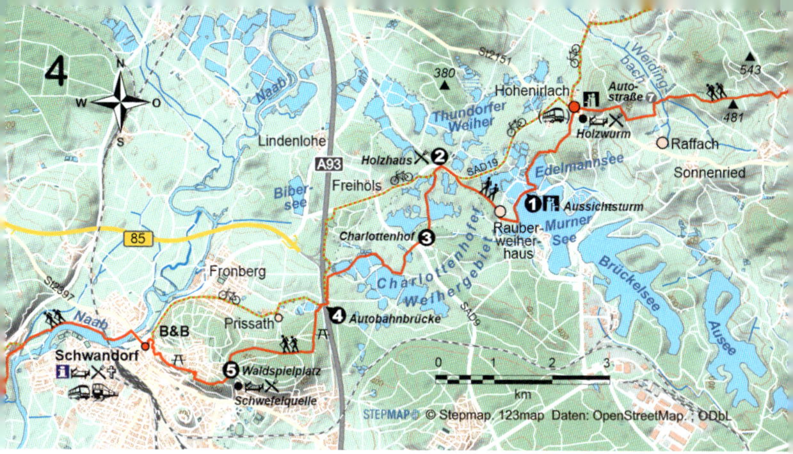

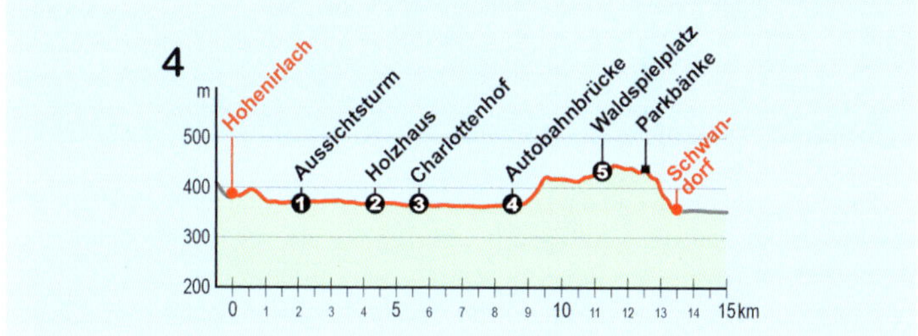

Von der Landstraße wandern Sie links in die kleine Teerstraße, die an der Ausflugsgaststätte vorbeiführt. Beim nächsten links abzweigenden Weg folgen Sie der Markierung in den Wald und befinden sich nun im Charlottenhofer Weihergebiet. Sie ignorieren alle abzweigenden Wege und bleiben auf diesem Hauptweg, der nach ca. 400 m eine Linkskurve macht. Nun folgt linksseitig der Landknechtweiher und bald danach auf der rechten Seite der Forstweiher. Schließlich treffen Sie auf einen querenden Feldweg, mit einem dahinterliegenden, großen, eingezäunten Gebäudekomplex, dem Charlottenhof ❸, in dem sich die Handwerkskammer Niederbayern-Oberpfalz befindet.

Hier halten Sie sich rechts, folgen dem Hinweisschild „Schwandorf 7,5 km" und gehen weiter auf der Teerstraße bis zur Kreisstraße SAD9. Nach ihrer Überquerung wandern Sie zunächst auf einem breiten Waldweg, bis der Wald sich lichtet und der Weg rechts und links von Weihern gesäumt wird. Es geht wieder in den Wald hinein und Sie folgen dem querenden Weg nach rechts, der am Hausweiher entlangführt.

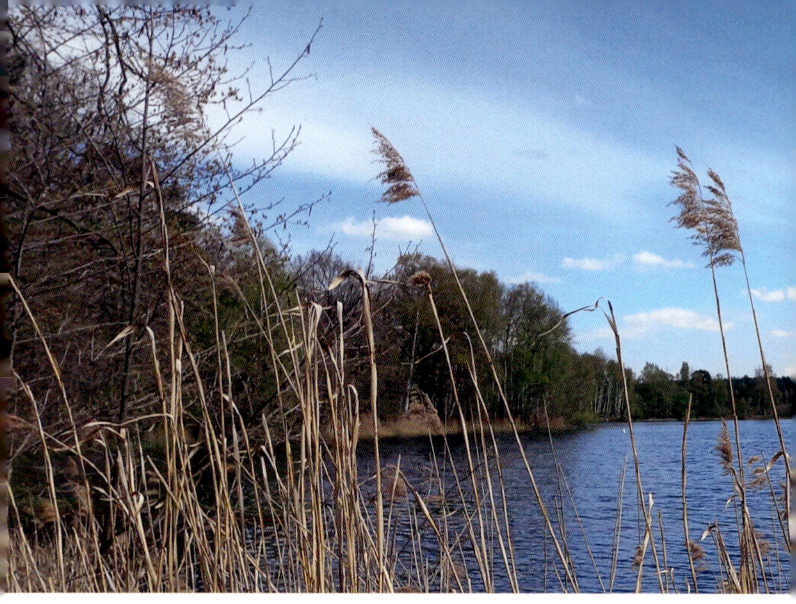

Der Weg gabelt sich und die Jakobsmuschel leitet Sie nach rechts am Nordufer des Rotweihers entlang. Kurz danach erblicken Sie auf der rechten Seite einen Weideplatz für Bayerisches Rotes Höhenvieh. Sie wandern weiter durch die Weiherlandschaft und kommen an einem rechts liegenden landwirtschaftlichen Gebäude vorbei. Wenn Sie Glück haben, können Sie auch Reiher an diesen fischreichen Weihern entdecken.

Sie erreichen eine Teerstraße und vernehmen bereits Autobahngeräusche. Etwa 50 m vor der Autobahn weist die Markierung links auf einen Waldweg. Dieser verläuft parallel zur Autobahn, bis er auf einen Asphaltweg trifft, dem Sie links folgen, und in einem Rechtsbogen führt der Weg Sie über die Autobahnbrücke ❹.

🚲 Nach der Überquerung der Brücke folgen Radlerinnen und Radler der Beschilderung geradeaus nach Fronberg. Sie fahren auf dem Schotterweg an links liegenden Weihern vorbei und zweigen bei der folgenden Kreuzung links nach Prissath ab. Auf dem Prissather Weg durchfahren Sie den südlichen Teil von Fronberg, kommen kurz in die Holzbergstraße und fahren links auf dem Radweg der Fronberger Straße am Hotel Waldlust vorbei. Bei nächster Gelegenheit biegen Sie links in die Böhmische Torgasse ab und erreichen über die Kirchengasse die Jakobskirche und das Zentrum von Schwandorf.

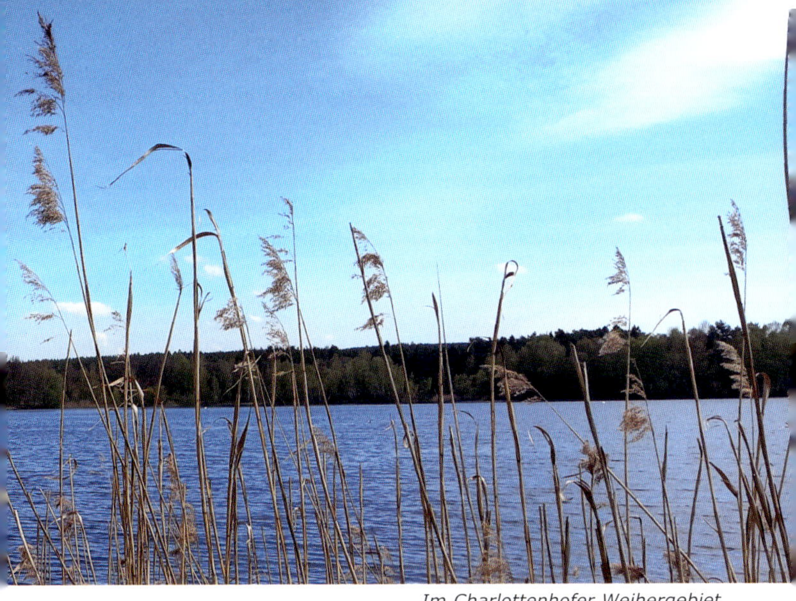

Im Charlottenhofer Weihergebiet

Sie biegen nach der Autobahnbrücke sofort links ab und gleich danach, beim Hinweisschild „Schwandorf 4,5 km", rechts auf einen Trampelpfad. Es geht waldeinwärts an einem kleinen Weiher vorbei und Sie erreichen den anschließenden Prissather Weiher.

Hier biegt der Weg zuvor links ab, der Sie nun für knapp 700 m im Nadelwald bergan führt. Sie wandern über eine Waldkreuzung mit Ruhebank und folgen dem stark ansteigenden, wurzeligen Waldweg weiter geradeaus. Kurz vor dem Erreichen der Höhe, bei einem rechts liegenden markierten Baum, zweigt ein schmaler Pfad rechts ab.

Für gut 1,5 km führt Sie der Pfad durch ebenes Gelände bis zu einer Teerstraße. Sie folgen der Markierung und der Beschilderung nach Schwandorf und kommen dabei an einem rechts liegenden Parkplatz sowie Waldspielplatz ❺ mit Ruhebänken vorbei. Kurz danach gelangen Sie zur querenden Jahnstraße.

Wenn Sie im Waldhotel Schwefelquelle übernachten, biegen Sie hier links auf die Jahnstraße ab, die im weiteren Verlauf An der Schwefelquelle heißt. Nach 20 m gehen Sie rechts die Treppenstufen auf dem Hubmannsteig hinab bis zum 250 m entfernten Hotel.

Gegenüber, leicht rechts versetzt, gehen Sie im Wald weiter auf dem Jakobsweg. Die zwei links abzweigenden Wege werden ignoriert und nach der Rechtskurve erreichen Sie eine Weggabelung, bei der Sie links weiterwandern. Sie stoßen auf einen Zaun, halten sich zunächst links und gleich wieder rechts an den Zäunen entlang. Im Wohngebiet laufen Sie geradeaus auf der Ganghoferstraße. An deren Ende geht es rechts in die Hans-Sachs-Straße und bei der folgenden Kreuzung links in die Wilhelm-Busch-Straße.

Passen Sie auf, dass Sie nach dem Abbiegen in die Wilhelm-Busch-Straße nach ca. 40 m links auf den abwärtsführenden, kleinen Pfad in den Waldstreifen einschwenken.

Sie ergattern jetzt schon wunderbare Ausblicke auf Schwandorf und wandern dabei an einer Freifläche mit ⛼ Parkbänken vorbei. Die Markierung führt Sie durch den Südhang vom Holzberg und an einem gelben Wasserturm vorbei. Nach dem Verlassen des Wäldchens gelangen Sie in ein Wohngebiet, kreuzen eine Straße und treffen auf die Stielerstraße, der Sie bis zum Ende bergab folgen. Sie spazieren nun auf einem schmalen Fußweg, der teils über Treppenstufen abwärtsführt.

Bei dem folgenden Querweg geht es links. Sie erreichen den Finkenweg, an dem sich rechter Hand vier Garagen befinden, und gehen hier rechts. Am Ende der Straße treffen Sie in einer Kurve auf die Weinbergstraße. Sie halten sich scharf links und sofort danach durchschreiten Sie das Tor vom Blasturm.

Die Blasturmgasse führt Sie nun abwärts. Linker Hand befindet sich eine Aussichtsplattform und rechts erreichen Sie die Wander- und Pilgerstation am Türmerhaus, wo Sie gerne eine Rast einlegen können.

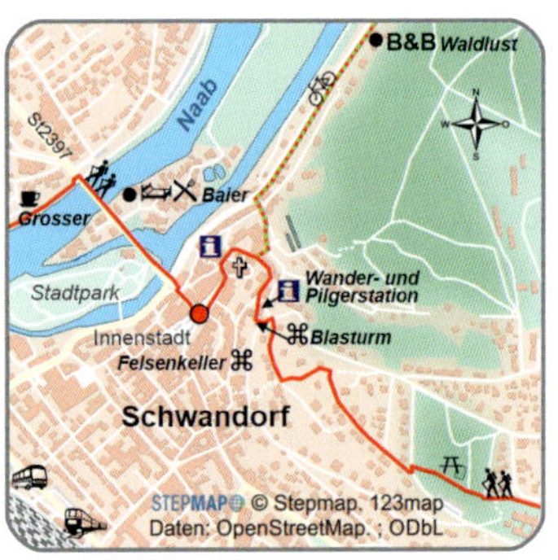

Dann folgt der Endspurt hinab ins historische Zentrum von Schwandorf. Am Ende der Blasturmgasse gehen Sie halb rechts auf die Spitzwegstraße und in der Kirchengasse zur Pfarrkirche am Nordende vom Marktplatz.

Nun haben Sie sich eine Rast in einem der Cafés am Marktplatz verdient. In Schwandorf bieten sich Ihnen diverse Einkaufsmöglichkeiten, sodass Sie alle notwendigen Dinge für Ihre Pilgerreise besorgen können. In der Innenstadt finden Sie auch verschiedene Restaurants vor.

Schwandorf

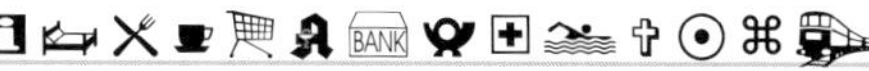

Wander- und Pilgerstation am Türmerhaus, Erwin Mayer, Blasturmgasse 3, 92421 Schwandorf, 094 31/518 87, info@owvsad.de, www.owv-sad.de, Sa und So 14:00-19:00, ansonsten ist nach telefonischer Rücksprache geöffnet. Es gibt für Pilgerinnen und Pilger eine kleine Bewirtung und hier erhalten Sie Informationen rund um den Jakobsweg. Direkt am Weg

♦ **Tourismusbüro**, Kirchengasse 1, 92421 Schwandorf, 094 31/45-550, tourismus@schwandorf.de, www.schwandorf.de, Mo-Fr 9:00-18:00, Sa 9:00-13:00, direkt am Weg

Waldhotel Schwefelquelle, An der Schwefelquelle 12, 92421 Schwandorf, 094 31/71 47-0, info@schwefelquelle.de, www.schwefelquelle.de, 50 Betten, ÜF EZ ab € 55, DZ ab € 98, MBZ ab € 115, Restaurant Fr-So Ruhetag, Mo-Do 16:00-22:30, warme Küche 17:30-20:30, Sauna und Wellnessbereich, 250 m vom Jakobsweg entfernt, der Weg vom Hotel in die Innenstadt beträgt in etwa 2,5 km.

♦ **Gasthof Baier**, Wöhrvorstadt 1, 92421 Schwandorf, 094 31/23 86 oder 23 32, gasthof-baier@t-online.de, www.gasthof-baier.de, 14 Betten, ÜF EZ ab € 40, DZ ab € 75, Restaurant Mi Ruhetag, Mo, Di, Do, Fr 11:00-14:00 und 16:00-22:00, Sa 16:00-23:00, So 10:00-14:00 und 16:30-22:00. Die Familie Baier nimmt gerne Jakobspilgerinnen und -pilger auf. 100 m vom Jakobsweg entfernt, bereits auf der Etappe 5, 300 m vom Marktplatz entfernt, nach der ersten Brücke finden Sie das Hotel auf der rechten Seite direkt am Ufer der Naab.

Bed and Breakfast Hotel Waldlust, Fronberger Straße 10, 92421 Schwandorf, 094 31/99 86-0, info@hotelwaldlust.de, www.hotelwaldlust.de, 54 Betten, ÜF EZ ab € 72, DZ ab € 98, MBZ ab € 133, 500 m vom Jakobsweg entfernt, vom Marktplatz in nördlicher Richtung, etwas außerhalb vom Stadtkern gelegen

Pilgerstempel in der Touristinfo

direkte Zugverbindungen nach Nürnberg, Regensburg und München

Knapp 3 km hinter Schwandorf, in Ettmannsdorf-West, befindet sich direkt am Jakobsweg das Hotel Ziegelhütte. Die Beschreibung finden Sie in der nächsten Etappe.

Die **Stadtpfarrkirche St. Jakob** mit dem fast 50 m hohen Turm wurde ab dem Jahr 1400 erbaut. An ihrer Nordseite ist der Pilgerheilige als nahezu lebensgroße Nischenfigur verewigt. Der neugotische Flügelaltar ist besonders sehenswert, da die Gemälde des Altarschreines die Berufung sowie die Hinrichtung des Apostels Jakobus darstellen.

⌘ Das **Felsenkellerlabyrinth** ist das größte seiner Art in Bayern. Über 130 Felsenkellerräume wurden von Menschenhand in das Dogger-Sandgestein des Schwandorfer Holz- und Weinbergs hineingeschlagen. Über fast 1 km erstrecken sich die nebeneinander- oder übereinanderliegenden Räume. Entstanden sind die ersten Felsenkeller Ende des 15. oder zu Beginn des 16. Jh. Der Anlass war die Umstellung der Biererzeugung von der oberen, warmen auf die untere, kalte Gärung, da hierbei ein süffiges und besser lagerfähiges Bier erzeugt werden konnte.

Das Bier stillte in früherer Zeit nicht nur den Durst, sondern war wesentlicher Bestandteil der täglichen Ernährung, insbesondere bei der ärmeren Bevölkerung.

♦ Infos erhalten Sie im Tourismusbüro, ☏ 094 31/45-124, ✉ felsenkeller@schwandorf.de, 💻 www.schwandorf.de, es finden ganzjährig Führungen statt, eine Anmeldung zu den Führungen ist erforderlich und auch telefonisch möglich.

⌘ Der **Blasturm**, das Wahrzeichen der Stadt, liegt am östlichen Rand des historischen Stadtkerns und war ein Teil der früheren Stadtbefestigung, die in der Mitte des 15. Jh. entstand.

In diesem Turm erblickte am 29.4.1812 Konrad Max Kunz das Licht der Welt. Er komponierte später die Bayernhymne.

♦ Blasturmgasse 7, 92421 Schwandorf, ☏ 094 31/45-550, in regelmäßigen Abständen finden kostenfreie Blasturmführungen statt, bei denen der Turm auch von innen besucht werden kann.

Schwandorf wurde 1006 erstmals urkundlich erwähnt. Im Mittelalter war Schwandorf eines der Zentren des Bistums Regensburg. 1299 erhielt der Ort das Marktrecht. Vollständige Stadtrechte sind seit 1446 nachweisbar. Schwandorf wurde 1504 während des Landshuter Erbfolgekrieges fast vollständig zerstört. Im 16. und 17. Jh. erfuhr die Stadt durch ihre Lage an der historischen Handelsroute nach Böhmen einen wirtschaftlichen Aufschwung. In dieser Zeit entstanden zahlreiche Bauwerke im historischen Kern. Einige alte Treppengiebelhäuser am Marktplatz erinnern noch heute an diese Zeit.

Heute ist Schwandorf ein wichtiger Verkehrsknotenpunkt und bedingt durch einige Eingemeindungen zählt die Stadt knapp 30.000 Einwohnerinnen und Einwohner. Die flächenmäßig fünftgrößte Stadt Bayerns ist an das überregionale Schienen- und Straßennetz angebunden. Das moderne Schwandorf bietet ein abwechslungsreiches Freizeit- und Kulturangebot.

Etappe 5: Schwandorf – Ensdorf

15,6 km, 4 Std. 30 Min., ↑ 185 m, ↓ 177 m, ⇧ 353-492 m

0,0 km	⇧ 360 m	Schwandorf
2,5 km	⇧ 354 m	Ettmannsdorf-West
4,2 km	⇧ 371 m	Naabsiegenhofen
6,7 km	⇧ 433 m	Neukirchen
8,5 km	⇧ 484 m	Siegenthann
11,2 km	⇧ 450 m	Dornberg, Abzweig Thanheim
12,8 km	⇧ 444 m	Christuskreuz, Wegkreuzung
14,6 km	⇧ 431 m	Sportplatz vor Ensdorf
15,6 km	⇧ 372 m	Ensdorf

Nach der Besichtigung der schönen Altstadt von Schwandorf wandern Sie gemächlich an der ruhig dahinfließenden Naab entlang, die Sie bis Ettmannsdorf-West begleitet. Sie durchwandern kleine Ortschaften mit interessanten Kirchen und steigen über einen Kreuzgang zur sehenswerten St.-Annaberg-Kapelle hinauf. Am heutigen Zielort begrüßt Sie das Kloster Ensdorf, das zu einer Besichtigung sowie zur Übernachtung einlädt.

Beim Marktplatz biegen Sie rechts in die Nürnberger Straße ab, die Sie zu den Brücken der Naab führt. Diese verbinden Schwandorf mit dem Stadtteil Krondorf.

Nach der ersten Brücke liegt rechts der Gasthof Baier. Am Ende der letzten Brücke steigen Sie die Treppen links zum Promenadenweg hinunter. Sie folgen der nach rechts weisenden Muschelmarkierung und kommen dabei am Fest- und Parkplatz vorbei. Hier befindet sich ein Café.

Café Restaurant Grosser, Angerring 7, 92421 Schwandorf, ☏ 09431/8650, cafegrosser@arcor.de. Mi Ruhetag, Do-Di 11:00-14:00 und ab 17:00, direkt am Weg

Nach dem Unterqueren einer Bahnlinie passieren Sie ein rechter Hand liegendes Umspannwerk und lassen schließlich die Häuser von Krondorf hinter sich. Der Weg entfernt sich nun vom breiten Fluss und verläuft weiter an einem Kanalarm der Naab bis zur Brücke von Ettmannsdorf ❶.

Hier haben Sie die Möglichkeit, die Brücke zu unterqueren oder zu überqueren, um dann die etwas rechts liegende Wöhranger Straße zu erreichen.

Radfahrerinnen und Radfahrer fahren zur Bücke hoch und biegen dort rechts in die Ettmannsdorfer Straße, die zur SAD3 führt. Diese führt Sie durchgehend über Krumlengenfeld nach Neukirchen zur Kirche.

Nach ca. 300 m, bei einer Weggabelung, geht es rechts zum Hotel Ziegelhütte. Der Jakobsweg führt Sie allerdings geradeaus auf einen schmalen Weg, der unter einer Hochspannungsleitung entlangführt.

Ettmannsdorf-West

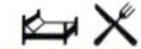

Hotel-Gasthof Ziegelhütte, Ziegelhütte 4, 92421 Ettmannsdorf-West, ☏ 094 31/410 00, info@hotel-ziegelhuette.de, www.hotel-ziegelhuette.de, 27 Zimmer, ÜF EZ ab € 76, DZ ab € 108, MBZ ab € 134, Restaurant So Ruhetag, Mo-Sa 17:00-22:00, 100 m vom Weg

Der leicht ansteigende Weg leitet Sie etwas oberhalb von der Naab an Waldrändern entlang. Sie erreichen offenes Gelände und erblicken das nicht mehr weit entfernte Naabsiegenhofen. Nun wandern Sie über die kleine Haselbachbrücke, wo sich auch eine Ruhebank befindet.

Ein kleines Teersträßchen führt Sie zu einer Landstraße, vor der Sie links auf den Schotterweg Am Jakobsweg einbiegen. Auch hier lädt Sie eine Ruhebank mit Christuskreuz zur Rast ein. Sie wandern geradeaus in den kleinen Ort Naabsiegenhofen ❷, dabei kommen Sie am Mulzerhof vorbei und biegen beim Haus Nr. 1 nach rechts ab.

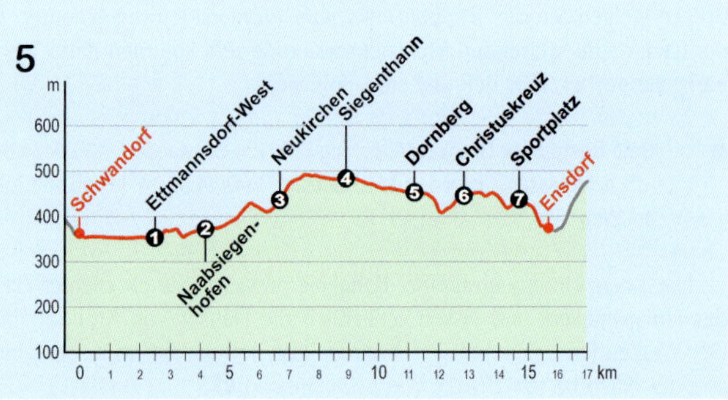

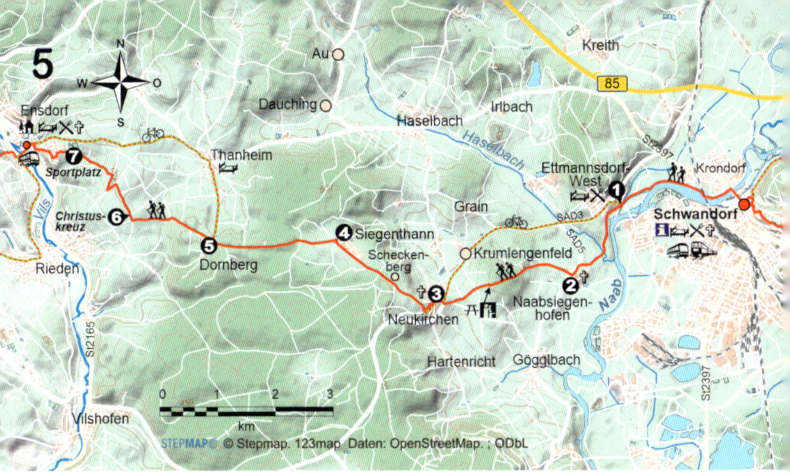

↳ Wenn Sie die Filialkirche St. Salvator besichtigen wollen, gehen Sie beim Haus Nr. 1 links zum östlichen Rand des Ortes, wo Sie nach 250 m die Kirche vorfinden.

✝ Die romanische **Kirche St. Salvator** ist eine der ältesten Wallfahrtskirchen in der Oberpfalz. Sie erlangte allerdings nie eine überregionale Bedeutung. Sie wurde erstmals 1381 urkundlich erwähnt, ist aber älter und hat ihren Ursprung in einer romanischen Saalkirche. Der Turm an der Südwestecke des Kirchenschiffs wurde um 1600 angebaut. Das Kircheninnere ist schlicht gehalten.

Kurz danach gelangen Sie zu einer querenden Landstraße. Nach ihrer Querung wandern Sie geradeaus durch die Felder in Richtung Gögglbach. Der Weg wird zum Schotterweg, der Sie leicht bergan in den Wald führt. Vorbei geht es an einem steinernen Wegkreuz und nach 700 m erreichen Sie den Waldrand mit einer ⛼ Ruhebank.

Hier können Sie wunderbare Blicke über das Tal und auf das gegenüber am Hang liegende Neukirchen genießen.

Auf dem leicht abwärtsführenden Schotterweg queren Sie eine Wegkreuzung und wandern nun weiter auf einer Teerstraße. Sie passieren einen idyllischen Weiher mit ⛼ Ruhebank. Kurz vor dem Ort kreuzen Sie die Landstraße und gelangen bergan gehend in das schmucke Neukirchen ❸ mit seiner links auf einem Hügel liegenden Kirche St. Martin.

Von dem Kirchenhügel eröffnen sich Ihnen schöne Rundblicke übers Land und außerdem laden Sie dort ⛼ Ruhebänke zu einer Rast ein.

✞ ⦿ Die katholische **Pfarrkirche St. Martin** geht auf das Mittelalter zurück. Das Langhaus und der obere Teil des Turms stammen jedoch aus dem 18. Jh. Ende des 19. Jh. wurde sie erweitert und 1975/76 renoviert. Im Kircheninneren erblicken Sie Deckenfresken, ein Gnadenbild sowie einen romanischen Taufstein. Vor der Kirche befinden sich eine bronzene Jakobsfigur und eine Mariengrotte. Einen Pilgerstempel finden Sie ebenfalls vor.

Nach der Besichtigung der Kirche wandern Sie den Kirchberg hinauf und überqueren dabei die Alte Kreisstraße.

🚲 Radfahrerinnen und Radfahrer folgen nach St. Martin der Alten Kreisstraße nach links und fahren dann halb rechts bergan aus dem Dorf hinaus. Bei der folgenden Straßengabel zweigen Sie rechts Richtung Siegenthann ab. Sie radeln aufwärts und kommen zu dem Bolzplatz, wo der Jakobsweg wieder erreicht wird.

Annabergkapelle

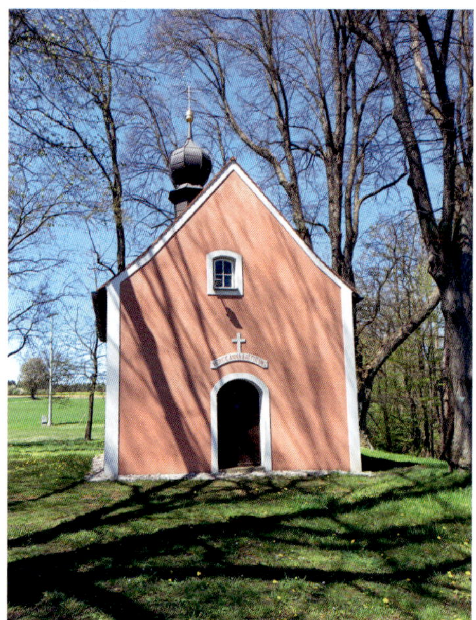

Sie gehen weiter auf der ansteigenden Gasse Annaberg und folgen dann rechts der Markierung in den Wald. Zeitweise erklimmen Sie über Treppenstufen den steil hinaufführenden Kreuzweg zur kleinen ✞ Annabergkapelle.

Der Kreuzweg umfasst meist 14 Stationen von der Verurteilung Jesu bis zur Kreuzigung. Auf diesem Kreuzweg sehen Sie eine 15. Station, die wahrscheinlich die Auferstehung Jesu darstellen soll.

Nach dem anstrengenden Anstiegt empfängt Sie ein ⛼ Rastplatz mit schönen Ausblicken ins Umland.

Weiter geht es bis zu einem Bolzplatz, wo Sie rechts dem Fahrweg für 1,5 km Richtung Scheckenberg und Siegenthann folgen. Auf dem Wegstück zum Pferdehof in Scheckenberg eröffnen sich Ihnen zahlreiche Ausblicke nach Schwandorf und in die Hügellandschaft.

Schließlich erreichen Sie den Biopark Gut Siegenthann ❹, in dem Biogas- und Fotovoltaikanlagen betrieben werden.

Sie gehen entlang der Betriebsgebäude und folgen dem Rechtsbogen bis zum kleinen Teich. Hier halten Sie sich links und bei der Weggabelung gleich nochmals links.

Der grob geschotterte Weg zieht sich durch die Felder bis zum Waldrand. Über eine Wegkreuzung gelangen Sie in den Wald. An einem Baumstumpf finden Sie einen Hinweis, dass Sie hier den 12. Längengrad überschreiten. Nach einer längeren Strecke durch den einsamen Wald erblicken Sie vor sich die verstreuten Häuser von Dornberg, einem Gemeindeteil von Ensdorf.

In Dornberg ❺ bei dem Abzweig nach Thanheim pilgern Sie weiter geradeaus.

Falls Sie in dem 1,5 km entfernten Thanheim übernachten möchten, biegen Sie nach den ersten Häusern in Dornberg rechts Richtung Thanheim ab.

Thanheim (✕)

(✕) **Gasthaus Zur Dorfschmiede**, Ortsstraße 2, 92266 Thanheim, ☏ 096 24/405, www.dorfschmiede-thanheim.de, 12 Betten, Ü EZ ab € 35, DZ ab € 60, F € 5, bitte mindestens einen Tag vorher die Unterkunft reservieren, kleine Speisekarte mit traditionellen Gerichten (✕ nur für Gäste der Unterkunft), 1,5 km von Dornberg entfernt, direkt am Weg der Variante.

Radfahrerinnen und Radfahrer radeln von Dornberg die rechts abzweigende Autostraße nach Thanheim hinab. Im Ort queren Sie bei der Feuerwehr die Ensdorfer Straße, fahren weiter geradeaus auf der Ortsstraße und kommen dabei am Gasthaus zur Dorfschmiede vorbei.

Sie stoßen wieder auf die Ensdorfer Straße, fahren rechts und verlassen Thanheim. Bei der nächsten Möglichkeit biegen Sie links auf eine kleine Nebenstraße ab, die nach Ensdorf führt.

In der gleich folgenden Linkskurve der Straße folgen Sie dem abwärtsführenden Schotterweg geradeaus am Waldrand entlang. Der Hauptweg biegt rechts in den Wald ab, Sie wandern aber in bisheriger Gehrichtung durch ein kurzes Waldstück. Mit einem Linksbogen erreichen Sie offenes Gelände.

Auf dem folgenden Wegstück durch die Felder sind die Markierungen oft nicht eindeutig oder fehlen, da die Schilder häufig von Traktoren umgefahren werden.

Der Weg erreicht nach 750 m, noch vor der Stromleitung, eine Feldwegkreuzung, an der Sie sich rechts halten. Kurz danach folgt die nächste Kreuzung mit einem Christuskreuz ❻, wo Sie weiter geradeaus auf einem z. T. mit Buschwerk besetzten Weg wandern. Sie stoßen auf einen querenden Feldweg, dem Sie links folgen, wobei Sie eine Stromleitung unterqueren. Nach 180 m gelangen Sie zu einer Weggabelung, wo Sie rechts abbiegen.

Kurz nach der erneuten Unterquerung einer Stromleitung zweigt links ein Weg ab. Dieser führt Sie nochmals unter eine Stromleitung hindurch. Sie durchlaufen eine Senke und passieren den rechts liegenden Sportplatz ❼. Bei den ersten Häusern von Ensdorf treffen Sie auf die Dr.-Pils-Straße, der Sie zunächst links und dann in einem rechten Halbbogen durch die Wohnsiedlung bis zum Ende folgen.

Dort biegen Sie links auf einen abwärtsführenden Fuß- und Radweg ab und in der Kurve der Straße Steinäcker geht es zweimal kurz links. Auf dem Fußweg erreichen Sie die querende Wittelsbacherstraße.

Sie gehen hier rechts bis zum Ende der Straße und dann links auf der Thanheimer Straße bis zur kreuzenden Hauptstraße. Am Eck befindet sich die Bäckerei Dietz, wo auch die heutige Etappe endet.

Die Jakobswegmarkierung führt Sie am nächsten Tag an dieser Stelle nach links auf der Hauptstraße weiter.

Wenn Sie das Kloster besichtigen möchten oder dort übernachten, weist Sie eine Markierung nach rechts auf die Hauptstraße. Um das Kloster herum finden Sie auch die unten genannten Einkaufsmöglichkeiten.

Ensdorf

(✕) **Kloster Ensdorf**, Hauptstraße 9, 92266 Ensdorf, ☏ 096 24/92 00 30, bildungshaus@donbosco.de, www.kloster-ensdorf.de, 12 Betten im Klosterbereich, Ü EZ ab € 45, DZ ab € 42 p. P., um 18:00 A für € 7,50, ab 8:15 F für € 8,50, Lunchpaket € 6, (✕ nur für Gäste der Unterkunft), Anreise bis 17:30 möglich, Fahrradunterstellmöglichkeit vorhanden, ➲ 250 m in nordwestliche Richtung vom Etappenende entfernt

Bäckerei Dietz, Hauptstraße 23, 92266 Ensdorf, ☏ 096 24/12 88, www.herbertdietz.jimdofree.com, 6 Betten, ÜF ab € 25, ➲ direkt am Etappenende

DJK Sportheim, Thanheimer Straße 44, 92266 Ensdorf, ☏ 096 24/90 33 87, 01 60/505 96 79, www.djk-ensdorf.de/sportgaststaette, Mo, Di 16:00-22:00 (Mo nur Abholung), Mi-So 17:00-22:00, italienische Küche, 200 m vom Jakobsweg, beim Sportplatz vor dem Ortseingang

ASAM Café, Hauptstraße 6, 92266 Ensdorf, ☏ 096 24/93 14 24, Mo-Fr 6:00-18:00, Sa 6:00-12:00, So 14:00-18:00, 250 m vom Etappenende entfernt, schräg gegenüber vom Kloster

Zum Kellner Dorfladen, Hauptstraße 22, 92266 Ensdorf, ☏ 096 24/90 36 03, info@zum-kellner.de, www.zum-kellner.de, Mo 6:30-14:00, Di-Fr 6:30-18:00, Sa 6:30-12:30, Brot, Semmeln, Wurst, Käse, Obst, Gemüse und vieles mehr, 70 m vom Etappenende entfernt in Richtung Kloster

Der Pilgerstempel befindet sich in der St.-Jakobus-Kirche.

Linie 110 nach Schwandorf, Linie 454 nach Amberg, von dort Zuganschlüsse in alle Richtungen

Das **Kloster Ensdorf** wurde 1121 durch Pfalzgraf Otto von Wittelsbach, seine Gemahlin Heilika und den Bischof Otto von Bamberg gegründet. Die erste Klosterkirche war zunächst ein Holzbau. Der erste Steinbau der Klosterkirche erfolgte zum Ende des 12. Jh. und bestand bis zum Jahr 1694. Zu diesem Zeitpunkt wurde mit dem Neubau des Klosters und der heutigen Barockkirche unter Leitung von Wolfgang Dientzenhofer begonnen. Die Deckengemälde erschuf Cosmos Damian Asam.

Das Kloster Ensdorf war von der Gründung 1121 bis zur gewaltsamen Auflösung 1802 ein Benediktinerkloster. Eine über 100-jährige Unterbrechung des Klosterlebens, bedingt durch die Folgen der Reformation, fand 1920 durch den Einzug der Salesianer Don Boscos ein Ende. Sie errichteten hier ihr Noviziat. Mit der Zeit kamen Gebäude für Handwerksbetriebe, ein Haus der Begegnung und eine Umweltstation hinzu.

Im Kirchenchor befinden sich die Gräber von Pfalzgraf Otto von Wittelsbach und seiner Gemahlin Heilika. Sehr wertvoll ist auch die Sakristei, die sich ebenfalls zu besichtigen lohnt. Das ehemalige Benediktinerkloster ist zugleich Pfarrkirche und wurde dem heiligen Jakobus geweiht. Die Jakobspilgerinnen und -pilger im Mittelalter wanderten auf dem Weg von Osteuropa nach Spanien auch schon durch das Gemeindegebiet von Ensdorf. In den Jahren 2013-2017 erfolgte eine umfassende Restaurierung und Sanierung des Innenraums der Kirche.

Ensdorf liegt direkt an der Vils am Ostrand des Hirschwaldes und wurde erstmals 1028 erwähnt. Es gibt zahlreiche Zeugnisse dafür, dass die Gegend seit der Altsteinzeit eine reiche Besiedlung hatte.

Etappe 6: Ensdorf – Hohenburg

17,4 km, 5 Std. 30 Min., ↑ 394 m, ↓ 392 m, ⇧ 361-504 m

0,0 km	⇧ 372 m	Ensdorf
1,2 km	⇧ 467 m	Wallfahrtskirche Eggenberg
4,3 km	⇧ 478 m	Wanderparkplatz, Asphaltstraße
8,5 km	⇧ 401 m	Spieshof
9,8 km	⇧ 455 m	Egelsheim, Ortsende
11,6 km	⇧ 450 m	Einmündung Straße Mendorferbuch
13,4 km	⇧ 446 m	Querung Landstraße Allertshofen
15,6 km	⇧ 415 m	Wandertafel vor Stettkirchen
17,4 km	⇧ 391 m	Hohenburg BANK ( )

Auf Ihrem Pilgerweg bietet Ihnen der heutige Tag gleich zwei Wallfahrtskirchen zur Besichtigung an. Zunächst wandern Sie auf den Eggenberg zu der den 14 Nothelfern gewidmeten Kirche und dann zur Wallfahrtskirche Mariä Heimsuchung in Stettkirchen. Sie durchstreifen auf den bergigen Wegen schöne Mischwälder und Wacholderheiden. In Hohenburg beeindruckt die über dem Ort liegende Burgruine mit faszinierenden Rundblicken über den Fränkischen Jura.

☺ Denken Sie heute wieder daran genügend Proviant und Getränke mitzunehmen!

☺ Die Pilgerinnen und Pilger die im Kloster Ensdorf übernachtet haben, gehen wieder zum gestrigen Etappenende zurück.

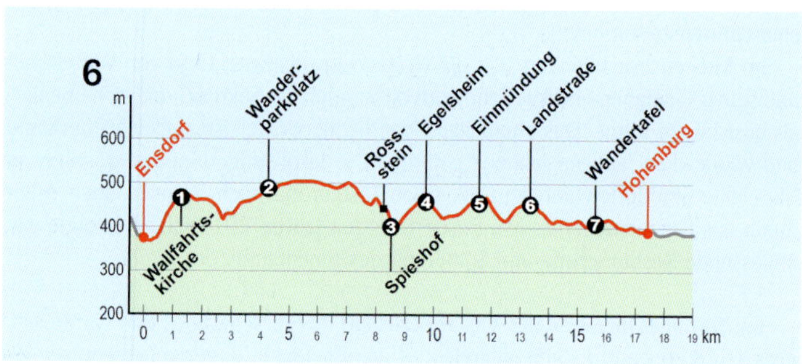

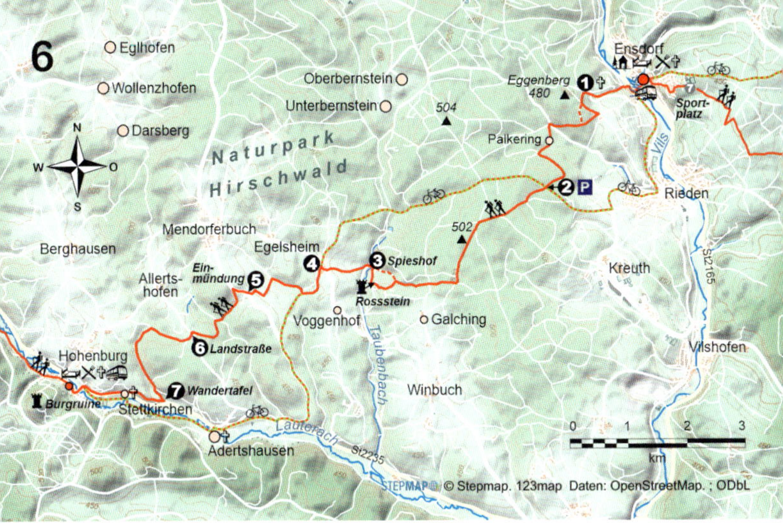

Der Jakobsweg führt von der Bäckerei Dietz auf der Hauptstraße in südöstliche Richtung weiter und leitet Sie nach 35 m nach rechts in die Bahnhofstraße.

Sie überqueren die Vils und nach dem Linksbogen der Straße unterqueren Sie die St2165 nach rechts. Nach der Unterführung halten Sie sich kurz rechts und gleich wieder links auf die Hirschwaldstraße, die auf den Eggenbergweg zuführt.

Der Radweg berührt den Jakobsweg heute nur noch in Egelsheim. Radfahrerinnen und Radfahrer zweigen noch vor dem Eggenberger Weg links auf den Bahntrassenradweg ab, der nach Rieden führt. Dort biegen Sie rechts in die Hirschwalder Straße, anschließend sofort links in die Kreuther Straße und fahren rechts weiter auf der Taubenbacher Straße in den gleichlautenden Forst. Dort kreuzen Sie an einem Wanderparkplatz den Jakobsweg. Sie radeln weiter durch das Taubenbacher Tal bis zum Marktplatz in Egelsheim.

Sie wandern rechts in die ansteigende Sackgasse Eggenberger Weg hinein. Nach der Linkskurve verlassen Sie das Wohngebiet und erreichen den Naturpark Hirschwald. Der Jakobsweg führt links steil aufwärts an den vierzehn Stationen des Kreuzgangs vorbei, die aus der ersten Hälfte des 20. Jh. stammen.

Sie überqueren eine Teerstraße und erblicken bereits die Kirche auf dem Eggenberg. Es folgt das gelbe Eggenberghäuschen mit Brunnen, der aus dem Jahr 1896 stammt und wo Sie Trinkwasser zapfen können. Bei der Wallfahrtskirche ❶ haben Sie erfolgreich Ihren ersten Anstieg des Tages bewältigt.

✞ **Wallfahrtskirche am Eggenberg**. Aus Resten des abgebrochenen Eggenberghofs wurde 1669 zunächst eine kleine, den 14 Nothelfern gewidmete Kirche erbaut. Die zunehmenden Wallfahrten führten dann immer wieder zu baulichen Erweiterungen. Im Kircheninneren befinden sich zwei Rokokoaltäre. Die Kanzel zeigt bereits klassizistische Formen und stammt aus den Anfängen des 19. Jh.

Am dritten Sonntag im September findet das Eggenbergfest statt, das Pilgerinnen und Pilger aus allen Gegenden anzieht.

Hinter der Wallfahrtskirche wandern Sie über eine Wiese mit einem wunderschönen, großen Ahorn, unter dem man einen idealen Rastplatz findet. Der Jakobsweg führt nun links in den Wald hinein, bis der Wald sich lichtet und Sie auf einen querenden Schotterweg stoßen, der Sie links aus dem Wald herausführt.

Bei diesem querenden Schotterweg haben Sie die Möglichkeit, weiter geradeaus auf dem Forstweg zu bleiben und somit den Weg um ca. 350 m abzukürzen. Sie stoßen dann wieder auf den Jakobsweg, dem Sie rechts folgen.

Sie genießen eine schöne Sicht in Richtung Rieden. Bei der Kreuzung vor dem Oberen Schönhof zweigen Sie scharf rechts ab und laufen auf dem Forstweg geradeaus. Der abkürzende Weg biegt dann von rechts auf den Jakobsweg ein. Es geht weiter geradeaus, bis Sie auf einen asphaltierten Querweg mit Ruhebank stoßen. Sie queren den Weg.

Sofort danach gabelt sich der Schotterweg und Sie halten sich links, leicht aufwärts am Waldrand entlang. Sie wandern am ehemaligen, im 6. Jh. entstandenen Ort Palkering vorbei, der heute nur noch viele Obstbäume, eine alte Scheune und eine kleine Infotafel aufzuweisen hat. Bei der nächsten Kreuzung wenden Sie sich nach links und erreichen mit einer langen Rechtskurve die nächste Asphaltstraße, wo sich ein Wanderparkplatz ❷ befindet.

Auf dem gegenüberliegenden Feldwaldweg pilgern Sie weiter, bis die Jakobsmuschel in der Linkskurve des Weges beim Schild „Steinerschlag" nach rechts weist. Sie spazieren auf dem leicht ansteigenden, romantischen Waldweg gesäumt durch zahlreiche Blaubeerbüsche. Der Weg schlängelt sich durch den Wald, bis Sie auf einen Forstschotterweg treffen. Sie folgen diesem rechts bis zu einer Waldlichtung mit kreuzender Teerstraße und einer Ruhebank.

Dort biegen Sie links auf den breiten, ebenen Forstweg ab. Dieser gabelt sich und Sie halten sich in bisheriger Gehrichtung auf dem rechten, abwärtsführenden Weg Richtung Galching und Winbuch. Sie ignorieren den rechts abzweigenden Weg bei einer Ruhebank und bei der nächsten Waldkreuzung, mit dem Hinweisschild „Ruine Rossstein", folgen Sie dem Jakobsweg nach rechts.

Es folgt nochmals eine Wegkreuzung und weiter geradeaus gehend erreichen Sie den Waldrand. Hier steht eine ⛼ Ruhebank und ein Schild mit einem freundlichen Hinweis für Wanderinnen und Wanderer. Weiter geht es am Waldrand abwärts, bis Sie nach gut 300 m ein wenig erkennbarer Feldweg nach links durch die Wiesen zum Waldrand hinaufführt.

Sie könnten dem nach links wenig erkennbaren Feldweg auch nach leicht rechts folgen und erreichen direkt den Weiler Spieshof. Sie sparen dadurch ca. 500 m sowie ein paar Höhenmeter, verpassen dann jedoch die Ruine Rossstein.

Nach dem Waldrand wandern Sie rechts über einen Bergrücken mit Blick auf Voggenhof. Dann geht es links abwärts und unvermittelt biegen Sie rechts in den Wald zur Ruine Rossstein, deren Reste mitten im Wald liegen.

Burgruine Rossstein. Die Ruine liegt oberhalb von Spieshof auf einem Dolomitriff über dem Taubenbachtal mitten im Wald. Der dreigeschossige, turmartige Wohnbau geht auf das 14. Jh. zurück und diente zur Sicherung der Handelswege. 1550 geriet er durch Unachtsamkeit in Brand und wurde nicht wieder aufgebaut.

Von der Ruine steigen Sie zunächst steil abwärts, bis Sie auf einen breiteren Weg treffen, der durch den Weiler Spieshof ❸ führt.

Nach links überqueren Sie den Taubenbach und erreichen die Talstraße mit ⛼ Bank und Christuskreuz.

Der Jakobsweg leitet Sie rechts an der Bank vorbei auf einen steil ansteigenden Schotterweg in Richtung Hohenburg. Nach ca. 800 m geht es an Pferdeställen und Koppeln vorbei und Sie wandern nach Egelsheim hinein. Beim Dorfplatz mit ⛼ Ruhebank und Bushaltestelle gehen Sie links auf der Straße in Richtung Hohenburg.

In Egelsheim am Marktplatz treffen Sie auf den Jakobsweg, der für 650 m gemeinsam mit der Radroute verläuft. Sie fahren dann weiter geradeaus auf der Nebenstraße in Richtung Hohenburg,

Es geht hinab ins Lauterachtal, wobei Sie in die Landstraße As2 einmünden, die Sie zur St2235 führt. In diese biegen Sie rechts ein und folgen ihr für gut 1 km bis Adertshausen. In der Ortsmitte radeln Sie links in Richtung Kirche und überqueren dabei die Lauterach. Nach der Brücke zweigen Sie sofort rechts in den Lauterachtal-Radweg ein, der Sie bis Hohenburg leitet.

Am Ortsende von Egelsheim ❹ laufen Sie für ca. 500 m in eine Senke hinab. Dann führt der markierte Jakobsweg ein kurzes Stück rechts von der Autostraße weg und an der folgenden Gabelung gleich nochmals rechts. In einem leichten Linksbogen führt Sie der Wiesenweg für ca. 600 m am Waldrand entlang. Wenn Sie auf dem gegenüberliegenden Hügel den Ort Mendorferbuch erblicken, dann zeigt die Markierung bald scharf nach links.

Auf dem Wiesenweg wandern Sie aufwärts zu einem einzeln stehenden Baum und auf ein Waldstück zu, das Sie links passieren. Durch einen Rechts-links-Bogen leitet Sie der Wiesenweg zur Landstraße ❺, die nach Mendorferbuch führt.

Auf dieser gehen Sie rechts und kurz vor dem Erreichen der Höhe geht es im spitzen Winkel links ab auf einen abwärtsführenden Feldweg.

Nun wandern Sie durch eine romantisch anmutende Landschaft mit blühenden Wiesen, Feldern und Buschwerk. Sie streifen einen Holzlagerplatz und gehen dann in den Wald hinein.

Hier treffen Sie auf eine Ruhebank, bei der Sie rechts abwärts gehen. Nach der Durchquerung einer kleinen Senke stoßen Sie auf einen breiteren Forstweg und halten sich rechts.

Gleich danach zweigt der Jakobsweg links auf einen steil aufwärtsführenden kleinen Pfad ab!

Nach einem Linksbogen stößt der aufwärtsführende Pfad auf einen breiteren Waldweg, dem Sie links folgen. Bei einem Hochstand führt der Jakobsweg Sie nach rechts zum Waldrand und Sie marschieren in offenes Gelände. Sie erreichen eine Landstraße ❻, die rechts nach Allertshofen führt. Der Jakobsweg quert jedoch die Straße. Sie gehen nun kurz links und gleich wieder rechts auf einen Feldweg. Bei der folgenden Weggabelung bleiben Sie rechts auf dem abwärtsführenden Weg in Richtung Wald. Ein Stück wandern Sie am Waldrand entlang und tauchen dann in den Wald ein.

Bei der folgenden Gabelung geht es links und erneut an einem Waldrand entlang, bis Sie wiederum in den Wald hineinwandern. Sie erreichen ein kleines Wiesenstück, gehen kurz rechts und sofort nach links auf einen schmalen, steil bergan führenden Weg.

Der Pfad flacht dann etwas ab und gabelt sich wieder. Sie folgen der Markierung nach rechts abwärts auf eine Lichtung zu. Dort biegen Sie links auf einen mit Hecken bewachsenen Wiesenpfad ab, der Sie zu einer Jakobswegwandertafel ❼ bringt.

Sie wenden sich nach rechts, zunächst bergauf am Waldrand entlang, und genießen für die nächsten ca. 1,5 km die schöne Aussicht ins Lauterachtal mit dem gleichnamigen schlängelnden Flüsschen.

Links folgt dann der Abzweig zur 350 m entfernten Pension Burggarten in Stettkirchen, die seit Sommer 2022 geschlossen ist. Ob sie wieder eröffnet wird, war zu diesem Zeitpunkt noch unklar.

Bald entdecken Sie die Burgruine von Hohenburg auf einer 520 m hohen, felsigen Kuppe des Schlossbergs. Auf dem geradeaus weiterführenden Hangweg laden Sie Ruhebänke immer wieder zu einer gemütlichen Rast ein. Zwischen Lauterach und Landstraße erblicken Sie die in Gelb gehaltene Wallfahrtskirche Mariä Heimsuchung in Stettkirchen.

Die katholische **Wallfahrtskirche Mariä Heimsuchung** wurde der Überlieferung nach 976 von Kaiser Otto II. gestiftet, urkundlich wurde sie aber erstmals 1391 erwähnt. Der heutige spätgotische Kirchenbau wurde auf romanischen Grundmauern errichtet. Nach dem Dreißigjährigen Krieg stieg die Zahl der Wallfahrinnen und Wallfahrer stark an. Daraufhin wurde das Gotteshaus einige Male erweitert und im Barockstil verändert. So erhielt der mächtige Turm auch erst um 1600 seine beiden Obergeschosse. Das Innere der Kirche stammt im Wesentlichen aus dem 18. Jh. Die mit Stuckaturen versehene Flachdecke entstand 1733. In der Mitte des Raumes besteht das Muttergottesmonogramm aus 25 einzelnen Symbolen, die Ereignisse aus dem Alten und Neuen Testament darstellen. An den Rändern der Decke finden Sie Darstellungen aus dem Hohelied der Liebe. Das Bild der Mondsichelmadonna aus dem 15. Jh. finden Sie heute auf dem Hochaltar.

Die drei Kirchenglocken aus dem Jahr 1653 wurden im Zweiten Weltkrieg beschlagnahmt und sollten auf dem Hamburger Glockenfriedhof eingeschmolzen werden. Glücklicherweise wurden sie nach dem Krieg unbeschadet aufgefunden. Beim Rücktransport zerbrach jedoch eine der Glocken und erst seit 2016 hängt wieder eine neu angefertigte dritte Glocke im Kirchturm.

Der Pfad stößt schließlich auf ein Teersträßchen, dem Sie links abwärts Richtung Hohenburg folgen. Die Landstraße führt Sie über die Lauterach und am Brückenende begrüßt Sie die bronzene Figur des St. Jakobus. In einem Rechtsbogen leitet Sie die Jakobusstraße schließlich in den Ortskern von Hohenburg und zur Pfarrkirche St. Jakobus.

Hohenburg

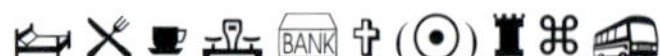

Pension Stauber, Marktplatz 28, 92277 Hohenburg, 096 26/252, rosa.stauber@web.de, www.pension-stauber.de, 8 Betten, ÜF EZ ab € 47,50, DZ ab € 45 p. P., Zuschlag HP ab € 8,50, direkt am Weg

Restaurant Biohof Café Hammermühle, Hammermühlstraße 32, 92277 Hohenburg, 096 26/92 98 53, cafe@biohof-schaller.de, www.cafe-hammermuehle-bio.de, März-Okt Mo-Mi Ruhetag, Do-So 11:00-19:00, Fr, Sa Frühstück 8:30-11:00, Nov-Feb nur Sa, So 11:00-19:00, Sa, So Frühstück 8:30-11:00, Frühstück bitte vorher reservieren, regionale Küche mit frisch zubereiteten Produkten aus biologischer Landwirtschaft, direkt am Weg auf der Etappe 7 nach Kastl, 700 m von der Dorfmitte in Hohenburg entfernt

Marktladen Hohenburg, Marktplatz 19, 92277 Hohenburg, 096 26/92 11 30, Mo-Fr 6:00-12:30, Di und Fr auch 15:00-18:00, Sa 7:00-12:30, Brot- und Backwaren, Obst, Gemüse, Milchprodukte, Getränke, direkt am Weg

(⊙) Den Pilgerstempel gibt es in der Jakobuskirche, leider ist diese häufig zugesperrt.

Linie 461 nach Ursensollen, dort Anschluss an Linie 460 nach Kastl

Burgruine oberhalb von Hohenburg

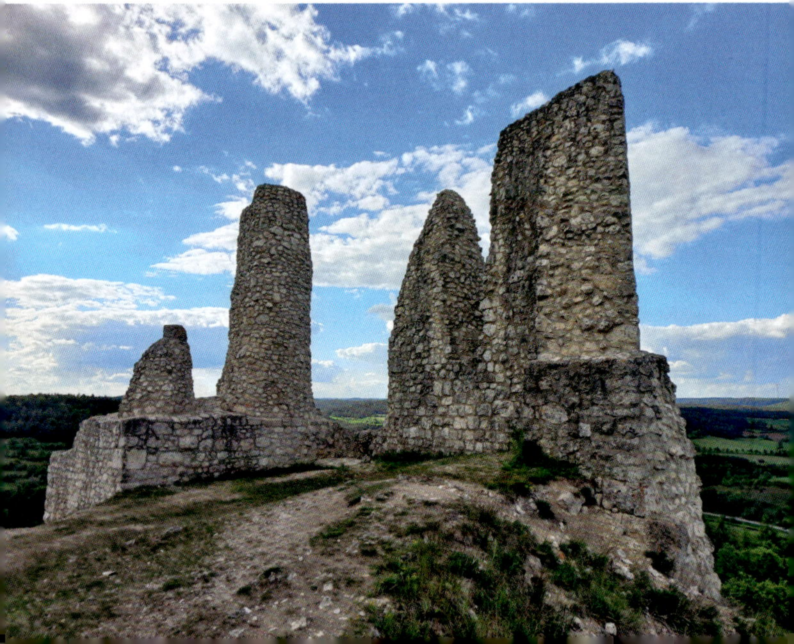

✞ Die katholische **Pfarrkirche St. Jakobus d. Ä.** wurde 1663/64 auf einem romanischen Vorgängerbau aus der Zeit um 1200 erbaut. Der heilige Jakobus ist im Inneren in vielfältiger Form präsent. Im Jahr 2021 konnte die Kirche leider nicht besichtigt werden.

♜ Die **Burgruine** liegt malerisch oberhalb von Hohenburg. Sie wurde im Zusammenhang mit den Markgrafen von Hohenburg 1115 erstmals urkundlich erwähnt. Ab 1237 bestanden zwischen den Grafen von Hohenburg und dem letzten Staufer-Kaiser Friedrich II. engste Verbindungen. Dadurch bekamen sie wichtige Ämter in Italien verliehen.

Nach dem Tod des Kaisers im Jahr 1250 brach das staufische Herrschaftssystem zusammen und die Grafen aus Hohenburg fielen den Machtkämpfen zum Opfer. 1258 wurde die Herrschaft der Burg an den Regensburger Bischoff verliehen, der die Burg durch Pfleger verwalten ließ. Während der Säkularisation übernahm der bayerische Staat die Herrschaft.

Der Verfall der Hohenburg, die auf dem US-Truppenübungsplatz liegt, setzt sich weiter fort. Heute stehen nur noch wenige Mauerreste und der Bergfried. Trotzdem ist das Flair der ehemaligen Burganlage, insbesondere durch ihre exponierte Lage, nicht verloren gegangen. Von dem Burggelände bieten sich beeindruckende Weitblicke über die Oberpfälzer Waldhügelkette.

⌘ **Fledermaushaus Hohenburg**. Das sogenannte Fledermaushaus stand kurz vor dem Einsturz und ist nun nach der Renovierung ein Schmuckstück am Markplatz. Dadurch wurde der wichtigste Schritt für die Rettung der Großen Hufeisennase in die Wege geleitet. Diese besondere Fledermausart hat hier ihr letztes Fortpflanzungsvorkommen in ganz Deutschland.

♦ Marktplatz 32, 92277 Hohenburg, ☏ 096 26/929 97 72, 📱 01 74/192 97 04, 💻 www.fledermaushaus-hohenburg.de, Führungen im Mai und August um 19:00, im Juni und Juli um 20:00, eine vorherige Anmeldung ist notwendig.

Der Marktplatz von Hohenburg zählt mit seinen Giebelhäusern aus dem 14. Jh. zu den schönsten in der Oberpfalz. An seiner Nordseite liegt mit blau-weißer Fassade das 1522 erbaute und 1719/20 umgebaute Rathaus. Trotz aller Romantik übersieht man die vielen unbewohnten Häuser im Ortszentrum nicht, an denen der Zahn der Zeit nagt.

Im frühen Mittelalter verlief durch das Lauterachtal eine wichtige Handelsstraße vom Osten kommend bis zur Elbe und brachte Wohlstand in die anliegenden Orte.

Etappe 7: Hohenburg – Kastl

13,5 km, 3 Std. 30 Min., 54 m, 5 m, 378-430 m

0,0 km	390 m	Hohenburg
2,4 km	390 m	Allersburg
5,3 km	400 m	Ransbach
8,4 km	416 m	Überquerung St2240
11,3 km	425 m	Lauterach
11,9 km	420 m	Unterführung St2235 vor Kastl
13,5 km	430 m	Kastl

Diese Etappe widmet sich heute ganz der Lauterach mit ihren unzähligen Flusswindungen, die den Jakobsweg kontinuierlich begleiten. Bizarre Felsformationen, Hangwiesen, auf denen Schafe weiden, sowie eine Fledermausturm lassen diesen Pilgertag zu einem eindrucksvollen Erlebnis werden. In Kastl treffen Sie auf die mächtige Klosterburg, die mit der Kirche St. Michael erhaben auf dem Hügel liegt und wunderbare Ausblicke ins Lauterachtal bietet.

Heute verläuft die Fahrradroute vollständig auf dem Jakobsweg.

Sie starten bei der Pension Stauber und pilgern über die Straße Marktplatz bis zur Jakobuskirche, bis die Straße nach rechts abbiegt. Hier gehen Sie weiter geradeaus auf die Straße Vormarkt, passieren die Fuchsenkapelle aus dem 15. Jh. und kommen zu dem am Ortsende gelegenen Biohof Hammermühle.

Hier biegt die Hammermühlstraße rechts zur Staatsstraße ab, Sie folgen jedoch geradeaus dem Fuß- und Radweg, der mal mehr, mal weniger nah der Lauterach folgt. Vor Ihnen taucht der Ort Allersburg mit seiner auf einem Hügel liegenden Kirche auf. Sie passieren eine Fischzucht, Ruhebänke und Hinweistafeln mit Informationen über die Flussauen. Sie gelangen zu einem Teersträßchen, gehen rechts und überqueren die Lauterach. In Allersburg ❶ stoßen Sie auf die querende St2235, der Sie links durch den Ort folgen.

☺ Falls Sie noch Proviant benötigen, im Ort befindet sich eine Bäckerei.

Allersburg

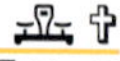

Kreuzermühle Backstube und Hofladen, Allersburg 27, 92277 Allersburg, Mo, Di geschlossen, Mi-Fr 6:00-11:00, Sa 6:00-12:00, 100 m vom Jakobsweg entfernt, Sie überqueren die Staatsstraße und gehen dann rechts.

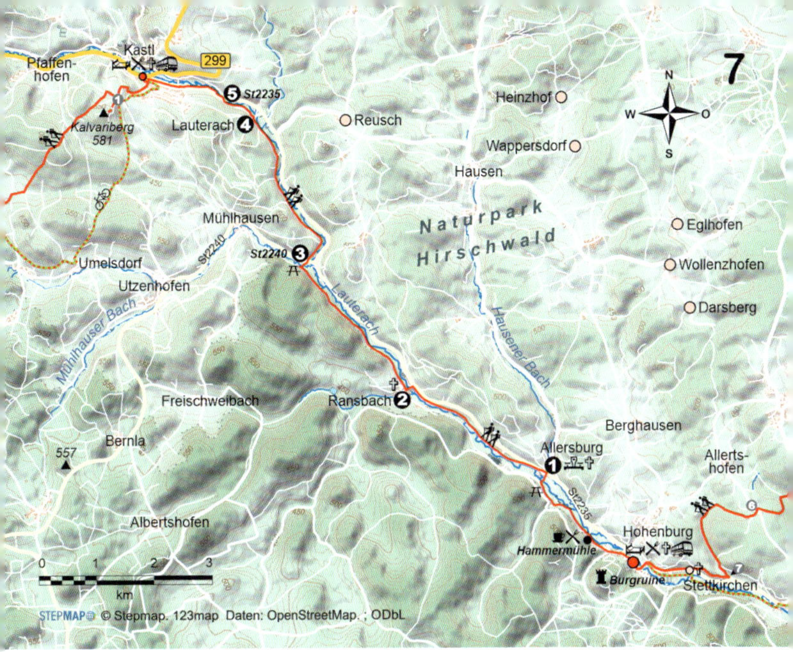

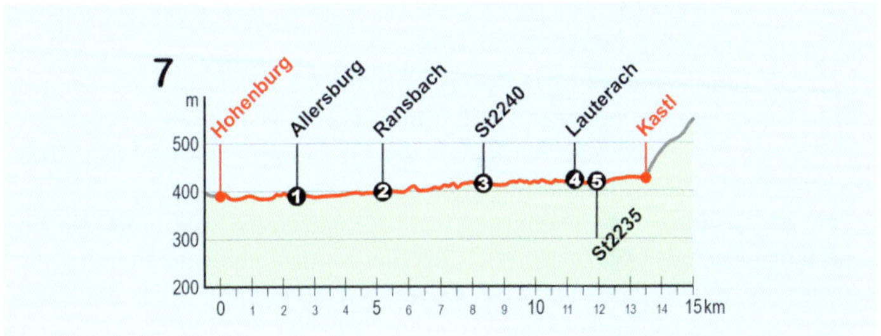

✞ Die katholische **Pfarrkirche St. Michael** thront auf einem Bergrücken. Sie war einst die Hauptkirche von Hohenburg und diente der Bevölkerung in kriegerischen Zeiten als Zufluchtsort. Daran erinnert auch noch die Friedhofsmauer mit Schießscharten. In seiner Grundstruktur stammt das Gotteshaus mit dem schlanken, südseitigen Flankenturm aus gotischer Zeit.

Allersburg und seine Kirche sind urkundlich bereits seit 848 bezeugt.

Beim letzten Haus auf der linken Seite zweigt links ein kleiner Teerweg von der Autostraße ab und verläuft parallel zur Lauterach. Der Fluss schlängelt sich ursprünglich durch das Tal und ist eingerahmt von Wacholderbüschen, Schlehen und Orchideen. Der Weg führt Sie bis zur Ortsdurchfahrtsstraße von Ransbach ❷, der Sie links über die Brücke folgen. In der Linkskurve der Straße leitet Sie die Muschelmarkierung nach rechts. Oberhalb von Ihnen befindet sich die Kirche St. Peter.

✞ Die **Filialkirche St. Peter** wurde auf einer Vorgängerkirche aus dem 13. Jh. gebaut. In der Barockzeit wurde sie erweitert und entsprechend ausgestattet.

Durch die Häuserreihen hindurch gehend verlassen Sie den Ort. Sie wandern durch die Auen der schönen Flusslandschaft und durchqueren ein Waldstück am Fuß eines Bergwalds, wo sich linker Hand ein Militärgebiet befindet.

Bei der Jakobswegmarkierung, die nach scharf rechts auf einen ebenfalls asphaltierten Weg weist, treffen Sie auf eine Ruhebank und überqueren dann den Mühlhauser Bach. Der Schotterweg führt Sie bis zur St2240 ❸.

Nach der Überquerung der Staatsstraße setzen Sie Ihre Wanderung im Tal der Lauterach fort. Auf beiden Seiten der sich schlängelnden Lauterach erblicken Sie immer wieder aus dem Wald herausragende Felsformationen.

Der Schotterweg endet bei einem alten, gelben Haus, der ehemaligen Wirtschaft von Lauterach ❹. Hier gehen Sie kurz rechts auf eine Teerstraße und biegen sofort links auf den Weg nach Kastl ab.

Das Bergwachthaus mit dem Kletteruhu erscheint auf der rechten Seite und gleich danach erreichen Sie den Fledermausturm vom Naturpark Hirschwald mit überdachten Ruhebänken. Am Turm finden Sie Informationstafeln über Fledermäuse und den Zielort Ihrer heutigen Etappe.

Sie folgen weiter dem Schotterweg und unterqueren die St2235 ❺, die nach Kastl führt. Nach der Kläranlage erreichen Sie, auf dem nun geteerten Rad- und Gehweg, die ersten Häuser von Kastl. Oberhalb vom Ort thront erhaben die Klosterburg, die einen Abstecher lohnt.

Sie überqueren die Mühlhausener Straße und halten sich leicht links versetzt in bisheriger Gehrichtung auf dem Radweg neben der Lauterachtalstraße. Nach ca. 500 m, vor dem Rechtsbogen der Straße, befinden sich linker Hand ein Supermarkt und eine Bäckerei. Dahinter taucht ein großer Parkplatz auf dem ehemaligen Bahnhofsgelände auf, wo sich auch Bushaltestellen befinden.

☺ Das ehemalige Bahnhofsgebäude beherbergt heute die Cappuccino-Station, die Sie zu einer wohlverdienten Rast einlädt.

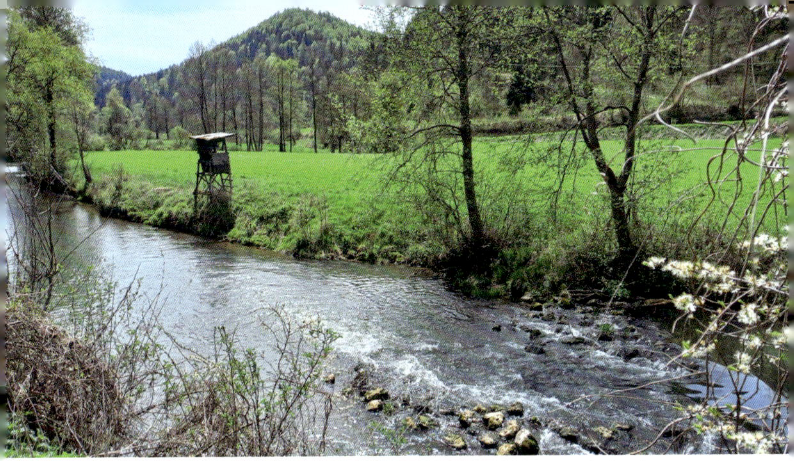

Im Tal der Lauterach

Hinter dem Café befindet sich ein Wohnmobilstellplatz mit Infotafeln und Wanderkarten bei der Utzenhofener Straße. Hier endet die heutige Etappe und startet auch die nächste Etappe. Der Jakobsweg selbst berührt das Zentrum von Kastl nicht.

Die Ortsmitte von Kastl erreichen Sie, indem Sie rechts die Amberger Straße, danach die Brücken der Lauterach queren und anschließend der Hohenburger Straße nach links ins Zentrum folgen. Beim Linksabzweig an der Hohenburger Straße führen auch Treppenstufen zur Burg hinauf.

Kastl

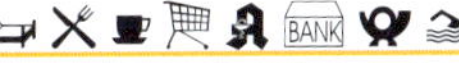

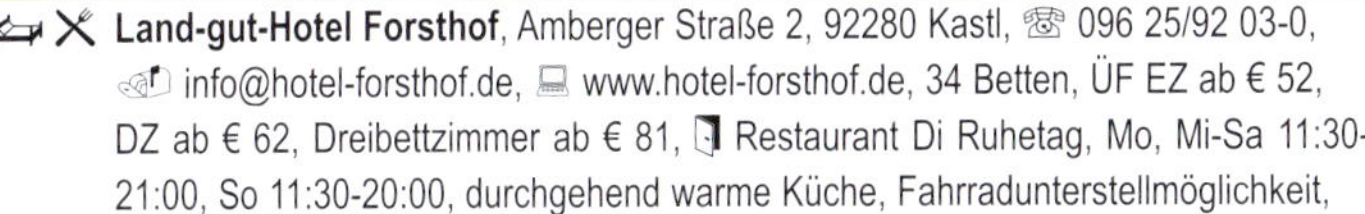

Land-gut-Hotel Forsthof, Amberger Straße 2, 92280 Kastl, 096 25/92 03-0, info@hotel-forsthof.de, www.hotel-forsthof.de, 34 Betten, ÜF EZ ab € 52, DZ ab € 62, Dreibettzimmer ab € 81, Restaurant Di Ruhetag, Mo, Mi-Sa 11:30-21:00, So 11:30-20:00, durchgehend warme Küche, Fahrradunterstellmöglichkeit, 400 m vom Etappenende entfernt, in nordwestlicher Richtung

Gasthof Schwarzer Bär, Marktplatz 13, 92280 Kastl, 096 25/562, 01 70/598 11 75, schwarzer-baer-kastl@t-online.de, www.schwarzer-baer-kastl.de, 16 Betten, ÜF EZ ab € 51, DZ ab € 74, Dreibettzimmer ab € 101, 550 m vom Etappenende entfernt, im Stadtzentrum gelegen

♦ **Ferienwohnungen** Schöberlein, Marktplatz 17, 92280 Kastl, 096 25/17 78 oder 668, pro Wohnung ab € 35, Zuschlag von € 2,50 bei einer Übernachtung, Garten, Sauna, 500 m vom Etappenende entfernt, im Stadtzentrum gelegen

Pizzeria & Eiscafé Cappuccino Station M&C, Amberger Straße 26, 92280 Kastl, 096 25/740 90 36, Mo geschlossen, Di-So 11:30-22:30, am Etappenende

Der Pilgerstempel ist in der Klosterkirche erhältlich.

Linie 460 nach Neumarkt (Oberpfalz) und Amberg, von dort gibt es Zugverbindungen in alle Richtungen.

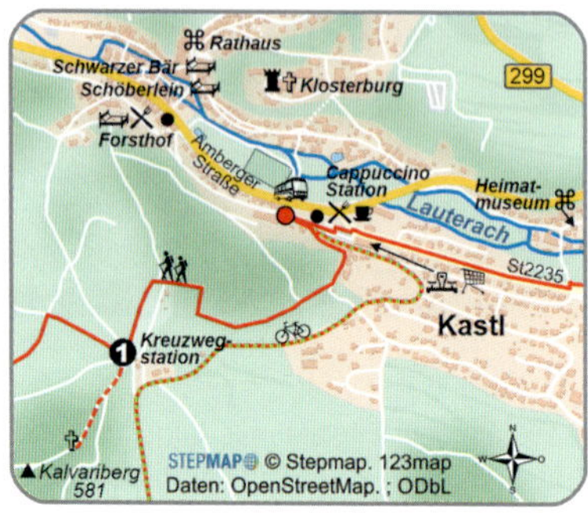

Die **Klosterburg**, die über Kastl thront, gehört zu den schönsten Sehenswürdigkeiten im Landkreis und bietet wunderbare Rundblicke auf das zu Füßen des Klosterbergs liegende Kastl.

Die vermutlich aus dem 10. Jh. stammende Burg wurde zu Beginn des 12. Jh. in ein Benediktinerkloster umgewandelt und galt im Hochmittelalter als eines der kulturellen Zentren der heutigen Oberpfalz. 1438 brach ein Feuer im Kloster aus, durch das wertvolle Bücher, darunter auch eine Weltchronik, zerstört wurden.

Ende des 14.Jh. war die Zeit des religiösen Umbruchs. Der Kastler Abt versuchte durch eine eigene Reform das Klosterleben nach den Regeln des Ordensvaters Benedikt zu erneuern. Es schlossen sich ihm über 20 Klöster an. Die Kastler Reform konnte zwar den Umbruch nicht verhindern, aber immerhin verlangsamen. Die Nutzung des Klosters als Benediktinerabtei endete 1556.

Von 1636-1803, nach der Rekatholisierung der Oberpfalz, ging das Kloster an die Jesuiten in Amberg über. Nach der der Aufhebung des Jesuitenordens 1773 erhielt 1782 der Malteserorden das Kloster Kastl.

Unter den nationalsozialistischen Machthabern wurde die Burg als Schullandheim sowie als geschlossene Unterkunft für den Arbeitsdienst von Mädchen genutzt, die in Familien und auf Bauernhöfen arbeiteten. Von 1958 bis 2007 beherbergte sie ein ungarisches Gymnasium. Aktuell befindet sich dort die Hochschule für den öffentlichen Dienst in Bayern.

Die katholische **Pfarrkirche** wurde 1129 vollendet. In der Vorhalle der Klosterkirche befindet sich das Grabmal von Prinzessin Anna. Sie war die kleine Tochter von Kaiser Ludwig dem Bayer. Bei seinem Besuch in Kastl erkrankte Anna und verstarb im Januar 1319. Sie wurde mumienartig einbalsamiert und in einem Eichenschrank aufbewahrt. 2013 wurde die Mumie gereinigt und befindet sich nun in einem Schrein.

Die Kirche beeindruckt innen durch das große Tonnengewölbe des Mittelschiffs und den Wappenfries an den Hochwänden. Bemerkenswert sind die Fresken und das Bild der Kastler Madonna.

⌘ Das **Rathaus** am Ende des Marktplatzes entstand 1552 im Auftrag des Klosters. 1890 erhielt das Haus ein zweites Stockwerk und später einen mit einem Türmchen verzierten Treppengiebel. Über dem Rathauseingang prangt das Wappen der Kurpfalz. 1992 erfolgte die Neugestaltung des Marktplatzes mit Marktbrunnen.

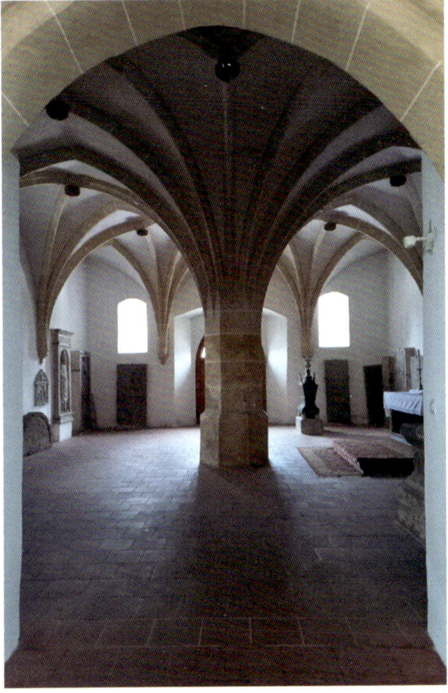

Klosterkirche in Kastl

⌘ Das **Heimatmuseum** wurde privat von Franz Weiß, verstorben 2004, in Kastl geschaffen. Er restaurierte mit viel Liebe ein altes Bauernhaus mit Scheune aus dem 14. Jh. und brachte dort die von ihm angesammelten Schätze unter. Von der damaligen Einrichtung eines Bauernhauses bis zur Oberpfälzer Tracht können Sie bäuerliches und handwerkliches Kulturgut bewundern.

♦ Hohenburger Straße 44, 92280 Kastl, Kontakt über Anna Maria Weiß, ☏ 096 25/911 73, ✉ museum-kastl@t-online.de, Mai-Okt jeden ersten So im Monat 14:00-17:00, Führungen jederzeit nach vorheriger Anmeldung möglich!

Der Markt Kastl liegt im östlichen Teil der Frankenalb und ca. 50 km von Nürnberg entfernt. Der Ort wurde erstmals 1102 urkundlich mit dem Ortsnamen Castellum erwähnt. Er erhielt 1323 von Ludwig dem Bayern das Marktrecht verliehen.

Heute wird die Gemeinde durch den Tourismus belebt.

Etappe 8: Kastl – Sindlbach

23,1 km, 6 Std. 45 Min. ↑ 366 m, ↓ 360 m, ⇧ 423-608 m

0,0 km	⇧ 430 m	Kastl
1,0 km	⇧ 510 m	Kreuzwegstation Kalvarienberg
4,3 km	⇧ 508 m	Landstraße Wolferdorf Querung
8,1 km	⇧ 528 m	Nattershofen
9,5 km	⇧ 595 m	Kapelle am Dietrichstein
11,9 km	⇧ 586 m	Trautmannshofen
17,1 km	⇧ 568 m	Bräunertshof
20,7 km	⇧ 452 m	Langenthal
23,1 km	⇧ 423 m	Sindlbach

Die heutige Etappe führt Sie weiter durch den hügeligen Fränkischen Jura mit seinen ruhigen Wäldern, bunten Wiesen und ausgedehnten Feldern. Sie wandern zur einsam im Wald liegenden Kapelle am Dietrichstein und kommen an einigen Flurkreuzen vorbei, die man in Bayern als Marterl bezeichnet. Vereinzelt treffen Sie in kleinen Ortschaften auf Einkehrmöglichkeiten. In Sindlbach bewundern Sie den reich verzierten Laurentiusbrunnen und haben für heute Ihr Etappenziel erreicht.

Radfahrerinnen und Radfahrer radeln auf der Utzenhofener Straße aus Kastl hinaus und folgen weiter der Landstraße. Nach 2,6 km biegen Sie rechts ab und fahren bis kurz vor Umelsdorf. Sie zweigen dort rechts auf einen Feldweg ab, der nach 1,2 km bei einem querenden Feldweg auf die von Wolfersdorf kommende Landstraße einmündet. Der Jakobsweg wird gekreuzt und kurz vor Hellberg biegen Sie links Richtung Nattershofen ab. Nun sind es noch 1,4 km, bis Sie wieder auf den Jakobsweg treffen und schließlich Nattershofen erreichen.

Hinter dem ehemaligen Bahnhof, in Höhe des Wohnmobilstellplatzes, zweigt von der Utzenhofener Straße ein mit der Jakobsmuschel markierter, aufwärtsführender Wanderweg ab. Der einseitig mit Büschen bewachsene Weg folgt zunächst in einem Rechtsbogen dem Waldrand.

Sie stoßen auf ein eingezäuntes Gelände mit einem Einzelgehöft und halten sich auf dem Pfad rechts. Dann zeigt die Markierung nach links weiter am Zaun entlang bis zu einer kleinen Kapelle mit Christusfigur. Der Zaun begleitet Sie noch ein Stück bis Sie die kleine Teerstraße erreichen. Auf der gegenüberliegenden Straßenseite beginnt die Kreuzwegstation am Kalvarienberg ❶, wo sich auch eine Bank befindet.

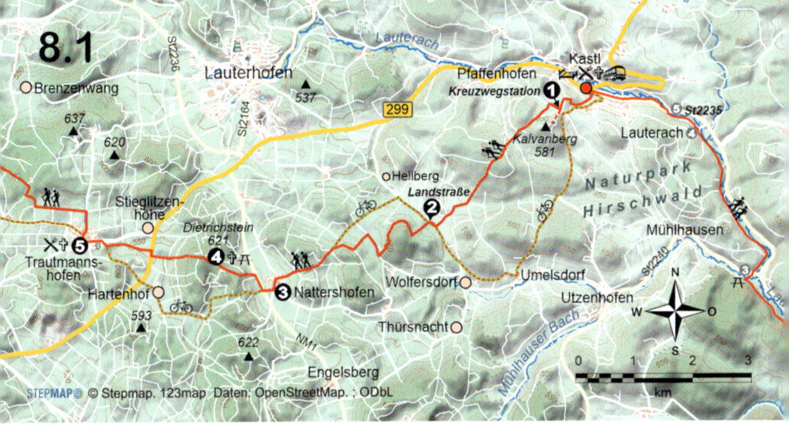

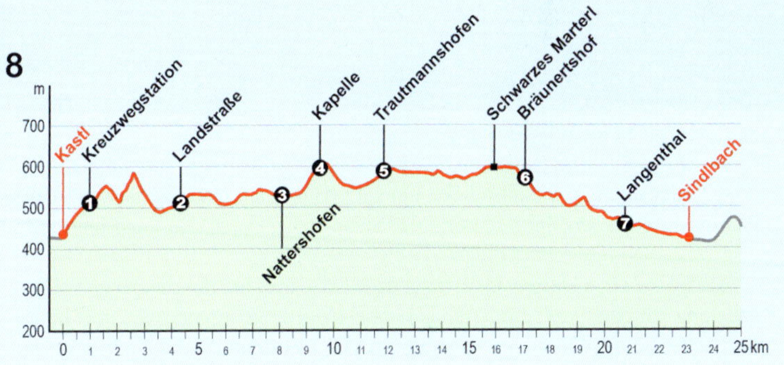

Hier besteht die Möglichkeit, über den Kreuzweg auf den Kalvarienberg zur 250 m entfernten Heiligen-Grab-Kapelle zu pilgern.

Sie biegen dort sofort rechts auf ein anderes Teersträßchen ab, das kurz danach in einen Feldweg übergeht.

Bei der folgenden Feldwegkreuzung wandern Sie nach links auf dem leicht bergauf und bergab verlaufenden Weg, der durch Wiesen und Felder führt. Es geht geradeaus durch ein kurzes Waldstück, Sie queren eine Feldwegkreuzung mit Christuskreuz und gehen weiter Richtung Wald. Im Wald erreichen Sie auf einem leicht ansteigenden Pfad eine Forststraßenkreuzung.

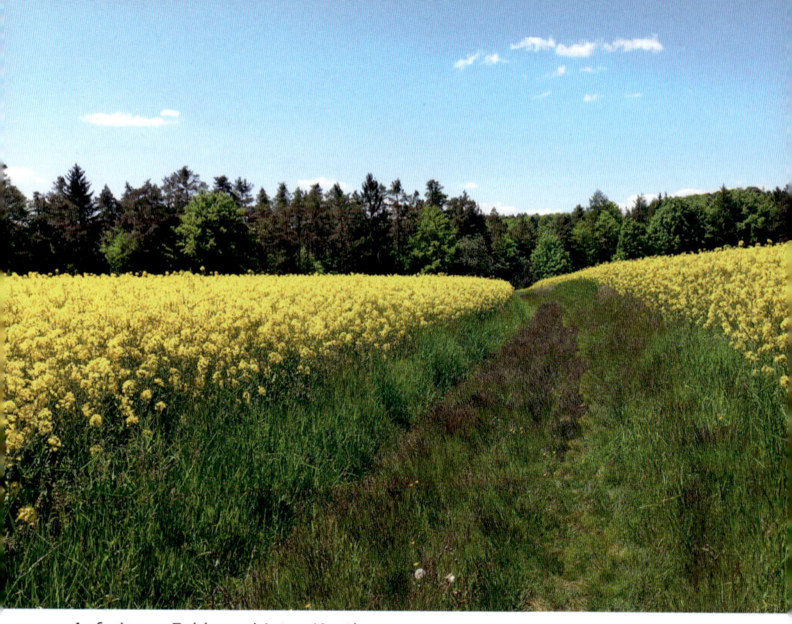

Auf einem Feldweg hinter Kastl

Hier wandern Sie nach links, um kurz danach auf einen kleinen, schmalen Pfad nach rechts abzubiegen, der zunehmend steiler durch den Wald führt.

Sie folgen der nächsten Forststraße nach links, um kurz danach bei einer Weggabelung mit Bauminsel wiederum links abzubiegen. Sie wandern auf dem breiteren, leicht bergab führenden Forstweg bis zur nächsten Gabelung mit dem Hinweisschild „Wanderweg nach Habsberg", wo Sie rechts abwärtswandern.

Es geht aus dem Wald hinaus, noch ein Stück am Waldrand entlang und bei der nächsten Feldwegkreuzung mit Markierung und Hinweisschildern biegen Sie rechts ab. Der Feldweg wird zum Teerweg, gabelt sich und Sie gehen nach links. Nochmals kurz rechts abzweigend endet der Weg schließlich an einer Landstraße ❷.

Nach der Querung der Landstraße wandern Sie an den Ökofeldern der bekannten Neumarkter Lammsbrauerei vorbei und weiter leicht bergan in Richtung Wald. Der gut markierte Weg führt dort nach rechts, abwechselnd durch den Wald und am Waldrand entlang, und stößt nach 1,2 km am Waldende auf einen querenden Feldweg.

Hier wenden Sie sich nach rechts und wandern durch die Felder, bis nach 400 m der Weg links leicht bergan Richtung Wald abbiegt. Vor diesem geht es rechts und erneut am Waldrand entlang, bis der Jakobsweg schließlich in eine kleine Teerstraße mündet, der Sie gut 1 km bis zum nächsten Dorf folgen.

In Nattershofen ❸ halten Sie sich bei der Straßengabelung links und am Ortsausgangsschild biegen Sie rechts ab. Sie queren bald danach eine Landstraße und gehen sofort rechts auf dem parallel zur Landstraße verlaufenden Schotterweg.

Radfahrerinnen und Radfahrer folgen nach Überquerung der Landstraße geradeaus dem Asphaltweg, der durch den Wald und später durch die Felderlandschaft nach Hartenhof führt. Sie queren anschließend die B299 und treffen kurz vor Trautmannshofen wieder auf den Jakobsweg.

In einen Linksbogen entfernen Sie sich von der Straße und wandern stetig bergauf in den Wald hinein. Abzweigende Wege werden von Ihnen ignoriert und schließlich gelangen Sie zu der hübschen Kapelle am Dietrichstein ❹ mit einem ruhig gelegenen Picknickplatz.

Sie folgen weiter diesem Weg und nach 300 m, nach einem links liegenden Hochstand, zeigt die Muschelmarkierung rechts auf einen berganführenden Waldweg. Kurz danach erreichen Sie die Höhe und wandern abwärts, bis Sie den Wald verlassen.

Es geht weiter in der bisherigen Laufrichtung, der Weg geht in ein Teersträßchen über und vor sich sehen Sie bereits eine kreuzende Bundesstraße.

Bei der Bundesstraße, obwohl noch nicht sichtbar, erreichen Sie auf der gegenüberliegenden Straßenseite ein Treppchen, das Sie abwärts auf einen nach rechts führenden Wiesenweg bringt.

Sie wandern ein kurzes Stück parallel zur Straße, bis Sie kurz danach die Markierung links von der Straße wegleitet. Auf einem nicht sehr gut sichtbaren Wiesenweg wandern Sie durch die Felder und erblicken vor sich bereits die Kirchturmspitze von Trautmannshofen.

Bei der nächsten Weggabelung halten Sie sich leicht links auf einen Asphaltweg und steuern auf ein kleines Wäldchen zu. Beim querenden Asphaltsträßchen gehen Sie rechts, um kurz danach links in einen Gehweg nach Trautmannshofen einzubiegen. Sie erreichen die sehenswerte Kirche und das gegenüberliegende Gasthaus Schraml in Trautmannshofen ❺ sowie einen kleinen Rastplatz mit Wandertafel und Jakobswegerklärungen.

Trautmannshofen

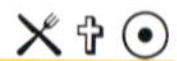

✕ **Gasthaus Schraml**, Dietzenhofer Straße 2, 92283 Trautmannshofen, ☏ 091 86/452, Di, Mi geschlossen, Mo, Do, Fr 17:00-24:00, Sa 6:30-13:00 und 17:00-24:00, So 14:00-24:00, bayerische Küche, ➲ am Weg

⊙ Den Pilgerstempel finden Sie in der Kirche.

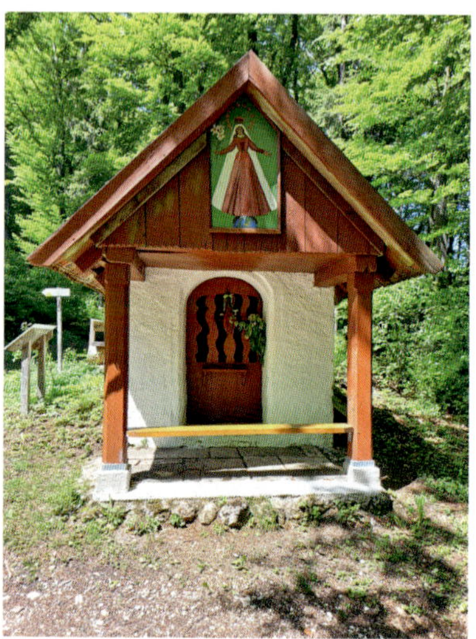

Kapelle am Dietrichstein

✝ **Wallfahrtskirche Mariä Namen**. Bereits im Jahr 1382 stand die kleine Kirche Zu Unserer Lieben Frau in Trautmannshofen, die mit einer Marienfigur geschmückt war. Die Legende besagt, dass die Hussiten im Jahr 1432 die Marienfigur dreimal ins Feuer warfen, und doch kehrte sie jedes Mal zurück auf den Altar. Daher stammt auch der Name „Unversehrte Mutter". Dargestellt ist das Geschehen auch bildlich am Kirchengewölbe. Im 16. Jh. brannte das Kirchlein zweimal ab.

Beim Wiederaufbau der Kirche 1655 wurde nur der mittelalterliche Turm erhalten. 1667 hätte der Bau geweiht werden sollen. Doch wurde dieser Kirchenbau aus unbekannten Gründen schon bald wieder weitgehend abgerissen. 1689 war der Rohbau dann fertig und die Einweihung erfolgte im Jahr 1691.

Ende des 18. Jh. wurde die Kirche mit barocken und im Rokokostil gehaltenen Elementen geschmückt. Papst Pius VI. erließ zu dieser Zeit u. a., dass Wallfahrerinnen und Wallfahrer, die einmal im Jahr die Kirche in Trautmannshofen besuchen, einen vollkommenen Ablass erhalten.

Die letzte Renovierung der Kirche erfolgte 2005-2007 und lässt sie seither wieder im alten Glanz erstrahlen.

Während das Äußere der Kirche relativ schlicht ist, überrascht das Kircheninnere. Erwähnenswert sind u. a. die Deckenfresken, der gewaltige Hochaltar und die Rokokokanzel.

Bekannt ist neben den Wallfahrten auch die jeden Herbst stattfindende Trautmannshofener Kirchweih, ein Volksfest, das Tausende aus der Umgebung anzieht.

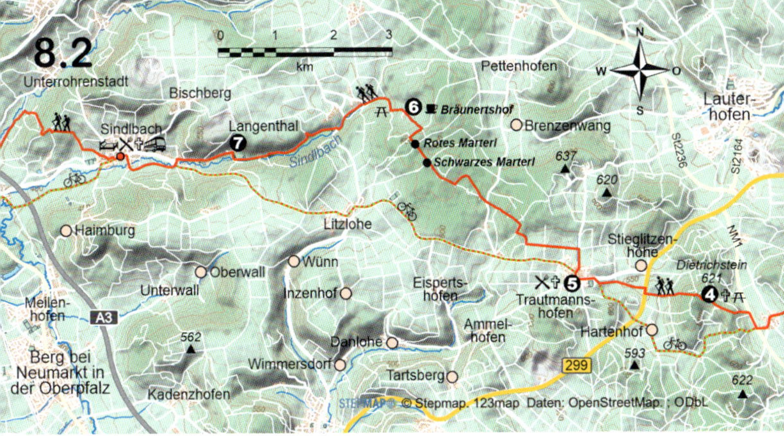

Urkundlich wurde der Ort erstmals 1068 erwähnt. Bis 1916/1917 gab es hier noch einige Eisenerzgruben in der Region um Trautmannshofen, die neben der Landwirtschaft auch Arbeitsmöglichkeiten boten. Von 2017-2018 wurde im Rahmen der Dorferneuerung unter anderem das alte Schulhaus und der Platz neben dem Pfarrheim für Pilgernde, Wandernde sowie Radfahrerinnen und Radfahrer einladend gestaltet.

🚲 In Trautmannshofen verlassen Radlerinnen und Radler den Jakobsweg auf der links abbiegenden Maximilianstraße und fahren bis nach Litzlohe. Hier radeln Sie auf der Sindlbacher Straße aus dem Dorf in Richtung Langenthal. Nach Überquerung des Sindlbachs treffen Sie anschließend auf den Jakobsweg und biegen links in den kleinen Teerweg ein, der nach Sindlbach führt.

Sie folgen weiter der Straße und kommen am Seeplatz an einem Brunnen und Ruhebänken vorbei. In der Linkskurve der Maximilianstraße zeigt die Markierung rechts in die Oberdorfstraße. Bei der folgenden Gabelung wandern Sie links auf der Oberdorfstraße zum Ort hinaus. Bei der nächsten Wegkreuzung zweigt links ein Asphaltweg ab, der später in einen Schotterweg übergeht und Sie schnurgerade zum Waldrand bringt. Dort gehen Sie kurz rechts und dann links in den Wald hinein. Auf dem ersten Querweg geht es leicht ansteigend rechts weiter und kurz danach biegen Sie bei der Gabelung links ab. Leicht bergab wandern Sie teilweise am Waldrand entlang, kreuzen einen asphaltierten Weg und erreichen gut 100 m danach erneut eine Weggabelung im Wald. Hier folgen Sie dem gut markierten Weg nach rechts. In einem großen Linksbogen schlängelt sich der Weg durch den Wald und stößt nach ca. 700 m auf eine Wegkreuzung.

Sie passieren diese und biegen kurz danach rechts auf einen Waldwiesenweg ab. Der wurzlige Pfad führt Sie ein Stück an einem eingezäunten Waldareal vorbei und stößt auf einen Waldweg, dem Sie links folgen. Linker Hand streifen Sie zunächst den Bildstock Schwarzes Marterl und wandern nochmals an einem eingezäunten Waldareal vorbei, bis Sie einen breiten, querenden Forstweg mit dem Roten Marterl erreichen. In bisheriger Richtung geht es weiter bis zu einer Kreuzung am Waldrand. Sie wandern nun rechts am nahen Waldrand entlang und folgen dem nächsten querenden Feldweg nach links abwärts bis zum Bräunertshof ❻.

☕ **Erlebnisfarm Bräunertshof**, Fam. Polster, 92367 Pilsach, ☏ 091 89/74 28, 🚪 Sa 13:00-18:00, So und Feiertage 11:00-18:00, in den Schulferien jeden Tag 13:00-18:00, Biergarten, Streichelzoo, Ponyreiten, Kaffee, Kuchen, Getränke, Snacks, ➲ am Weg

Vom Bräunertshof laufen Sie auf der verkehrsarmen Teerstraße abwärts. In einer Rechtskurve erwartet Sie ein ⛼ Picknickplatz. Nach einer lang gezogenen Linkskurve steigt die Straße leicht an und dort zweigen Sie zunächst links und sofort wieder rechts in einen lichten Wald ab.

Der Sindlbach begleitet Sie ein Stück und dann stoßen Sie auf eine Teerstraße, der Sie für ca. 250 m nach links folgen. Sie biegen rechts ab und es geht leicht ansteigend durch den lichten Wald sowie an verschiedenen Fischteichen vorbei.

Sie durchwandern eine Linkskurve und bleiben für 1,5 km auf dem Hauptweg. Durch einen Rechtsbogen gelangen Sie in die Ortschaft Langenthal ❼.

Die Langenthalstraße biegt dann links ab und führt Sie durch den lang gestreckten Ort. Nach 1 km erreichen Sie ein Christuskreuz und eine Bushaltestelle, dort biegen Sie links in die Straße An der Mühle ab und gelangen zu der Landstraße Litzloher Straße, die Sie gerade überqueren. Auf dem kleinen Teerweg erreichen Sie die nächste Gabelung, wo Sie rechts abbiegen. Dieser Fuß- und Radweg führt Sie direkt nach Sindlbach, wo Sie an der Hauptstraße links gehen. Hier treffen Sie auf die Kirche und den dahinterliegenden Gasthof Geier.

Sindlbach

🛏 **Gasthof-Metzgerei Geier**, Sindlbacher Hauptstraße 30, 92348 Sindlbach, ☏ 091 89/208, ✉ info@gasthof-geier.de, 💻 www.gasthof-geier.de, 15 Betten, ÜF EZ ab € 46, DZ ab € 65, 🚪 Restaurant Mo, Di Ruhetag, kleine Brotzeiten sind für Pilgerinnen und Pilger auch an diesen beiden Tagen möglich. Da dies ein familiengeführter Gasthof ist, sind die Öffnungszeiten öfters flexibel, daher wird um einen vorherigen kurzen Anruf gebeten. ➲ am Weg

Mühlenbäcker Baumann, Sindlbacher Hauptstraße 25, 92348 Sindlbach, ☏ 091 89/291, Mo-Fr 6:00-13:00, Sa 6:00-12:00, ➲ am Weg

In der Kirche gibt es am Schriftenständer Pilgerstempelaufkleber.

Linie 512 zum Bhf. Neumarkt i. d. OPf., von dort Zugverbindungen sowie S-Bahnverbindungen nach Feucht und Nürnberg

✞ Die katholische **Pfarrkirche St. Jakobus** liegt im Zentrum des Ortes an einem uralten Jakobsweg. Die Kirche wurde in spätromanischer Zeit gegründet. 1634 wurden die Kirche und der Pfarrhof während des Dreißigjährigen Krieges von den Schweden niedergebrannt.

Der Neuaufbau der Kirche erfolgte 1640/41 durch die Bewohnerinnen und Bewohner von Sindlbach. Die jetzige Gestalt erhielt das Gotteshaus beim letzten Umbau 1890. Die Kirche besitzt eine reiche Innenausstattung, wie den Rokoko-Hochaltar mit Altarblatt von 1956 sowie die vielfältigen Deckengemälde. 1909 erhielt St. Jakobus drei neue Glocken in dem Spitzturm.

Laurentiusbrunnen in Sindlbach

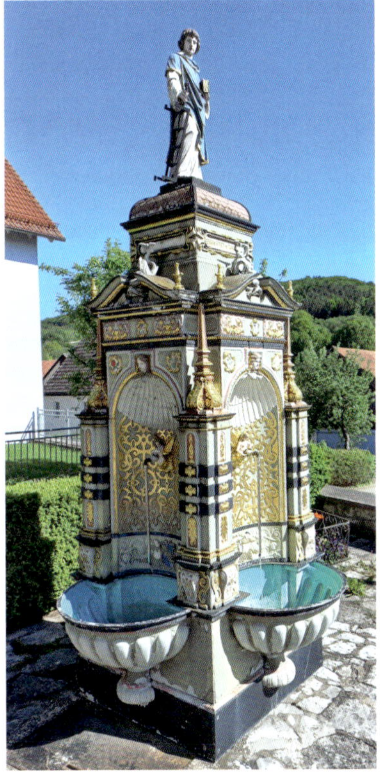

⌘ Der gusseiserne **Laurentiusbrunnen** bildet das Zentrum des Kriegerdenkmals und steht neben der St.-Jakobus-Kirche. 1878 wurde er ursprünglich für die Weltausstellung in Paris erbaut, danach an die Stadt Altdorf verkauft und 1920 erwarb der Bürgermeister von Sindlbach den Brunnen.

Sindlbach wurde urkundlich erstmals 1129 erwähnt und liegt an der ehemaligen mittelalterlichen karolingischen Handelsstraße, die vom Frankenland bis nach Amberg führte. Seit 1978 gehört es zur Großgemeinde Berg.

Nürnberger Land

Etappe 9: Sindlbach – Feucht

22,1 km, 6 Std. 15 Min., 230 m, 300 m, 358-470 m

0,0 km	430 m	Sindlbach
3,5 km	390 m	Verkehrskreisel bei Unterölsbach
4,8 km	421 m	Gnadenberg
7,6 km	375 m	Rasch
10,3 km	376 m	Prackenfels
12,0 km	389 m	Grünsberg
14,1 km	420 m	Altenthann
17,5 km	399 m	Rummelsberg Philippuskirche
22,1 km	359 m	Feucht

Nach dem Verlassen des verträumten Ortes Sindlbach wandern Sie zunächst geruhsam durch Felder und Wälder. Sie erreichen Gnadenberg mit der Klosterruine und der Pfarrkirche, die zu einer Besichtigung einladen. Nach Querung der A3 wandern Sie im weiteren Verlauf durch die sanft hügelige Landschaft und haben immer wieder Berührungspunkte mit den unzähligen Mäandern, die der Schwarzach ihr besonderes Gepräge geben. Sie durchstreifen kleine Orte und gelangen nach Rummelsberg, wo die Rummelsberger Diakonie mit ihren gemeinnützigen und sozialen Projekten ansässig ist. Schließlich erreichen Sie den von Wäldern umgebenen Markt Feucht, der aus gutem Grund der Markt im Grünen genannt wird.

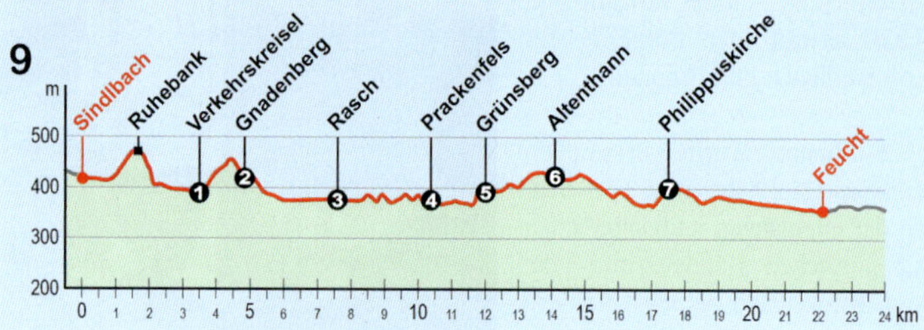

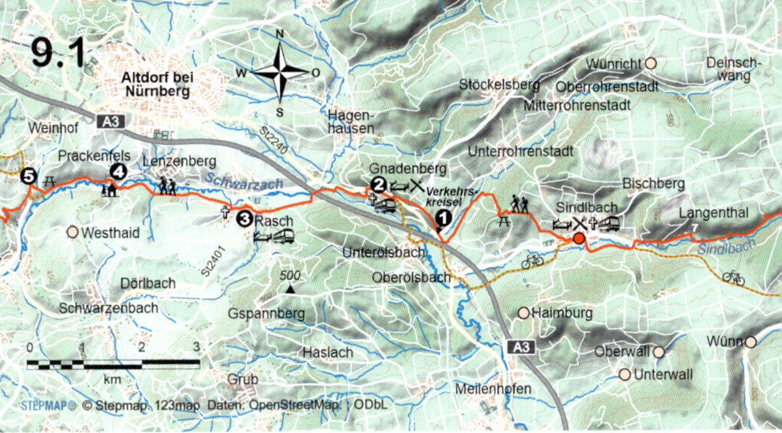

🚲 Radfahrerinnen und Radfahrer fahren auf der Hauptstraße in westliche Richtung und verlassen diese erst kurz vor dem Ortsende nach links auf die Haimburger Straße. Sie biegen dann rechts ab, überqueren später die A3 und radeln durch Oberölsbach sowie durch Unterölsbach. Nach dem Ort unterqueren Sie nun die A3, fahren an Klostermühle vorbei und stoßen am Ortseingang von Gnadenberg wieder auf den Jakobsweg.

Heute Morgen starten Sie beim Gasthof Geier auf der Hauptstraße in westliche Richtung. Sie biegen rechts in die Jakobistraße ab, dann sofort nach links auf eine Anwohnerstraße und spazieren auf eine Linde mit ⛼ Picknickplatz zu. Hier geht es kurz rechts, dann leicht links und Sie verlassen den Ort auf einem Feldweg in Richtung Wald.

Bei der Teerstraßengabelung wandern Sie rechts, um kurz danach bei der Wegkreuzung, leicht rechts versetzt, weiter geradeaus am Waldrand entlangzupilgern. Der stetig ansteigende Weg führt in den Wald und bei der nächsten Gabelung halten Sie sich links.

Erneut erreichen Sie einen Waldrand mit gegenüberliegenden Feldern und stoßen nach einem Rechtsbogen auf einen querenden Forstweg, dem Sie links folgen. Sie wandern auf einen Hochstand zu und erreichen zuvor eine ⛼ Bank, von der Sie wunderbare Ausblicke genießen können.

Nach diesem Ruheplatz geht es sofort rechts in den Wald. In diesem Waldgebiet treffen Sie je nach Jahreszeit auf üppig wachsende Blaubeersträucher. Bei der folgenden Gabelung wandern Sie rechts und weiter bergab. Sie kreuzen einen Weg und in einem Linksbogen steigen Sie steil abwärts.

Bei einer bewirtschafteten Fläche bleiben Sie auf dem links weiterführenden Weg und gelangen zu einer großen Freifläche. Hier geht es am rechten Waldsaum entlang, bis der Waldweg in ein Teersträßchen übergeht und am Waldrandende nach links durch die Felder abbiegt.

Die Geräusche von der A3 sind nun nicht mehr zu überhören. Kurz vor der Autobahn erreichen Sie nach einem Rechtsbogen eine Kreisstraße, die Sie in der Nähe eines Verkehrskreisels ❶ bei der Autobahnausfahrt Oberölsbach geradeaus überqueren.

Zu Beginn des Wiesenweges finden Sie linker Hand eine Informationstafel über den Oberpfälzer Jakobsweg. Außerdem begrüßen Sie eine moderne Pilgerstatur mit einem Muschelstab und eine ⩫ Ruhebank. Eine auf einem Stein befindliche Kupferplatte informiert Sie, dass es von Sindlbach bis Santiago de Compostela noch 2.570 km sind.

Nun steigen Sie den Wiesenweg hinauf und tauchen in den Wald ein. Sie passieren eine kleine Teerstraße und es geht weiter auf einem schmalen, steil ansteigenden Pfad am Waldrand entlang. Sie erblicken einen Funkmast, wandern an einem Hochbehälter der Gemeinde Berg vorbei und dahinter erwartet Sie eine ⩫ Ruhebank.

Hier folgen Sie einem Hohlweg leicht links abwärts durch einen Buchenwald. Am Waldende stoßen Sie unvermittelt auf die ersten Häuser von Gnadenberg und wandern nach links, um dann in einem Rechtsbogen die Durchfahrtsstraße von Gnadenberg zu erreichen. Sie durchschreiten den Torbogen von Gnadenberg, der einen übergebliebenen Teil der Umfassungsmauer der ehemaligen Klosteranlage darstellt. Links befindet sich die Pfarrkirche St. Birgitta, dahinter ein stilvoller Oktogon-Brunnen von 1892 sowie die Ruine des ehemaligen Nonnenklosters von Gnadenberg ❷. Auf der gegenüberliegenden Straßenseite liegt der Klostergasthof.

Gnadenberg

🛈 **katholischem Pfarramt**, Gnadenberger Straße 18, 92348 Gnadenberg, ☏ 091 87/90 20 44, ✉ gnadenberg@bistum-eichstaett.de, 💻 www.gnadenberg.bistum-eichstaett.de, 🚪 Di und Do geschlossen, Mo und Mi 9:00-12:00, Fr 14:00-17:00, ➲ 30 m vom Weg

🛏 **Gasthof Waldesruh**, Gnadenberger Straße 30, 92348 Gnadenberg, ☏ 091 87/15 95, einfache Zimmer, Preis nach Vereinbarung, idealerweise rufen Sie 3 Tage vorher an, um zu reservieren. ➲ 30 m vom Weg

✕ **Gasthof zum Kloster**, Gnadenberger Straße 16, 92348 Gnadenberg, ☏ 091 87/55 10, 🚪 Mo-Mi geschlossen, Do-So 11:00-24:00, ➲ am Weg

⊙ Den Pilgerstempel erhalten Sie im katholischen Pfarramt.

 Linie 512 nach Altdorf b. Nürnberg, dort Umstiegsmöglichkeit in die S2 nach Feucht

✞ Bedeutung erlangte Gnadenberg durch die Gründung des ersten **Birgittenklosters** in Süddeutschland im Jahr 1426. Pfalzgraf Johann I. von Neumarkt und seine Frau Katharina, die Tochter des Herzogs Wratislaw VII. von Pommern, gründeten das Kloster in Gnadenberg. Da Katharina von ihrer Großtante Margarethe I., Königin von Dänemark, Norwegen und Schweden erzogen wurde, hatte Sie einen Bezug zu dem ersten, etwa 1345 in Vadstena in Schweden gegründeten Birgittenkloster.

Die Birgittenklöster waren von der Ordensgründerin Birgitta Birgersdotter als Doppelklöster angelegt, in denen sowohl Nonnen als auch Mönche lebten. 1430 kamen dann die ersten Mönche nach Gnadenberg. Das Frauenkloster wurde 1435 fertiggestellt und die Nonnen folgten mit ihrer Äbtissin Anna Svenson. Die Weihe der Notkirche erfolgte 1438 und mit dem Bau der Klosterkirche wurde erst 1451 begonnen. Gnadenberg entstand als direkter Nachfolger des schwedischen Urklosters.

Während des Dreißigjährigen Krieges, im Jahr 1635, wurde das Kloster in Brand gesteckt und zerstört. Heute stehen von der Klosterkirche nur noch die Außenmauern mit ihren riesigen gotischen Fenstern. Von 2013-15 wurde das ehemalige Konventgebäude des Klosters neu instand gesetzt und bietet den Besucherinnen und Besuchern Informationen zur Archäologie und der Baugeschichte des Gebäudes.

Außerdem erfahren Sie die Geschichte des Lebens und Wirkens der Nonnen und Mönche.

♦ Kulturhistorischer Verein Gnadenberg e. V., ☏ 091 81/46 13 59, ✉ khvgnadenberg@t-online.de, 💻 www.kloster-gnadenberg.de, 🚪 So 14:00-17:00 oder auf Nachfrage

⌘ Im Südosten von Gnadenberg liegt die **Klostermühle**, die erstmals 1435 urkundlich erwähnt wurde. Sie lieferte das Mehl für das Kloster und wurde ebenfalls während des Dreißigjährigen Krieges zerstört. Um 1700 errichtete man die Mühle neu. 1999 wurde sie restauriert. Sie befindet sich in Privatbesitz und kann aktuell nicht besichtigt werden.

Sie folgen weiterhin der Gnadenberger Straße und durchschreiten das westliche Tor, hinter dem sich der Gasthof Waldesruh befindet. Beim Ortsende zeigt die Markierung links auf die abwärtsführende Straße Im Weidegrund. In der Ebene angekommen gehen Sie rechts in ein Waldstück und bei der folgenden Gabelung nach links, um weiter auf dem asphaltierten Fuß- und Radweg zu bleiben.

Es geht noch ein Stück neben der Straße entlang und dann biegen Sie bei dem Hinweisschild „Rasch 1,1 km" links in einen Teerweg ein. Sie wandern über die Brücke der Schwarzach, folgen einem Feldweg nach rechts und unterqueren dann die Autobahn. In einem Linksbogen entfernen Sie sich von dem Flüsschen und biegen rechts auf die Teerstraße ein. Sie spazieren an einem idyllischen Weiher vorbei und bald erreichen Sie Rasch.

Auf der Straße Am Finkenbühl überqueren Sie die Rascher Hauptstraße und wandern die Raiffeisenstraße entlang. Nach einem Rechtsbogen der Straße geht es bald danach links in die Kirchenbühlstraße, wo sich die Pension und Gaststätte zum Schrammel in Rasch ❸ befindet. Weiter auf dem leicht ansteigenden Jakobsweg pilgern Sie in Richtung der Kirche St. Michael.

Rasch

(✕) **Pension und Gaststätte zum Schrammel**, Raiffeisenstraße 4, 90518 Rasch, ☏ 091 87/909 75 29, info@pension-schrammel.de, www.pension-schrammel.de, 11 Zimmer und 2 Appartements, ÜF Preise auf Anfrage, ☺ es gibt spezielle Preise für Pilgerinnen und Pilger! Gaststätte im Sommer 2022 nur am Freitag ab 16:00, kleine Speisekarte, ansonsten kann die Versorgung für Übernachtungsgäste mit Lieferdiensten organisiert werden. Das Haus wurde kürzlich neu renoviert. ➲ Am Weg

Linie 550 nach Altdorf b. Nürnberg, dort Anschluss mit der S2 nach Feucht und Nürnberg

✞ Die **Kirche St. Michael** stammt aus dem 11./12. Jh. und ist dem Erzengel Michael geweiht. Die sehenswerte romanische Chorturmkirche wurde wahrscheinlich von Bischof Gundekar II. im 12. Jh. geweiht. Im 14. Jh. erfolgte der Umbau zu einer Wehrkirche mit Graben, Mauer und Torturm. St. Michael ist an den Außenwänden mit romanischen Rundbogenfriesen dekoriert. Im Innern der Kirche befindet sich ein Flügelaltar aus dem 15. Jh., der in geöffnetem Zustand links die heilige Katharina mit Schwert und die heilige Barbara mit Kelch und Hostie, rechts die heilige Magdalena mit Salbenbüchse und die heilige Margarete mit dem kleinen Drachen abbildet. Die einfache Kanzel stammt aus dem Jahr 1681, die restlichen Gegenstände der Kirche aus verschiedenen Stilepochen.

✞ Neben der Kirche befindet sich die **Schäferkapelle**, die vermutlich früher von einheimischen Schäfern zur Andacht genutzt wurde. Sie war ursprünglich eine vorchristliche Kultstätte. Hinweise darauf geben die Runen an der Außenwand und die Ausrichtung der Kapelle von Nord nach Süd, wie es bei den germanischen Stämmen üblich war. Heute dient sie als Einsegnungshalle.

Das Pfarrdorf ist ein Ortsteil von Altdorf und wird von der Schwarzach durchflossen, die den Ort in zwei Hälften teilt.

Vor der Kirche, bei einem Wohnhaus, wandern Sie auf einem Teerweg rechts abwärts. Beim Parkplatz gabelt sich der Weg und Sie gehen nach links auf einen Schotterweg und verlassen Rasch durch das schöne Schwarzachtal. Das über ca. 60 km verlaufende Flüsschen entspringt am Tyrolsberg bei Neumarkt i. d. OPf. und mündet bei Schwabach in die Rednitz.

Sie wandern geruhsam am Waldrand entlang und passieren einige Waldzungen, bis Sie nach gut 2 km über eine Holzbrücke die Schwarzach queren.

Die Fahrstraße führt Sie links aufwärts Richtung Prackenfels, Sie kommen am Campus der Nürnberger Schule vorbei und danach biegen Sie links Richtung Burgthann ab. Prackenfels ❹ wird nur am südlichen Ortsrand berührt.

Prackenfels

Campus Prackenfels, Lochmannshof 1, 90518 Prackenfels, ☏ 091 87/90 73 35 80, info@campus-prackenfels.de, ÜF EZ ab € 35, DZ ab € 50, MBZ ab € 65, Abendessen auf Anfrage, außerdem besteht Di-So die Möglichkeit eines Pizzadienstes, der vor Ort bestellt werden kann. ➲ am Weg

Nach 1 km auf einem Schotterweg, begleitet von der buschreichen Landschaft des Schwarzachtals, gelangen Sie zu einem Waldrand mit einer einladenden Ruhebank. Sie spazieren noch für 150 m weiter durch den schönen Mischwald und biegen noch vor der Bachbrücke nach rechts zu einer Weggabelung, ab. Hier wählen Sie den linken Weg, der auch mit der Jakobsmuschel markiert ist.

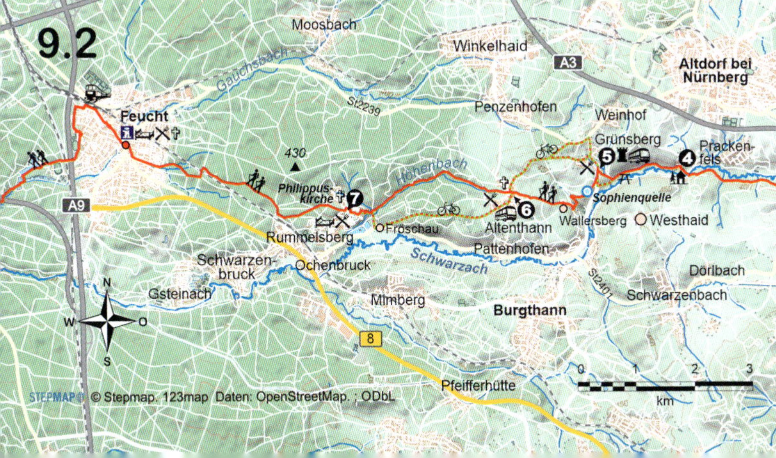

Radfahrerinnen und Radfahrer bleiben hier geradeaus auf dem Talweg und gelangen auf diesem zur Kreisstraße. Sie biegen rechts ab, durchfahren Grünsberg (für ein Stück gegenläufig zum Jakobsweg!), bis Sie den parallel verlaufenden Radweg der St2239 erreichen. Hier zweigen Sie nach links ab Richtung Penzenhofen und nehmen nach knapp 400 m die Abzweigung nach Altenthann, wo der Jakobsweg nur gekreuzt wird.

In Altenthann folgen Sie weiter der Ortsdurchfahrtsstraße, biegen beim Gasthof Zum Weißen Kreuz rechts ab und verlassen den Ort. Nach knapp 2 km biegen Sie am Ende des Weilers Fröschau rechts auf die Straße nach Rummelsberg ab, wo der Jakobsweg wieder erreicht wird. Von Rummelsberg aus radeln Sie auf dem Jakobsweg bis nach Feucht.

Der Weg wird zu Beginn von einem Seitenarm der Schwarzach begleitet und Sie wandern durch diesen märchenhaft wirkenden Wald. Am Ende des ansteigenden Weges führen Treppenstufen hinauf zur Kreisstraße in Grünsberg ❺. Rechts befindet sich die auf einem Sandsteinfelssporn versteckt liegende Burg und gegenüber lädt eine Trattoria zu einer Verschnaufpause ein.

Grünsberg

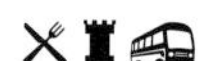

Gasthaus Postmeister Trattoria Pizzeria Angelo & Tony, Emil-von-Stromer-Platz 2, 90518 Grünsberg, ☏ 091 87/702 09 06, Mo geschlossen, Di-Fr 11:00-14:00 und 17:00-22:00, Sa 11:00-22:00, So 9:00-21:00, ➲ 30 m vom Weg

Linie 555 nach Burgthann, dort Anschluss mit der S3 nach Feucht und Nürnberg

1199 wurde erstmals die Burg in Grünsberg erwähnt. Seit 1754 ist die Nürnberger Patrizierfamilie der Stromer im Besitz der Burg. 1999 wurde eine gemeinnützige Stiftung gegründet, um die Burganlage langfristig erhalten zu können.

Zur Burg gehört auch die im Wald und am Jakobsweg gelegene Sophienquelle, eine der größten barocken Quellfassungen in Europa. 1724 wurde sie vom damaligen Schlossherren gefasst und 1979 umfassend saniert.

Der Jakobsweg führt links neben der Kreisstraße weiter. Kurz vor dem Ortsende zeigt die Markierung nach halb rechts aufwärts zur Sophienquelle. Dieser Weg leitet Sie für gut 900 m in Bögen und in einem stetigen Auf und Ab durch den Wald, bis Sie schließlich einen Abzweig erreichen. Der Muschelmarkierung folgend geht es rechts auf den ansteigenden steinigen Weg, der nach 150 m an einem Bauernhof in Wallersberg endet.

Sie halten sich rechts auf die Fahrstraße, kommen dabei an einem Teich vorbei und wandern aus dem kleinen Ort hinaus in die Wiesen- und Felderlandschaft. Von einer Kuppe aus erblicken Sie bereits Altenthann.

Kurz vor dem Ort zeigt die Markierung nach rechts und Sie wandern über eine Wiese zu einem kleinen, hölzernen Schuppen. Nun orientieren Sie sich am besten in Richtung Kirchturmspitze. In Altenthann ❻ erreichen Sie die Durchfahrtsstraße, ↳ die links zum Gasthaus Weisses Kreuz führt.

Der Jakobsweg verläuft nach rechts in Richtung Kirche.

Altenthann

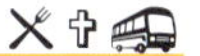

✕ **Gasthaus Weisses Kreuz**, Ochenbruckerstraße 30, 90502 Altenthann, ☏ 091 83/83 58, ✉ info@gasthof-weisseskreuz.de, 💻 www.gasthof-weisseskreuz.de, Mo, Di Ruhetag, Mi-So 9:00-22:00, Küchenzeiten 11:30-14:00 und 17:00-20:00, gutbürgerliche fränkische Küche, ➲ 250 m vom Weg

🚌 Linie 553 nach Ochenbruck, dort Anschluss mit der S3 nach Feucht und Nürnberg

Kirche St. Veit

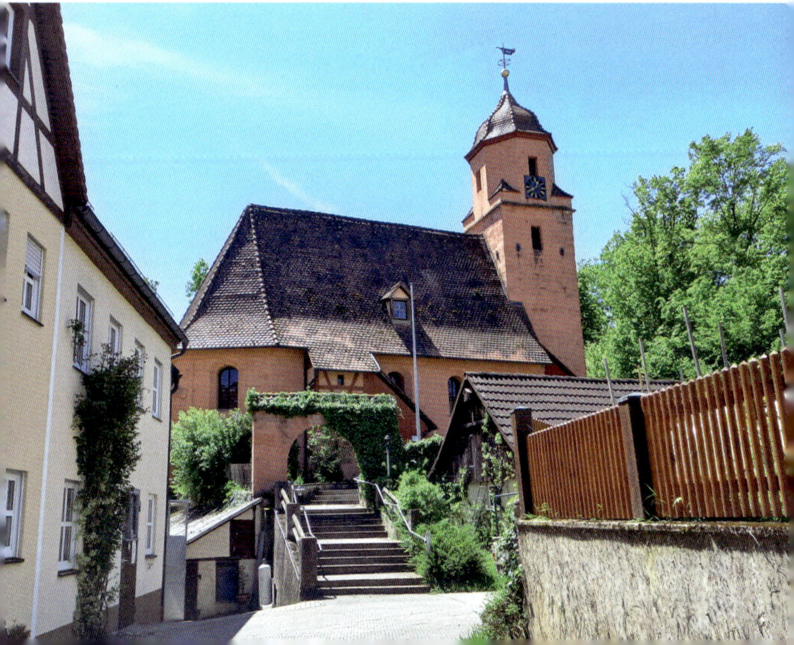

✝ Die evangelische **Kirche St. Veit** liegt etwas erhöht auf dem ehemaligen Burggelände. Die Anfänge ihrer Grundmauern gehen auf das Jahr 1100 zurück, als die adeligen Ritter von Thann am Ort der heutigen Kirche ihren Herrensitz hatten. Erstmals urkundlich erwähnt wurde die ursprünglich als Nikolauskapelle errichtete Kirche 1464, als sie ihren heutigen Namen „St. Veit" erhielt. Beide Namenspatrone sind noch heute im Inneren der Kirche in Form einer hölzernen Nikolausfigur und eines kleinen Glasbildes auf der Kanzelseite zu sehen.

Durch einen Blitzeinschlag im Turm erlitt die Kirche Ende des 17. Jh. so starke Beschädigungen, dass sie fast vollständig abgerissen wurde. Doch bereits 1697 konnte die Wiedereinweihung der neu errichteten Kirche St. Veit gefeiert werden.

Aus der Zeit um 1700 stammen auch der Altar und die Kanzel mit der Abbildung der vier Evangelisten. Der achteckige Taufstein stammt wie auch die Glasbilder, die im ehemaligen Läuteraum unter dem Turm ausgestellt sind, aus Mitte des 19. Jh.

Der Jakobsweg biegt noch vor der Kirche nach links in die kleine, wildromantische Schlucht des Thanngrabens ab.

↳ Wenn Sie die sehenswerte evangelische Kirche besuchen möchten, um ein wenig innezuhalten, dann gehen Sie noch ein Stück geradeaus an der Kirche vorbei. Bei der nächsten Straße biegen Sie scharf links ab und über Stufen und durch einen Torbogen gelangen Sie zur Kirche.

Gleich zu Beginn des Weges entspringt ein schmaler Bach, der auch der Namensgeber der Schlucht ist. Der Waldweg wird von stark verwitterten, moosbewachsenen Felsformationen aus Sandstein begleitet. Sie folgen der Muschelmarkierung und bleiben auf dem Hauptweg, wo Sie auch ⊼ Ruhebänke vorfinden. Nach gut 1 km führt ein markierter Weg links in den Bachgraben hinunter. Dieser wurzelige Weg wird schmaler und führt steil hinab, bis Sie ein rechts liegendes Holzbrücklein überqueren.

Von nun an heißt das Bächlein Höhenbach; es wird Sie noch ein Stück begleiten. Der schmale Steig schlängelt sich durch den Mischwald und verläuft später parallel zu einer neu angelegten Forststraße. Schließlich münden Sie endgültig in die Forststraße, die Richtung Rummelsberg führt.

Bei einem querenden Waldweg geht es links und sofort rechts auf eine Teerstraße, die über eine kleine Brücke führt. Anschließend biegen Sie sofort rechts in den Wald ab. Sie verlassen ihn und befinden sich bei einer Schreinerei. Hier halten sich nach links in das beschauliche Rummelsberg.

Wenn Sie vor dem Park links die Straße entlanggehen, erreichen Sie das Anders Hotel.

Rummelsberg

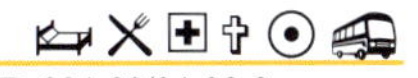

Anders Hotel, Rummelsberg 61, 90592 Rummelsberg, 091 28/91 92-0, anders@rummelsberger.net, www.anders-rummelsberg.de, 18 Zimmer, Ü EZ ab € 69, DZ ab € 99, MBZ ab € 139, Mo-Fr Frühstücksbuffet € 12,60, am WE ist eine Selbstverpflegung einzuplanen, Restaurant Mo-Fr 11:00-18:00, nach 18:00 gibt es kleine Gerichte. 250 m vom Jakobsweg entfernt

In der Philippuskirche finden Sie Pilgerstempelaufkleber.

Linie 553 nach Ochenbruck und dort Verbindungen mit der S3 nach Feucht und Nürnberg

Die evangelisch-lutherische **Philippuskirche**, 1924-27 erbaut, steht als natürliches Zentrum von Rummelsberg an erhöhter Stelle. Die für den Bau der romanischen Kirche verwendeten Sandsteine wurden von den Rummelsbergern selbst in einem Steinbruch gewonnen.

Rummelsberg ist ein Ortsteil von Schwarzenbruck und Sitz der Rummelsberger Diakonie. Die Rummelsberger Bruderschaft erwarb 1904 das Gut Rummelsberg. Heute werden hier gemeinnützige und gewerbliche Gesellschaften unterhalten. So gibt es u. a. zwei Krankenhäuser, zwei Altenheime sowie ein Berufsbildungswerk für verhaltensauffällige Jugendliche und körperlich beeinträchtigte Menschen.

Der Jakobsweg führt vor dem Park rechts weiter und an der nächsten Gabelung, bei der Gärtnerei, halten Sie sich links. Beim nächsten Abzweig pilgern Sie nach rechts zur Philippuskirche ❼, die Sie in einem Linksbogen umrunden. Sie treffen hinter der Kirche auf ein WC-Häuschen und biegen danach rechts in einen mit Buschwerk und Bäumen gesäumten Weg ein. Sie wandern unter einer Stromleitung durch und halten sich bei der folgenden Wegkreuzung noch geradeaus.

Bei dem nächsten querenden, schmalen Pfad biegen Sie links ab, unterqueren nochmals die Stromleitung und überqueren in bisheriger Gehrichtung einen Waldweg. Der nächste kreuzende Weg leitet Sie nach rechts, um bald danach nochmals rechts abzubiegen. Sie stoßen vor einer Wegspinne auf einen querenden Waldweg, gehen kurz rechts und sofort auf den linken Forstweg, der unter den kreuzenden Stromleitungen hindurchführt. Der nun nördlich von der Bahnlinie verlaufende Weg trifft auf einen Querweg, der Sie links unter der Bahnstrecke hindurchführt.

Nach 100 m, bei der zweiten Waldwegkreuzung, gehen Sie rechts, unterqueren dabei eine Hochspannungsleitung und bei der nächsten Kreuzung halten Sie sich wieder rechts. Sie erreichen den Waldrand und laufen geradeaus auf einem Kiesweg nach Feucht hinein.

Hier geht es rechts zur Ferienwohnung Grieß-Weiß.

Weiter geht es durch eine mit Bänken gesäumte Eichenallee. Sie spazieren schließlich zur Regensburger Straße, wenden sich dort nach rechts und folgen der Straße Spinnbahn bis zum Ende. Jetzt sind es nur noch ein paar Meter, die Sie nach links gehen, und Sie erreichen den Marktplatz sowie das dort ansässige Hotel Bernet.

Feucht

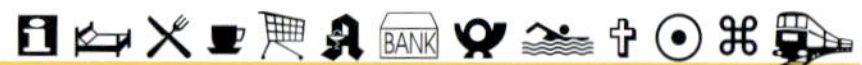

Bürgerbüro im Rathaus, Hauptstraße 33, Zimmer 015, 90537 Feucht, 091 28/916 70, info@feucht.de, www.feucht.de, Mo, Di 8:00-16:00, Mi, Fr 8:00-12:00, Do 8:00-18:00, Sa 8:00- 13:00, am Weg

Ferienwohnung Familie Grieß-Weiß, Friedrich-von-Schiller-Straße 16, 90537 Feucht, ludwig.weiss.lw@gmail.com, Ferienwohnung für max. 3 Personen, Ü 1 P. ab € 60, 2 P. ab € 80, 3 P. ab € 100, komplett ausgestattete Küche vorhanden, Supermarkt und Café in der Nähe, 150 m vom Jakobsweg entfernt, am Ortsanfang von Feucht

♦ **Hotel Bernet**, Marktplatz 6, 90537 Feucht, 091 28/724 04 70, info@hotel-bernet.de, www.hotel-bernet.de, ÜF EZ ab € 65, DZ ab € 90, Zuschlag während der Messezeiten € 10, am Weg

♦ **Gästehaus Jacqueline Garni**, Bogenstraße 39a, 90537 Feucht, 091 28/120 80 u. 126 89, jacquelineloos@web.de, www.gaestehaus-jacqueline.de, ÜF Preise auf Anfrage, 650 m in südwestlicher Richtung vom Etappenende entfernt

Citydomizil Nürnberg-Feucht, Waldstraße 12, 90537 Feucht, 01 74/349 16 38, frankandoerfer@googlemail.com, 8 Zimmer, Ü EZ ab € 50, DZ ab € 75, MBZ ab € 80, Selbstversorgung in der Gemeinschaftsküche möglich, es ist ein Café im Haus geplant. 1,6 km vom Ende der 9. Etappe entfernt, hinter der Unterführung vom Feuchter Bahnhof, das Hotel liegt entlang der 10. Etappe 450 m vom Jakobsweg entfernt

Pizzeria Il Pomodore, Marktplatz 3, 90537 Feucht, 091 28/72 93 98, info@il-pomodore.de, www.il-pomodore.de, Di Ruhetag, Mo 17:00-22:00, Mi-Fr 11:30-14:00 und 17:00-22:00, Sa 11:30-23:00, So 11:30-21:00, Holzofenpizza, Pasta, vegane und vegetarische Gerichte, am Weg

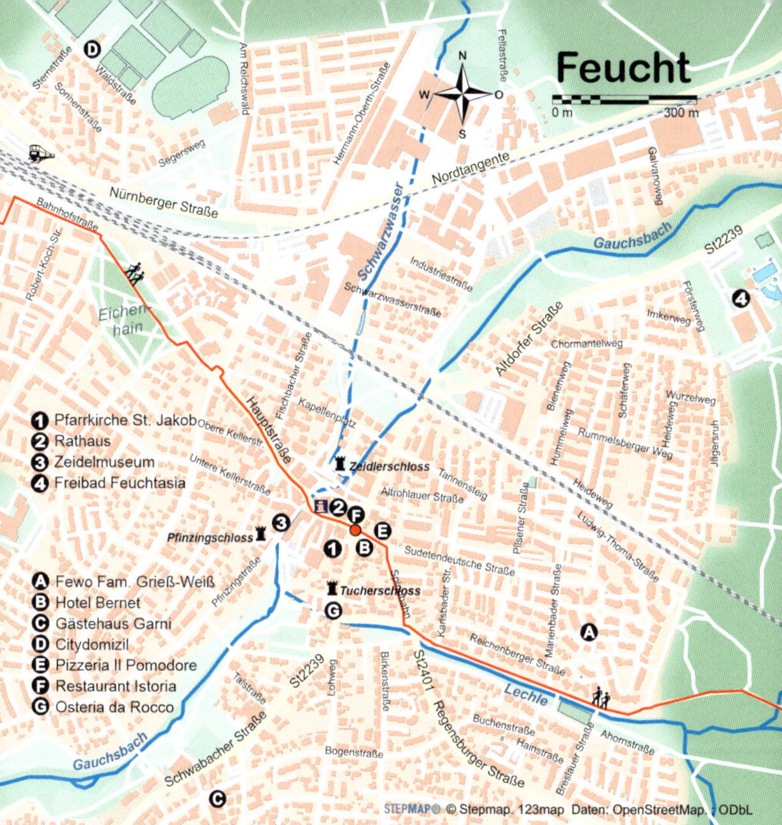

Restaurant Istoria, Hauptstraße 39, 90537 Feucht, ☏ 091 28/912 74 74, www.restaurant-istoria.com, Di Ruhetag, Mo, Mi- Fr, So 11:30-14:30 und 17:30-23:30, Sa 17:30-23:30, griechische Küche, ➲ 20 m vom Ende der Etappe

♦ **Osteria da Rocco**, Hauptstraße 72, 90537 Feucht, ☏ 091 28/925 65 50, So Ruhetag, Mo, Di, Do-Sa 11:00-14:00 und 17:00-22:00, Mi 17:00-22:00, ➲ 170 m vom Weg, auf der Hauptstraße in südlicher Richtung

Der Pilgerstempel liegt in der St.-Jakob-Kirche.

Die S2 verkehrt nach Nürnberg und von dort fahren Züge in alle deutschen Städte.

✝ Die evangelisch-lutherische **Pfarrkirche St. Jakob**, vermutlich im 14. Jh. erbaut, liegt linker Hand hinter dem Marktplatz. Die vier Wachttürmchen weisen auf eine frühere Wehrkirche hin, die einst den an der Handelsstraße liegenden Ort vor Bedrohung schützen sollte. Aus dieser Zeit ist heute nur noch der Altarraum im unteren Teil des Turmes erhalten. 1848/49 erfolgte dann ein kompletter Neubau des Langhauses. Während des Zweiten Weltkrieges stürzte die Decke des Langhauses durch einen Luftangriff ein. Im Jahr 1950/51 erfolgte die Rekonstruktion. Der Feuchter Künstler Reinhard Eiber erschuf 1999 das Jakobsstandbild an der nördlichen Außenwand.

⌘ Das **Rathaus** liegt auf der rechten Seite der Hauptstraße. Nach einer wechselhaften Geschichte des 1640 entstandenen Hauses kaufte die Marktgemeinde Feucht es 1879 schließlich und baute es zum Rathaus und Schulhaus um. Nach dem Krieg wurden das Fachwerkobergeschoss und die rückwärtigen Teile 1949/50 wieder neu errichtet.

⌘ ♜ Der **Drei-Schlösser-Rundweg** lädt Sie zu einem Spaziergang ein, der Sie am Tucherschloss, am Pfinzigschloss und am Zeidlerschloss vorbeiführt. Vor jedem Bauwerk befindet sich eine Infostele, die Ihnen zum jeweiligen Bauwerk ausführlich Infos gibt.

⌘ Das **Zeidelmuseum** ist seit 1984 im Hutzlerhaus beheimatet. Es stellt eines der schönsten Imkermuseen in Deutschland dar. Die alten Imkergerätschaften, wie Imkerpfeifen, Zeidelmesser, Bienenkörbe, Honigschleudern und Wachspressen können hier bewundert werden.

♦ Pfinzingstr. 6, 90537 Feucht, ☏ 091 28/121 84, ✉ kontakt@zeidelmuseum.de, 💻 www.zeidelmuseum.de, 🚪 Sa 13:00-16:00, So 13:00-17:00, Gruppenführungen sind nach rechtzeitiger Anmeldung jederzeit möglich.

Das beheizte **Freibad Feuchtasia** mit großzügigem Saunabereich lädt in den Sommermonaten müde Pilgerbeine zum Relaxen ein.

♦ Altdorfer Straße 66, 90537 Feucht, ☏ 091 28/99 14-430, 🚪 die Öffnungszeiten variieren je nach Wetterlage, in den Sommermonaten meist tägl. 9:00-20:00 und Mi 7:00-9:00, genaue Zeiten erfahren Sie telefonisch

Der Markt Feucht liegt südöstlich von Nürnberg und wurde erstmals im Jahr 1189 erwähnt. Aufgrund seiner Lage im Lorenzer Reichswald war der Ort ein Zentrum der Bienenhaltung und Honiggewinnung, der sogenannten Zeidlerei. Der früher hier erzeugte Honig war einst Grundlage für die berühmten Nürnberger Lebkuchen. Mit dem Bau der Eisenbahn von Nürnberg nach Regensburg Mitte des 19. Jh. entwickelte sich Feucht zu einem Ausflugsziel.

Etappe 10: Feucht – Stein

21,4 km, 5 Std. 30 Min., 89 m, 127 m, 301-392 m

0,0 km	359 m	Feucht
4,5 km	348 m	Röthenbach b. St. W., Kanal
7,3 km	346 m	Markt Wendelstein
9,4 km	362 m	Brücke A6 (Abzweig Abkürzung für Alternativroute 10A)
11,9 km	331 m	Ludwig-Donau-Main-Kanal (Abzweig Alternativroute 10A)
12,1 km	330 m	Ludwig-Donau-Main-Kanal, Schleuse 69 (Abzweig Alternativroute 10B)
13,5 km	326 m	Pillenreuth
17,0 km	312 m	Reichelsdorf, S-Bahn
18,9 km	302 m	Rednitzbrücke bei Lohhof
21,4 km	320 m	Stein

Der heutige Pilgertag führt Sie vom Markt Feucht in das Gauchsbachtal mit seiner idyllischen Miniatur-Seenplatte rund um den Jägersee. In Röthenbach bei St. Wolfgang leitet Sie der Jakobsweg am alten Ludwig-Donau-Main-Kanal entlang, bis Sie Wendelstein erreichen. Dort tauchen Sie in den mystischen Nadelwald des Wernlochs ein, mit seinen mit Regenwasser gefüllten Felslöchern. Die Waldidylle wird anschließend kurz durch die Querung der A6 unterbrochen. Über das ehemalige Kloster Pillenreuth geht es dann nach Reichelsdorf und weiter durch die Rednitzauen bis zum Etappenziel Stein.

☺ Bei der heutigen Etappe von Feucht in Richtung Nürnberg besteht die Möglichkeit, neben dem direkten Hauptweg nach Stein zwei Wegalternativen zu wählen.

Der Hauptweg führt Sie durch die Randbezirke von Nürnberg über das ehemalige Kloster Pillenreuth nach Stein und ist 21,4 km lang.

Die Alternativroute 10A führt von Worzeldorf nach Schwabach und weiter nach Heilsbronn, wo sie wieder auf den Hauptweg trifft. Insgesamt beträgt die Streckenlänge 44,9 km. Hier sollte eine zusätzliche Übernachtung eingeplant werden. In Schwabach besteht auch die Möglichkeit, in einer Pilgerherberge zu nächtigen!

Die Alternativroute 10B erreicht über den alten Ludwig-Donau-Main-Kanal die Nürnberger Innenstadt bei der St.-Jakob-Kirche und dann Stein. Für diese Wegalternative wird in der Regel ein zusätzlicher Wandertag benötigt, da die Wegstrecke insgesamt 32,8 km beträgt und für die Stadtbesichtigung ebenfalls Zeit eingeplant werden sollte.

Für die zwei Wegalternativen beginnt die Wegbeschreibung zunächst in der Etappe 10: Feucht – Stein. Im Text wird dann auf die jeweils abzweigenden Wege sowie auf die fortführende Wegbeschreibung für die Alternativen hingewiesen.

Vom Marktplatz pilgern Sie auf der Hauptstraße geradeaus und überqueren im weiteren Verlauf einen Kreisel. Bald danach erreichen Sie den Stadtpark Eichenhain, den Sie bei einem Steinbrunnen und einer Pergola betreten. Die Markierung weist Sie geradeaus bis zum Parkende und dort gehen Sie weiter geradeaus auf der Bahnhofstraße, parallel zu den Gleisen.

Kurz vor dem Bahnhofsgebäude biegen Sie links ab und gelangen über ein paar Stufen geradeaus in das Wohngebiet bis zur Inneren Weißenseestraße. Auf dieser geht es rechts und bei der nächsten Gabelung halten Sie sich zunächst geradeaus und dann links, um auf der Inneren Weißenseestraße zu bleiben. Zwischen Waldrand und Wohngebiet führt die Straße geradeaus bis zu einer Linkskurve, wo Sie geradeaus in das Waldstück hineinwandern und den Parkplatz von einem Sportgelände erreichen.

Sie queren den Parkplatz nach links und gehen dann rechts am Sportzentrum sowie an einem Trafohäuschen vorbei.

Erneut tauchen Sie in ein Waldstück ein und danach geht es im Rechtsbogen über die Brücken der A9 und der ICE-Trasse. Leicht nach rechts versetzt führt Sie der Weg geradeaus mit dem Hinweisschild „Wendelstein 4,8 km" weiter. Durch den lichten Wald wandern Sie auf dem geteerten Weg bis zur nächsten Gabelung, wo Sie rechts auf den Waldweg wechseln. Bei den nächsten beiden Abbiegemöglichkeiten gehen Sie jeweils links und erblicken den idyllischen Jägersee.

Sie folgen dem Badesee an der lang gezogenen Südseite bis zum Ende. Dort biegen Sie links zu weiteren Weihern ab. Beim querenden Weg spazieren Sie nach rechts und am Ufer des kleinen Sees entlang. Kurz danach überqueren Sie linker Hand eine kleine Holzbrücke, die über den Gauchsbach führt.

Hier begrüßt Sie der Krugsweiher möglicherweise mit lautem Frosch- und Entengequake. Am Ende des Gewässers verlassen Sie das kleine Seengebiet über ein Holzbrückchen und gehen sofort links.

Sie wandern am Feuchtgebiet des Gauchsbach entlang, bis Sie mit einem Linksbogen die Autobahn unterqueren. Es geht ein kurzes Stück parallel an der Autobahn entlang und in einem Links-rechts-Bogen überschreiten Sie die Brücke über den Gauchsbachleitgraben. Der Weg mündet bald danach in eine gepflasterte Straße und führt Sie am Friedhof und am Wanderparkplatz von Röthenbach bei St. Wolfgang vorbei. Bei der Nibelungenstraße wandern Sie kurz links und vor der Brücke des Ludwig-Donau-Main-Kanals ❶ geht es rechts auf den geschotterten Fuß- und Radweg am Kanal.

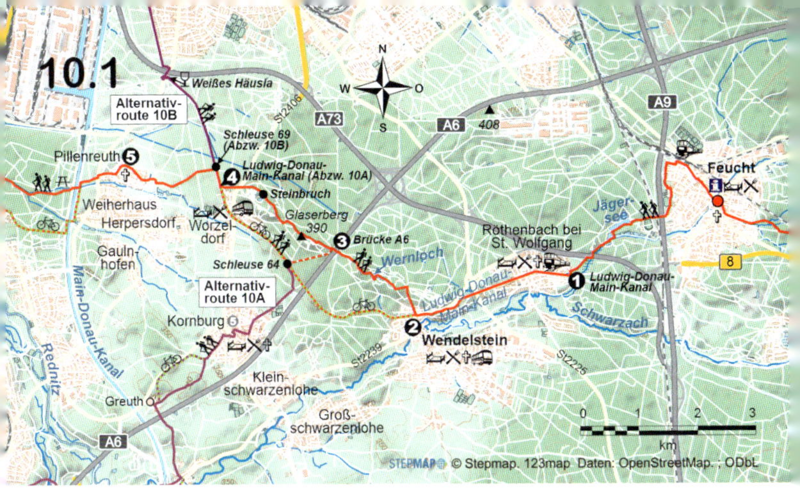

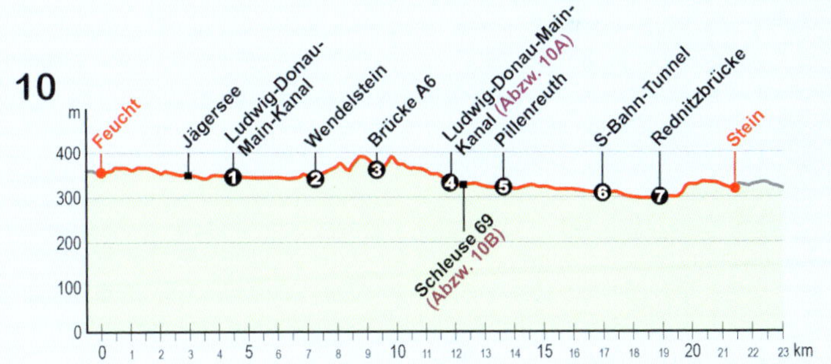

Gemächlich spazieren Sie an dem mit Seerosen und Schilf bewachsenen Ufer des Kanals entlang. Sie erreichen die Schleuse 63 und kreuzen die Alte Salzstraße im Zentrum von Röthenbach. Jenseits des Kanals liegt das Café-Hotel am Ludwigskanal, rechter Hand kommen Sie in wenigen Minuten zum Hotel Kübler Hof.

Röthenbach bei St. Wolfgang

Hotel Kübler Hof, In der Lach 2, 90530 Röthenbach bei St. Wolfgang, ☎ 091 29/900-0, 01 57/85 29 87 90, hello@kuebler-hotel.de, www.kuebler-hotel.de, 38 Zimmer, ÜF EZ ab € 80, DZ ab € 101, Restaurant Mi und So Ruhetag, Mo, Di, Do-Sa 17:30-21:00, ➲ 200 m vom Weg, über die Alte Salzstraße in nördlicher Richtung erreichbar

Café-Hotel am Ludwigskanal, Alte Salzstraße 12, 90530 Röthenbach bei St. Wolfgang, ☏ 091 29/90 27-0, email@hotel-ludwigskanal.de, www.hotel-ludwigskanal.de, 37 Betten, ÜF EZ ab € 72, DZ ab € 105, MBZ ab € 160, Café im Sommer auf Anfrage geöffnet, Restaurant Sa Ruhetag, Öffnungszeiten bitte erfragen, 40 m vom Weg, am Kanal gelegen

Gasthaus zur Post, Alte Salzstraße 21, 90530 Röthenbach bei St. Wolfgang, ☏ 099 12/942 65, So-Di geschlossen, Mi-Fr 11:30-14:30 und 17:30-22:30, Sa 11:30-14:30, fränkische Küche, 150 m vom Weg

♦ **Trattoria Tre Angeli**, Alte Salzstraße 31, 90530 Röthenbach bei St. Wolfgang, ☏ 091 29/908 99 60, So-Fr 11:30-14:00 und 17:30-22:30, Sa 17:00-23:00, 300 m vom Weg

Linie U2 nach Nürnberg Hbf.

✞ Die evangelisch-lutherische **Pfarrkirche St. Wolfgang** wurde von 1465-1468 erbaut. Im Zentrum steht der sogenannte Schlupfaltar in der Sakristei, in dem man kranke Körperteile in die Öffnung steckte und sich dadurch Heilung erhoffte. Im 17. Jh. wurde die Kirche innen barockisiert, nur der Taufstein stammt noch aus dem 15. Jh. Im Jahr 2000 wurde der Platz vor der Kirche neu gestaltet und der Dorfbrunnen in seine ursprüngliche Bauweise zurückversetzt. Das Fachwerkhaus neben der Kirche wurde in den Jahren 1579, 1719 und 1844 umgebaut. Es diente einst als Schul- und Mesnerhaus und von 1882-1978 als Rathaus.

Auch Röthenbach bei St. Wolfgang verdankt seine frühere Bedeutung der Zeidlerei (Imkerei). Es entwickelte sich aus zwei Zeidelgütern im Nürnberger Reichswald. Die günstige Lage entlang der Alten Salzstraße von Salzburg nach Nürnberg ließ das Geschäft der Zeidler im Spätmittelalter zunehmend florieren. Außerdem lieferten sie ihren begehrten Waldhonig an das Königshaus und die Nürnberger Lebkuchenhersteller.

Der ab etwa 1550 existierende ungewöhnliche Namenszusatz St. Wolfgang kommt wahrscheinlich von der ehemaligen Felsenkapelle St. Wolfgang, die sich bei einer Felsquelle hinter dem Schloss Kugelhammer befand. Bis zur Reformation kamen die Wallfahrerinnen und Wallfahrer in die Wolfgangskapelle, diese wurde jedoch 1732 durch ein Hochwasser zerstört.

Der Jakobsweg läuft weiterhin am Kanal entlang. Sie lassen die Häuser von Röthenbach hinter sich, und unterqueren die Staatsstraße 2225. Bei einem Parkplatz an der Staatsstraße 2239 laufen Sie kurz neben der Autostraße entlang. Dann wechselt der Weg an der Stelle, wo der Kanal unterirdisch die Staatsstraße unterquert, zur anderen Seite des Kanals.

Unterhalb der Staatsstraße gehen Sie nun weiter geradeaus bis zur Ampel bei der Nürnberger Straße in Wendelstein ❷.

Der Jakobsweg erreicht nicht das Zentrum, sondern führt auf der Nürnberger Straße rechts über den Kanal.

Nach links leitet Sie die Nürnberger Straße ins nahe Zentrum und zu den folgend aufgeführten Hotels und Restaurants von Wendelstein.

Markt Wendelstein

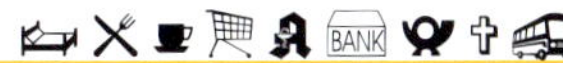

Hotel Zum Wenden, Hauptstraße 30-32, 90530 Markt Wendelstein, 091 29/90 13-0, anfrage@hotel-zum-wenden.de, www.hotel-zum-wenden.de, 18 Zimmer, ÜF EZ € ab 79, DZ ab € 120, MBZ ab € 180, Restaurant auf Anfrage, 550 m vom Weg, in südlicher Richtung, hinter der St.-Georg-Kirche gelegen

Café am Rathaus mit Hotel, Hauptstraße 19, 90530 Markt Wendelstein, 091 29/40 97 90, info@baeckerei-ensser.de, www.baeckerei-ensser.de, 16 Zimmer, ÜF EZ ab € 50, DZ ab € 99, Café Mo, Sa 6:00-13:00, Di-Fr 6:00-18:00, 450 m vom Wegabzweig beim Kanal, in südlicher Richtung über die Nürnberger Straße erreichbar

Pension zum Ludwigskanal, Nürnberger Straße 15, 90530 Markt Wendelstein, 091 29/906 53 64, mail@zum-ludwigskanal.de, zum-ludwigskanal.de, 20 Betten, ÜF EZ ab € 48, DZ ab € 80, MBZ ab € 95, 150 m vom Wegabzweig beim Kanal in südlicher Richtung

Zur Ofenplatt'n, Fränkisches Steakhouse, Nürnberger Straße 19, 90530 Markt Wendelstein, 091 29/908 15 05, www.zur-ofenplattn.de, Di Ruhetag, Mo, Mi-Sa 17:00-22:00, So und Feiertage 11:30-14:00 und 17:00-22:00, 100 m vom Weg, in südlicher Richtung

♦ **Gasthaus Goldenes Herz**, Schwabacher Straße 1, 90530 Markt Wendelstein, 091 29/29 42 90, gasthaus@goldenesherz.info, www.goldenes-herz-fam-stahl.de, Mi, Do Ruhetag, Mo, Di, Fr 17:30-22:00, Sa 11:30-14:00 und 17:00-22:00, So 11:30-14:00 und 17:00-21:00, gutbürgerliche, fränkische Küche, knapp 400 m vom Weg, über die Nürnberger Straße in südlicher Richtung

Linie 606 nach Schwabach, dort gibt es Zugverbindung u. a. nach Nürnberg.

✝ Die evangelisch-lutherische Pfarrkirche St. Georg ist am Ostrand des Zentrums in erhöhter Lage auf einem Felsblock über dem Schwarzachtal gelegen. Im Mittelalter war die Kirche von einem mittelalterlichen Königshof umgeben und somit der Kernpunkt bei der Erstbesiedlung des Ortes.

Als Wehrkirche erbaut liegt sie im einst befestigten Friedhof. Der obere Teil des spitz konstruierten Kirchturms wurde bei der Kirchenrenovierung Ende des 19. Jh. neu gestaltet. Im Innenbereich sind die Malereien im Gewölbe original vorhanden. Kunsthistorisch wertvoll ist u. a. der wertvolle Dreikönigsaltar von 1510 in der sogenannten Achahildiskapelle der Kirche, die ein Sterngewölbe mit den Wappen der Patrizierfamilien ziert. Der Altartisch zeigt heute ein großes majestätisches Kruzifix aus dem 16. Jh. und der Sarkophag der seligen Achahildis, der Stifterin des Gotteshauses, dient als Altarmensa.

Wendelstein ist eine Großgemeinde im Süden von Nürnberg und wurde urkundlich erstmals 1259 erwähnt. Im Mittelalter siedelten sich Bauern und Handwerker, wie Messer- und Klingenschmiede, an der Schwarzach an. Seit 1529 durfte der Ort die Bezeichnung Markt tragen. Ab dem 19. Jh. waren es dann Holzdrechsler und Metalldrücke, die das Berufsbild in Wendelstein prägten. Außerdem wurde in den umliegenden Steinbrüchen Quarzsandstein abgebaut, daher ziert das Wendelsteiner Wappen seit 1830 einen Steinhauer.

🚲 Radfahrerinnen und Radfahrer fahren bei der Ampel der Nürnberger Straße in Wendelstein weiter geradeaus am Kanal entlang, da das später folgende Wernloch und das Steinbruchgebiet für Räder nicht geeignet sind. Bei Schleuse 64 besteht dann die Möglichkeit, auf die ↳ ☞ Alternativroute 10A nach Schwabach abzubiegen.

Wenn Sie der Etappe 10 weiterhin folgen, fahren Sie bei Schleuse 69 beim Abzweig nach Pillenreuth nach links und treffen dort wieder auf den Jakobsweg.

Falls Sie aber auf der ↳ ☞ Alternativroute 10B nach Nürnberg-Innenstadt weiterradeln möchten, bleiben Sie weiterhin auf dem Jakobsweg am Kanalradweg bis nach Finkenbrunn.

Sie spazieren auf einer wenig befahrenen Teerstraße geradeaus durch die Wohnsiedlung und dann in den Wald hinein. Bei einem Parkplatz mit ⛼ Picknickplatz, Wasserbehälter und Handymasten zeigt die Markierung nach links und führt Sie in den Zauberwald hinein.

Der Weg gabelt sich und Sie halten sich rechts auf dem Dr.-Richard-Sauber-Weg durch die verwunschene Landschaft mit den zahlreichen moosbewachsenen Bäumen. Sie durchlaufen schließlich einen Linksbogen und gelangen zu den kleinen, schilfbewachsenen Seen des Wernlochs. Diese kleinen Seen, ehemalige Gruben, entstanden durch den jahrhundertelangen Abbau von Sandstein, der in mühevoller Handarbeit für den Bau von Häusern in Nürnberg verwendet wurde.

Durch einen Rechtsbogen folgt ein kurzer, knackiger Anstieg und oben erwartet Sie ein ⛼ Rastplatz bei einer Felsformation.

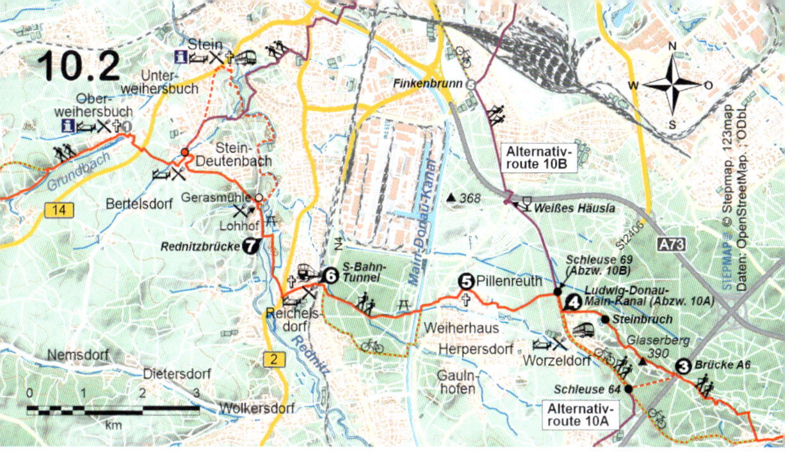

Der Weg geht an den Weihern vorbei, gabelt sich und Sie halten sich links aufwärts auf einen holprigen Weg. Später verlassen Sie, der Jakobsmuschel folgend, den Dr.-Richard-Sauber-Weg nach links und gelangen zur A6.

Nach der Überquerung der Autobahnbrücke ❸ gehen Sie geradeaus in Richtung Wald, wo sich auch ein Handymast befindet.

➯ Nach Querung der Autobahn besteht die Möglichkeit einer Abkürzung, insbesondere für die Alternativroute 10A. Sie sparen dabei 3,5 km an Wegstrecke sowie ein paar Höhenmeter und erreichen die Kanalschleuse 64 direkt, ohne den Umweg über den Glaserberg und Worzeldorf.

Für die Hauptroute und Alternativroute 10B bietet diese Abkürzung nur ca. 100 m Wegersparnis und ein paar Höhenmeter weniger.

Wegbeschreibung der unmarkierten Abkürzung: Nach der Autobahnbrücke gehen Sie links auf das Teersträßchen am Waldrand, das parallel zur Autobahn verläuft. Sie biegen nach ca. 100 m rechts in den Wald ab und bei der gleich folgenden Gabelung geht es auf dem linken Forstweg weiter. Sie befinden sich nun außerhalb der Sichtweite der Autobahn, können diese aber noch akustisch wahrnehmen. Der Weg führt Sie direkt zur Schleuse 64.
Dort gabeln sich die Wege:

Für die Alternativroute 10A gehen Sie bei der Schleuse 64 geradeaus über den Kanal. Die weitere Wegbeschreibung finden Sie nun unter ☞ „Alternativroute 10A: Feucht – Schwabach – Heilsbronn".

Für den Hauptweg und Alternativroute 10B gehen Sie vor dem Kanal rechts, bis Sie kurz vor der Schleuse 69 wieder auf den regulären Jakobsweg treffen.

Der offizielle Jakobsweg führt auf einem romantischen Wegstück durch den Lorenzer Reichswald über den Glaserberg. Bei der ⛼ Ruhebank am Waldrand gehen Sie links vorbei und weiter auf den zunächst leicht ansteigenden Weg in den Wald. Zahlreiche Heidelbeersträucher säumen den gut markierten Weg, der Sie in leichtem Auf und Ab durch den Wald führt.

Der schmaler werdende Weg trifft auf einen Forstweg, dem Sie links folgen. Sie kreuzen kurz danach einen Forstweg, halten sich dann am Ende der Bauminsel leicht rechts und bei der ⛼ Ruhebank geht es sofort rechts auf einen schmalen Pfad in den Wald.

Der Pfad wird steiler und es folgt eine kleine Weggabelung, wo Sie sich rechts halten. Bei einem querenden Waldweg gehen Sie links und dann weiter geradeaus, bis Sie oberhalb des Steinbruchs über eine Lichtung gehen. Mit einem letzten, holprigen bergabführenden Wegstück gelangen Sie zum Worzeldorfer Steinbruch, den Holsteinbruch. Das Betreten des Steinbruchgeländes ist verboten.

Sie wandern rechts auf einen breiteren Forstweg und gelangen zu dem Parkplatz vor der Landstraße, die nach Worzeldorf führt. Der Jakobsweg quert diese Landstraße und Sie gehen leicht links versetzt wieder in den Wald hinein.

Der Ludwig-Donau-Main-Kanal bei Worzeldorf

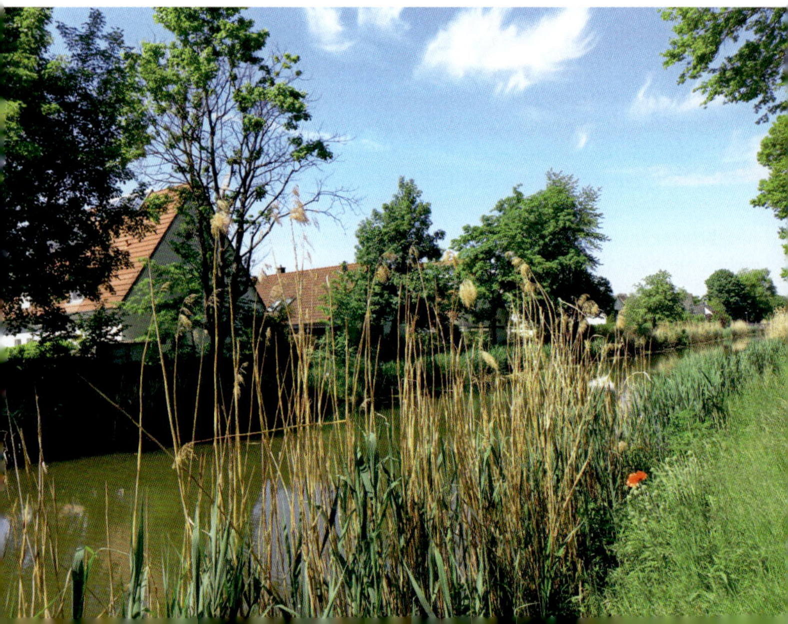

Nach einem Rechtsbogen erreichen Sie erneut den Ludwig-Donau-Main-Kanal ❹. Hier finden Sie auch ⩚ Ruhebänke vor.

↬ An dieser Stelle trennt sich der Weg letztmöglich für die Alternativroute 10A über Schwabach nach Heilsbronn. Die Beschreibung finden Sie nun unter ☞ „Alternativroute 10A: Feucht – Schwabach – Heilsbronn".

Die Hauptroute des Jakobsweges nach Stein und die Alternativroute 10B über die Nürnberger Innenstadt leiten Sie rechts am Kanal bis zur Schleuse 69.

Dort angekommen biegt der Hauptweg, der direkt nach Stein führt, links über die Brücke des Kanals zum Kloster Pillenreuth ab.

↬ Die Alternativroute 10B führt weiter geradeaus am Kanal nach Nürnberg-Innenstadt zur Jakobskirche. Die weitere Wegbeschreibung finden Sie unter ☞ „Alternativroute 10B: Worzeldorf Kanal – Nürnberg, St. Jakob – Stein".

Nachdem sich die zwei Varianten fürs Erste von der Hauptroute verabschiedet haben, wandern Sie auf einem Waldweg geradeaus und ignorieren alle abzweigenden Wege. Nach dem Waldstück befindet sich rechter Hand das Imkerzentrum mit fachspezifischen Erklärungstafeln.

Auf dem Schotterweg erreichen Sie die querende Barlachstraße, der Sie rechts folgen. In einem Linksbogen führt das Sträßchen nach Pillenreuth, wo auch der Reit- und Fahrverein des Ortes ansässig ist.

Sie durchschreiten einen mit fünf Zinnen bestückten Torbogen und befinden sich im Bereich des ehemaligen Klosters Pillenreuth ❺, wo es heute nur noch die beiden Tore, das ehemalige Herrenhaus sowie Teile der alten Klostermauer zu sehen gibt.

✟ Das **Kloster Pillenreuth**. 1345 stiftete der Nürnberger Großkaufmann und kaiserlicher Schultheiß Konrad Groß in Pillenreuth ein Kloster für die Töchter der führenden Nürnberger Familien.

Die Nonnen waren neben der Bienenzucht auch literarisch tätig und hinterließen der Nachwelt bibliothekarische Schätze. Im Zweiten Markgrafenkrieg wurde das Kloster Pillenreuth 1552 fast vollständig durch Markgraf Albrecht Alcibiades zerstört – nicht weil es katholisch war, sondern nürnbergisch. Die Nonnen flüchteten daraufhin nach Nürnberg.

Das frühere Gasthaus Zum Klösterle, welches im ehemaligen Pröbstinnenhaus beherbergt war, wurde im Jahr 2012 durch eine vorsätzliche Gasexplosion vollständig zerstört.

Sie verlassen das ehemalige Klostergelände durch das westliche Tor und wandern weiter auf der Straße Zum Klösterle, die in die Konrad-Stör-Straße mündet.

In einem Linksbogen führt der Jakobsweg durch das Wohngebiet und dann rechts in die Probsteistraße, der Sie bis zum Ende folgen.

Bei der Ampel überqueren Sie eine breite Straße nach links, zunächst in Richtung Weiherhaus, und gleich danach biegen Sie bei einer Bushaltestelle rechts in den Wald. Der Waldweg endet vor dem Main-Donau-Kanal. Sie wandern für knapp 100 m links abwärts und unterqueren dann den Kanal.

🚲 Radfahrerinnen und Radfahrer unterqueren den Kanal hier noch nicht, sondern erst bei der nächsten sich bietenden Möglichkeit nach knapp 600 m. Danach geht es kurz links, dann rechts in den Wald und später am Wald- und Ortsrand nach Reichelsdorf Bhf. Von hier aus fahren Sie weiter auf dem Jakobsweg bis nach Stein.

Der 171 km lange Main-Donau-Kanal ist mit 406 m über dem Meeresspiegel die höchstgelegene Wasserstraße Europas. Diese bayerische Wasserstraße verbindet den Main bei Bamberg mit der Donau bei Kelheim. Sie ist aber auch ein Teil des Europakanals, der Rhein, Main und Donau umfasst und zwischen der Nordsee bei Rotterdam und dem Schwarzen Meer bei Constanta in Rumänien verläuft.

Sie gehen geradeaus auf dem Schotterweg durch den lichten Wald, der zeitweise vom Eichwaldgraben begleitet wird und an dem einige ⛼ Ruhebänke stehen. Nach dem Kreuzen eines Waldschotterweges folgen Sie einem schmalen Pfad, der mit Informationstafeln Auskunft über die hiesige Vegetation gibt.

Bei der folgenden Wegkreuzung wandern Sie rechts auf einen breiteren Waldweg. Der dichter werdende Mischwald endet bei der viel befahrenen Vorjurastraße kurz vor Reichelsdorf. Sie queren diese beim rechts liegenden Fußgängerüberweg und unterqueren dann den S-Bahn-Tunnel von Reichelsdorf ❻.

Der Jakobsweg führt über die Treppenstufen hinauf, dann rechts und in einem Linksbogen am Restaurant Epidavros und der Pension Francesco vorbei. Bald danach biegen Sie rechts in eine Spielstraße ab und nach einem Linksbogen gehen Sie immer geradeaus durch das Wohngebiet. Sie folgen nun einem beschaulichen Fuß- und Radweg, passieren die 1965 erbaute Philippuskirche und stoßen auf die Reichelsdorfer Hauptstraße. In diesem Bereich treffen Sie auf diverse Geschäfte, Banken, eine Apotheke, eine Eisdiele und linker Hand auf das Brandenburger Wirtshaus.

Reichelsdorf

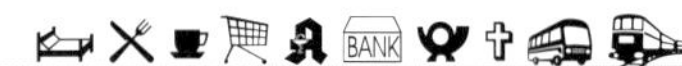

Pension Francesco, Waldstromerstraße 64, 90451 Reichelsdorf, 09 11/38 43 45 72, info@pension-francesco.de, www.pension-francesco.de, Ü EZ ab € 30, DZ ab € 45, MBZ ab € 90, am Weg

Restaurant Epidavros, Waldstromerstraße 66, 90451 Reichelsdorf, 09 11/638 30 93, restaurant@epidavros.de, www.epidavros.de, Mo-Do 17:00-24:00, Fr-So und Feiertage 11:30-14:30 und 17:00-24:00, griechische Spezialitäten, am Weg, in der Nähe des Bahnhofs

♦ **Brandenburger Wirtshaus**, Reichelsdorfer Hauptstraße 162, 90451 Reichelsdorf, 09 11/63 62 55, 01 72/105 39 38, info@brandenburger-wirtshaus.de, www.brandenburger-wirtshaus.de, nur mit Reservierung, keine festen Öffnungszeiten, altes historisches Wirtshaus, das u. a. auch Rittermahlzeiten anbietet, 100 m vom Weg

Linie U2 nach Nürnberg Hbf.

Nach Überquerung der Reichelsdorfer Straße gehen Sie rechts und sofort leicht links in eine Spielstraße. Das Wohngebiet endet und Sie wandern nun auf dem geteerten Fuß- und Radweg durch die Wässerwiesen im Rednitztal.

Die jahrhundertealte Kulturlandschaft des Rednitztals gehört mit seinen sandigen Böden zu den niederschlagärmsten Regionen in Bayern. Deshalb entstand schon vor Jahrhunderten die Wiesenbewässerung. In der Landwirtschaft nutzt man diese energieunabhängige, aber auch arbeitsintensive Bewässerungstechnik, die über kleine Wehre Wasser aus der Rednitz und deren Nebenflüssen in ein weitverzweigtes System von Be- und Entwässerungsgräben in die Wiesen leitet. Durch dieses regelmäßige Überschwemmen können die Wiesen mehrmals gemäht werden und ein höherer Viehfutterertrag wird erreicht. Auch die Störche profitieren von den Wiesen mit ihren Gräben und finden hier reichlich Nahrung für ihren Nachwuchs. Die Wässerwiesen zeichnen sich durch eine große Artenvielfalt aus und wirken sich positiv auf das Stadtklima aus. Die industrielle Landwirtschaft entfernt sich jedoch von dieser arbeitsintensiven Kultivierung der Wiesen, daher unterstützt die Stadt Nürnberg den Erhalt dieser nachhaltigen Grünlandnutzung. Im April 2020 hat Bayern diese alte Kulturtechnik der Wasserwiesennutzung in Franken in die Liste des immateriellen Kulturerbes aufgenommen.

Bei der querenden Fahrstraße biegen Sie links ab, überqueren die Rednitzbrücke ❼ bei Lohhof und spazieren sofort nach rechts durch einen lichten Mischwald mit Ruhebänken. Bei einem Staubecken der Rednitz finden Sie einen schönen, schattigen Ruheplatz vor.

Kurz danach endet der Weg bei einer Anwohnerstraße in Lohhof und den idyllisch gelegenen Winzerhof Weinstuben. Hier halten Sie sich rechts.

Lohhof

Winzerhof Weinstuben, Restaurant – Café – Terrasse, Lohhofer Straße 4, 90453 Lohhof, ☏ 0911/63 79 74, Winzerhof-weinstuben@vodafonemail.de, www.winzerhof-weinstuben.de, Mo, Di Ruhetag, Mi, Do ab 15:00, Fr-So und Feiertage ab 11:30, durchgehend warme Küche, fränkische Küche, ➲ am Weg

Kurz nach dem Restaurant geht es bei der Gerasmühle links in Richtung Wald.

Wenn Sie im Hotel Zum Rednitzgrund oder im KUNSTQUARTIER (siehe Beschreibung der Hotels in Stein) eine Übernachtung gebucht haben, könnten Sie nach den Winzerhof Weinstuben rechts dem westlichen Uferweg der Rednitz folgen. Nach 3,1 km endet der Weg bei einem Spielplatz in der Gerasmühler Straße, wo Sie rechts gehen und nach 350 m das Hotel Rednitzgrund erreichen. Das Hotel KUNSTQUARTIER erreichen Sie nach 500 m, indem Sie auch rechts in die Gerasmühler Straße einbiegen und nach gut 200 m links in die Luitpoldstraße abzweigen. Am Ende der Straße, bei der Hauptstraße befindet sich das Hotel links auf der gegenüberliegenden Straßenseite.

Die Weglänge entspricht in etwa dem Jakobsweg bis zum Etappenende beim Pilger Anton inklusive der Wegstrecke zu den Quartieren in Stein. Der Vorteil ist, dass dieser Weg gemütlich am Fluss entlangführt und Sie die Hauptstraßen in Stein meiden.

Der Rückweg von den Quartieren zum Endpunkt der Etappe 10 bzw. zum Startpunkt der Etappe 11 verläuft in 1,5 km über die Deutenbacher und Regelsbacher Straße.

Schnurgerade führt der Jakobsweg auf einem Fuß- und Radweg leicht bergauf durch den Wald, bis Sie auf dem Jagdweg den Ortsrand von Stein erreichen.

Bei der rechts abzweigenden Waldstraße biegen Sie vor einem grünen Gitterzaun links in den Wald ab. Die Markierung ist erst im Wald sichtbar!

Nach einem Rechtsbogen steigt der Weg leicht an und führt zunächst zwischen Wald und Ortsrand entlang. Der Schotterweg leitet Sie dann weiter durch Kornblumenfelder und erreicht bei einem Kindergarten wieder den Ortsrand von Stein. Geradeaus gehen Sie in die ruhige Siedlung an einem Spielplatz und Teich vorbei und durch eine Durchfahrtssperre hindurch.

Weiter geht es auf dem Dinkelweg, der bei der Straße Jagdweg endet. Der Jakobsweg führt hier links und dann nochmals links auf den Neuwerker Weg. Sie erreichen den Verkehrskreisel in Stein im OT Deutenbach, wo Sie der Pilgerkollege Anton auf der gegenüberliegenden Bank bereits erwartet.

Vor der Pizzeria befindet sich eine Infotafel über die hier zusammentreffenden Jakobswege. Der Ostbayerische Jakobsweg sowie der Jakobsweg von Dormitz/ Lkr. Forchheim treffen hier ein.

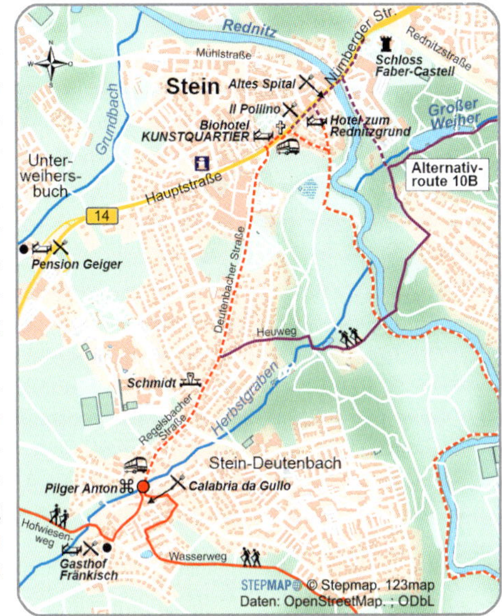

Zwei der unten genannten Unterkünfte sind 1,5 km vom Pilger Anton entfernt in nördlicher Richtung, einmal das Biohotel KUNSTQUARTIER und ein Stück weiter das Hotel zum Rednitzgrund. Falls Ihre Beine zu müde sind, um Sie dorthin zu tragen, besteht die Möglichkeit, diese Strecke mit dem Bus zurückzulegen. Die Haltestelle befindet sich 30 m entfernt vom Pilger Anton in der Regelsbacher Straße. Der Bus 63, Haltestelle „Deutenbach-Mitte", fährt Sie bis zur Kirche und von dort sind es nur ein paar Minuten bis zu den Quartieren.

Stein

Stadt Stein Tourist-Information, Hauptstraße 56, 90547 Stein, 09 11/68 01-11 73, touristeninformation@stadt-stein.de, www.stadt-stein.de, Mo-Fr 8:00-12:00, Mo auch 14:00-18:00, 1,8 km vom Pilger Anton entfernt

Gasthof Fränkisch, Regelsbacher Straße 52b, 90547 Stein, 09 11/67 68 66, info@gasthof-fraenkisch.de, www.gasthof-fraenkisch.de, Ü € 35 p. P., am Mo und Di Übernachtung vorher telefonisch reservieren, Restaurant Mo, Di geschlossen, Mi-Sa 17:00-22:00, So 11:30-14:00 und 17:00-21:00, kein Frühstück! am Weg, 250 m vom Etappenende von Pilger Anton entfernt auf der Etappe 11

☺ Die nächste Bäckerei liegt 650 m vom Jakobsweg entfernt, also sollten Sie vorsorgen und Proviant mitnehmen!

Biohotel KUNSTQUARTIER, Hauptstraße 32-34, 90547 Stein, ☏ 09 11/376 57 70, info@kunstquartier-stein.de, www.kunstquartier-stein.de, Ü EZ ab € 77, DZ ab € 90, MBZ ab € 108, Apartment ab € 144, F € 19, ➲ 1,5 km vom Etappenende beim Pilger Anton entfernt, in nördlicher Richtung

♦ **Hotel zum Rednitzgrund Garni**, Gerasmühler Straße 8, 90547 Stein, ☏ 09 11/ 68 00 10, rezeption@hotel-rednitzgrund.de, www.hotel-rednitzgrund.de, 21 Zimmer, 7 Apartments, ÜF EZ ab € 66, DZ ab € 92, Apartment € 76-134 je nach Personenanzahl, ➲ 1,7 km vom Etappenende beim Pilger Anton entfernt, in nördlicher Richtung

✕ **Restaurant Calabria da Gullo**, Regelsbacher Straße 41, 90547 Stein, ☏ 09 11/25 59 48 80, Mo Ruhetag, Di-So 11:00-14:30 und 17:00-23:00, italienische Küche, ➲ direkt beim Kreisel am Etappenende

♦ **Trattoria Il Pollino**, Hauptstraße 20, 90547 Stein, ☏ 09 11/67 72 94, www.ilpollino.de, Di Ruhetag, Mo, Mi, Do, Sa 11:00-14:30 und 17:00-23:00, Fr, So 17:00-23:00, ➲ 1,6 km vom Etappenende beim Pilger Anton entfernt, hinter dem Hotel KUNSTQUARTIER

♦ **Historisches Restaurant Altes Spital**, Alter Kirchplatz 4, 90547 Stein, ☏ 09 11/68 79 39, Altesspital.lang@t-online.de, www.altes-spital-stein.de, Mo, Di Ruhetag, Mi-Sa 11:30-14:30 und 17:30-22:00, So und Feiertage 11:30-14:30 und 17:30-21:00, regionale und internationale Küche, ➲ 1,9 km vom Etappenende beim Pilger Anton entfernt, hinter dem Hotel zum Rednitzgrund

Bäckerei und Café Schmidt, Regelsbacher Straße 10, 90547 Stein, ☏ 09 11/252 99 44, www.schmidtgenuss.de, Mo-Fr 6:00-18:00, Sa 6:00-14:00, So 7:00-17:00, an Feiertagen mit Ausnahme von Neujahr, Karfreitag und dem 1. und 2. Weihnachtsfeiertag geöffnet, ➲ 500 m vom Etappenende beim Pilger Anton entfernt, in nördlicher Richtung

Linie 63 nach Röthenbach, Linie 154 nach Unterasbach und von dort Anschluss mit der S4 nach Roßtal, nach Heilsbronn und nach Ansbach

✝ Die **Martin-Luther-Kirche** in Stein wurde von der Firma Faber gestiftet und 1861 eingeweiht. Sie bekam 1880 eine eigene Pfarrstelle. Das Patronatsrecht ging bei dieser Gelegenheit an Lothar von Faber und damit an alle männlichen Nachkommen der Familie. Das bedeutet, dass die Familie von Faber, heute von Faber-Castell, bei der Besetzung der Pfarrstelle mitwirkt und für den Unterhalt der Kirche verantwortlich ist.

Die Kirche ist vom Etappenende beim Pilger Anton 1,6 km entfernt, in nördlicher Richtung.

♜ ⌘ Das **Schloss Faber-Castell**. Die Außenfassade des Schlosses wirkt mit den Bögen, Säulen, Rund- und Ecktürmen mittelalterlich. Das Innere beeindruckt durch die verschiedenen Stilepochen, die von der Romanik bis hin zum Jugendstil reichen. Im Museum Alte Mine können Sie in den graphitgeschwärzten, originalen historischen Räumen die Besonderheiten der Bleiminenfertigung des 19. Und 20. Jh. anschauen.

♦ Schloss, Nürnberger Str. 2, 90547 Stein, ☏ 09 11/88 19 91 08, 💻 www.faber-castell.de, 🚪 Mo-Fr 10:00-17:00, ➲ 2,2 km vom Etappenende entfernt

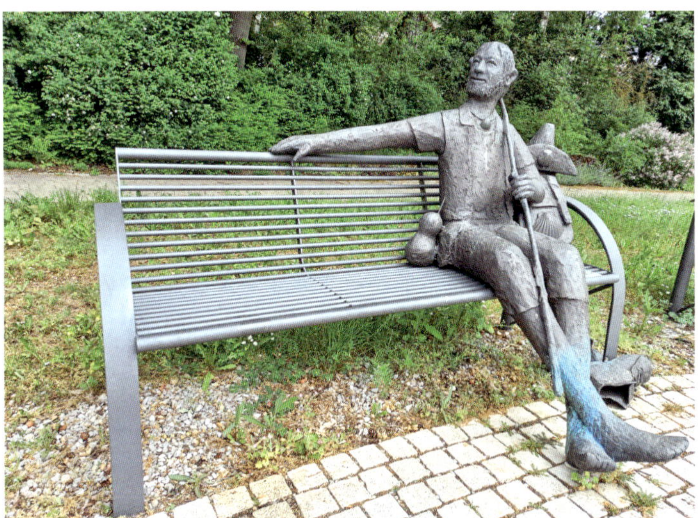

Pilger Anton in Stein

⌘ **Pilger Anton**, die schöne Bronzeskulptur am Plärrer, erschuf Theophil Steinbrenner im Jahr 2018.

Stein, die Stadt der Bleistifte, liegt im Landkreis Fürth. Der Ort wurde 1227 erstmals erwähnt und danach mehrmals in Kriegen zerstört. Die ersten Bleistiftmacher arbeiteten bereits ab 1719 in Stein, bis sich 1758 Kaspar Faber dort niederließ und den Grundstein für das spätere Firmenimperium legte. Das 19. Jh. brachte für den kleinen Ort am Rande der Stadt Nürnberg eine Blütezeit, da die Bleistiftproduktion der Familie Faber Arbeitsplätze, Wohnungen, soziale Sicherheit und ein gesichertes Einkommen für die Menschen schuf.

Alternativroute 10A: Feucht – Schwabach – Heilsbronn

44,9 km, 11 Std. 30 Min., 157 m, 110 m, 314-400 m

0,0 km	359 m	Feucht
4,5 km	348 m	Röthenbach b. St. W. Kanal
7,3 km	346 m	Markt Wendelstein
9,4 km	362 m	Brücke A6 (Abzweig Abkürzung zur Schleuse 64)
11,9 km	331 m	Ludwig-Donau-Main-Kanal
12,5 km	334 m	Worzeldorf
15,6 km	346 m	Kornburg
24,3 km	322 m	Limbach
26,2 km	327 m	Schwabach
36,7 km	355 m	Rohr
44,9 km	400 m	Heilsbronn

Der Teil der markierten Jakobswegvariante 10A von Feucht nach Schwabach verläuft zunächst parallel mit der Hauptroute nach Stein, bis Sie die A6 kurz vor Worzeldorf und Kornburg erreichen. Nach Kornburg wandern Sie durch Wälder und Felder und erreichen Neuses, wo Sie auf die Schwarzach treffen, die Sie durch ein romantisches Waldstück bis zum gleichnamigen Ort begleitet. Sie erreichen schließlich Schwabach, das mit seinem schönen Königsplatz und seiner goldenen Handwerkstradition aufwartet.

Nach einer wahrscheinlichen Übernachtung pilgern Sie am nächsten Tag auf dem nun unmarkierten Wegstück nach Heilsbronn. Sie durchwandern das hübsche Schwabachtal mit seinem schmal dahinfließenden Flüsschen. Dabei passieren Sie unter anderem die Orte Gustenfelden und Rohr, bis Sie in die klösterliche Welt des ehemaligen Zisterzienserklosters Heilsbronn eintauchen.

Bisher sind Sie von Feucht der Hauptroute in Etappe 10 bis zum Ludwig-Donau-Main-Kanal ❹ gefolgt, falls Sie nicht schon vorher die Abkürzung bevorzugt haben.

Sie wandern nun nach links am Kanal in Richtung Worzeldorf, überqueren dort die Worzeldorfer Hauptstraße, wo rechter Hand das Hotel Zirbelstube und linker Hand in 70 m Entfernung ein Supermarkt und eine Bäckerei liegen.

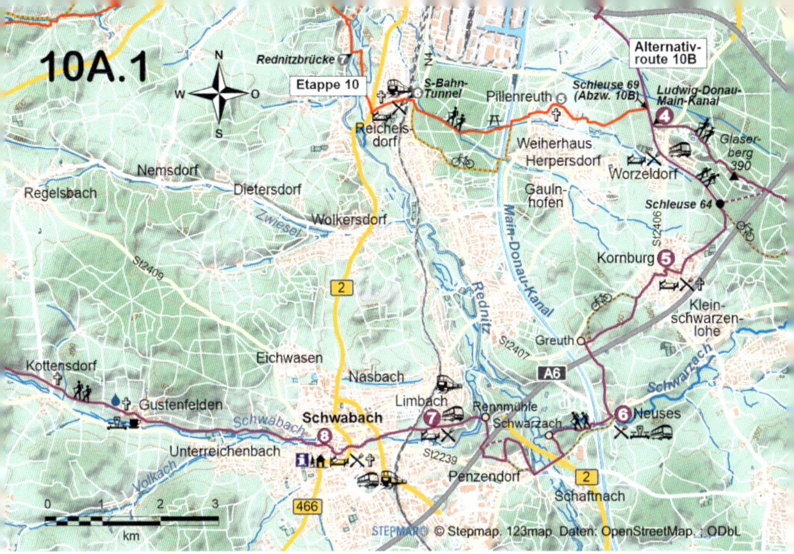

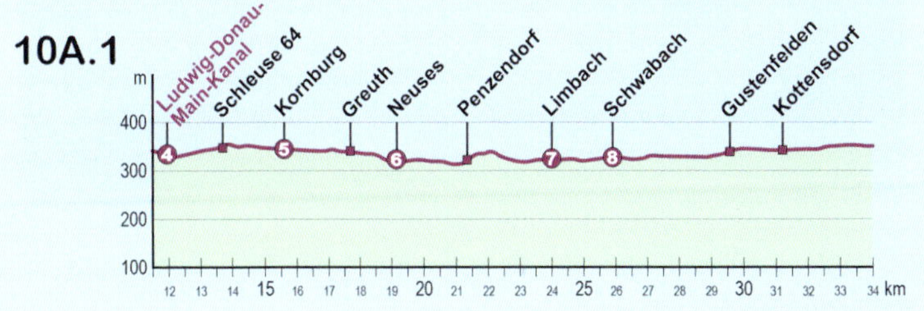

Worzeldorf

Hotel-Restaurant Zirbelstube, Friedrich-Overbeck-Straße 1, 90455 Worzeldorf, ☏ 09 11/99 80 20, genuss@zirbelstube.com, www.hotel-zirbelstube.de, 6 Zimmer, ÜF EZ ab € 88, DZ ab € 115, Restaurant So und Mo Ruhetag, Di-Sa 18:00-21:00, jeder erste Sa im Monat auch 12:00-14:00, 50 m vom Weg

Linie 53 Richtung Nürnberg und Kornburg

Bereits im 12. Jh. entwickelte sich Worzeldorf zu einem Straßendorf mit einer Pferdewechselstation, da es günstig am Handelsweg nach Nürnberg und Weißenburg lag. Wirtschaftliche Bedeutung erlangte der Ort später durch den Bau des Ludwig-Donau-Main-Kanals.

Sie wandern geradeaus über die Worzeldorfer Hauptstraße und treffen vor der alten Steinbrücke, bei der Schleuse 64, auf Informationstafeln der sich hier teilenden Jakobswege. Hier befindet sich auch ein ehemaliges Schleusenwärterhäuschen, das von einem dekorativen bunten Gartenzaun umgeben ist.

Schleusenwärterhäuschen bei der Schleuse 64

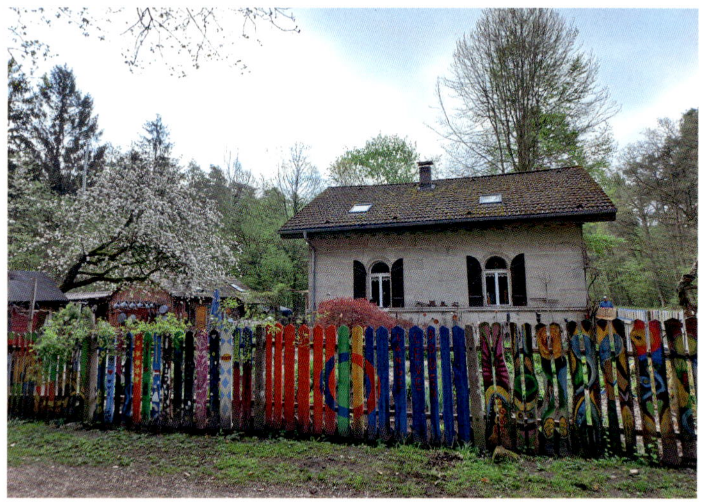

Hier trifft die Abkürzung wie in der Hauptroute beschrieben wieder auf den Jakobsweg.

Sie verlassen nun den Kanal rechts, bzw. von der Abkürzung kommend geradeaus, über die Steinbrücke in Richtung der Beschilderung „Jakobsweg Nürnberg – Ulm – Konstanz". (Der Jakobsweg nach Eichstätt verläuft weiter am Kanal entlang.) Sie gehen mit einem leichten Linksbogen an Ruhebänken vorbei und in den Wald hinein.

Vor der Autobahn vollführt der Weg einen Rechtsbogen und Sie wandern weiter am Waldrand entlang, parallel zum Lärmschutzwall der Autobahn. An einem Weiher finden Sie Ruhebänke und laufen weiter an einem links liegenden Sportplatz vorbei. Es geht noch ein Stück durch den Wald, bis Sie auf die Kellermannstraße stoßen, die nach Kornburg hineinführt.

An deren Ende gehen Sie rechts in die Flockenstraße, die zum Gasthof Weißes Lamm führt und bei der Kornburger Hauptstraße in Kornburg ❺ endet.

Kornburg

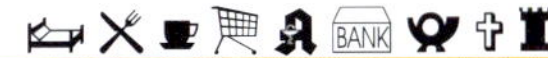

Gasthof Weißes Lamm, Flockenstraße 2, 90455 Kornburg, ☏ 091 29/28 16-0, info@weisses-lamm.com, www.weisses-lamm.com, 45 Betten, ÜF EZ ab € 55, DZ ab € 88, MBZ ab € 112, Restaurant Do-Fr geschlossen, Sa-Mi 11:00-23:00, warme Küche 11:00-14:00 und 17:00-21:00, ➲ am Weg

♦ **Gasthof Grüner Baum**, Venatoriusstraße 7, 90455 Kornburg, ☏ 091 29/50 60, info@gasthof-bloedel.de, www.gasthof-bloedel.de, 63 Betten, ÜF EZ ab € 55, DZ ab € 85, MBZ ab € 120, Restaurant Mo, Di geschlossen, Mi-So ab 11:00, ➲ 130 m vom Weg, in der Nähe der Kirche

Die nahe gelegene evangelisch-lutherische **Pfarrkirche St. Nikolaus** ist eine ursprüngliche Wehrkirche mit einer Friedhofsbefestigung.

Das **Kornburger Wasserschloss** wurde 1288 erbaut, in etlichen Kriegen zerstört und immer wieder neu aufgebaut. Der heutige Bau stammt von 1686.

Kornburg wurde erstmals 1236 urkundlich erwähnt und ist seit 1972 ein Stadtteil Nürnbergs.

Sie gehen links in die Kornburger Hauptstraße, wo der Jakobsweg kurz vor der Kirche rechts in die Straße Am Schloßgraben einbiegt.

Falls Sie im Gasthof Grüner Baum einkehren oder übernachten möchten, laufen Sie vor der Kirche links in die Venatoriusstraße.

Sie kommen an dem in Privatbesitz befindlichen Kornburger Schloss vorbei. Dann erreichen Sie die querende Florentiner Straße und halten sich auf dieser halb rechts, um kurze Zeit später links in die Römerstraße einzubiegen. An deren Ende geht es auf einem schmalen Fußweg aus Kornburg hinaus.

Sie biegen bei einem Schotterweg kurz leicht rechts ab und am querenden Feldweg wandern Sie links in Richtung Wald.

Radfahrerinnen und Radfahrer fahren nach Kornburg beim querenden Feldweg geradeaus auf dem Fuß- und Radweg und nach einem Linksbogen radeln Sie dann parallel zur Ringelnatzstraße. Bei der nächsten Abzweigmöglichkeit biegen Sie links nach Greuth ab und treffen dort auf den Jakobsweg.

Zunächst geht es am Waldrand entlang und dann biegen Sie leicht rechts in den Wald. Sie kommen an Feldern und Pferdekoppeln vorbei, bis Sie schließlich Greuth erreichen. Nach dem ersten Bauernhof im Ort weist Sie die Markierung links in Richtung Autobahn, die Sie dann unterqueren.

Die Straße wird zu einem Schotterweg und führt Sie bei der nächsten Gabelung rechts in den Wald. Nach nochmaliger Durchquerung eines Waldstücks erreichen Sie eine Landstraße, auf der Sie links zum Ortsanfang von Neuses gelangen.

Fahrradfahrerinnen und Fahrradfahrer fahren am Ortseingang von Neuses geradeaus bis zur Penzendorfer Straße. Dort radeln Sie nach rechts über den Main-Donau-Kanal und auf dem Radweg neben der St2239 geradeaus weiter bis zur querenden B2, wo Sie erneut den Jakobsweg erreichen.

Bald danach wendet sich der Jakobsweg nach rechts und führt Sie leicht bergan auf den Schotterweg An der Mühle. Hier befindet sich auch die Wassermühle mit Mühlenladen am Ufer der Schwarzach.

Wenn Sie in Neuses ❻ auf der Landstraße geradeaus weitergehen und bei der Penzendorfer Straße links gehen, erreichen Sie den Gasthof Weißes Roß.

Neuses

Gasthof Weißes Roß, Penzendorfer Straße 2, 90530 Neuses, ☏ 091 22/764 14, info@weissesross-neuses.de, Mi, Do Ruhetag, Mo, Di 17:00-22:00, Fr 11:30-14:00 und 17:00-22:00, Sa, So 11:30-22:00, deutsche Küche, Fleisch, Fisch, vegetarisches Essen, ➲ 100 m vom Weg

Mühlenladen, An der Mühle 1, 90530 Neuses, ☏ 091 22/770 00, So-Di geschlossen, Mi-Fr 13:00-18:00, Sa 10:00-14:00, Produkte nur aus der Region, ➲ 30 m vom Weg

Linie 678 in Richtung Schwabach

Nach Neuses folgt unmittelbar die Unterquerung des Main-Donau-Kanals. Bei der danach folgenden Gabelung nehmen Sie den rechten, leicht aufwärtsführenden Weg. Danach biegen Sie sofort links auf einen schmalen Pfad in ein Wäldchen ab. Die Markierung ist erst im Dickicht sichtbar.

Der Pfad bringt Sie zu einer etwas oberhalb des Wäldchens liegenden Landstraße, wo Sie links über die Schwarzachbrücke gehen. Sie queren diese Straße und biegen beim zweiten Abzweig, der Markierung folgend, rechts in den Wald hinein.

Unterhalb von Ihnen schlängelt sich die Schwarzach, bis Sie der Weg in den gleichnamigen kleinen Ort führt. Sie folgen der Schwarzacher Straße durch den Ort und erreichen dann die St2239. Hier halten Sie sich rechts auf einem Rad- und Fußweg Richtung B2, die Sie dann unterqueren. Vor der Rednitzbrücke passieren Sie den Gasthof Katheder in Penzendorf und biegen nach der Brücke sofort rechts in die Bergstraße ein.

Radlerinnen und Radler bleiben auf der Bergstraße, bis sie in einen Feldweg übergeht. Beim kreuzenden Weg biegen Sie vor der Autobahn nach rechts ab zur Autobahnüberführung und zum Jakobsweg.

Bei der nächsten Gabelung wandern Sie halb rechts auf dem Rennweg weiter. Sie gehen am Feuerwehrhaus vorbei und nach den letzten Häusern in den Wald. Dort wandern Sie sich beim Abzweig nach links auf den leicht aufwärtsführenden Weg. Nach 300 m führt ein markierter, schmaler Weg nach links.

Hier besteht die Möglichkeit, weiter geradeaus zu gehen und schon nach knapp 500 m die A6 nach rechts zu überqueren.

Der markierte Jakobsweg leitet Sie noch ein Stück durch den Wald, bis Sie wieder ins Wohngebiet von Penzendorf gelangen. Sie laufen bis zum Ende des Ginsterweges und dann rechts in die Bergstraße. Diese führt Sie zum Ort hinaus und wird dann zu einem Feldweg, der Sie in einem Rechtsbogen zur Autobahnüberführung bringt.

Nach der Querung geht es rechts ein Stück parallel zur Autobahn und nach einem Linksbogen treffen Sie auf eine Straße. Hier gehen Sie rechts und entfernen sich nun von der Autobahn. Sie wandern auf einem Teerweg in die Siedlung Rennmühle hinein. Nach der Überquerung der Schwabach geht es leicht links und aufwärts auf einem Schotterweg in den Wald hinein.

Am Waldrandende führt Sie die Liebigstraße geradeaus durch das Gewerbegebiet in Richtung Flurstraße. Hier am Eck befindet sich linker Hand das Hotel 24Seven in Limbach ❼.

Rechts geht es zum 700 m entfernten Bahnhof Limbach-Schwabach.

Limbach

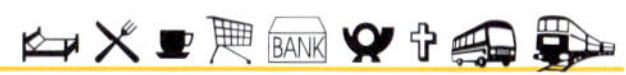

24Seven Hotel Schwabach, Flurstraße 105, 91126 Limbach, ☏ 091 22/889 64 40, schwabach@24seven-hotel.de, www.24seven-hotel.de, Ü ab € 72 p. P., ➲ 50 m vom Weg

Japanisches Restaurant Hiro Sakao, Flurstraße 105, 91126 Limbach, 091 22/889 86 08, hiroschwabach@gmail.com, www.hiroschwabach.de, Mo-Fr 11:00-14:30 und 17:00-22:00, Sa, So und Feiertage 17:00-22:00, am Weg

Linie 602, Schwabach – Kammerstein – Abenberg

Vom S-Bahnhof Limbach fahren Züge Richtung Nürnberg und nach Schwabach.

Sie überqueren leicht nach links versetzt die Flurstraße, wandern in bisheriger Gehrichtung auf dem Rennmühlweg weiter und unterqueren dann die ICE-Trasse.

Nun erblicken Sie die ersten Häuser von Schwabach und laufen geradeaus auf einem Teersträßchen am Ortsrand entlang, bis Sie eine Gabelung erreichen. Hier biegen Sie links auf einen abwärtsführenden Fuß- und Radweg Richtung Stadtmitte/Südstadt ab.

Nach der Unterquerung einer Straßenbrücke lassen Sie eine kleine Holzbrücke links liegen und halten sich geradeaus. Nun spazieren Sie durch einen Park und an einem kleinen Fußballplatz vorbei. Der Weg endet und Sie pilgern über die Schwabachbrücke.

Sofort danach biegen Sie rechts ab und gehen noch ein Stück geradeaus, um erneut die Schwabach zu überqueren. Vor Ihnen taucht sogleich das Café Am Wehr auf, vor dem Sie links weitergehen oder zunächst einkehren.

Bald danach erreichen Sie ein paar Treppenstufen und gehen vor diesen links über die Bachrinne und weiter in Richtung Stadtzentrum. Vor der großen Weide halten Sie links auf die sichtbar heraufragende Stadtkirche zu. Dahinter befindet sich einer der schönsten Marktplätze Frankens, der Königsplatz, der mitten im Stadtzentrum von Schwabach ❽ liegt und viele Einkehrmöglichkeiten bietet.

Schwabach

Bürger- und Tourismus-Büro, Rathaus, Königsplatz 1, 91126 Schwabach, 091 22/860-0, buergerbuero@schwabach.de, www.schwabach.de, Mo, Di 8:00-16:00, Mi-Fr 8:00-18:00, am Weg

Pilgerherberge Schwabach, Im Haus der Begegnung, Auf der Aich 1, 91126 Schwabach, 01 74/815 19 11, team@pilgerherberge-schwabach.de, www.pilgerherberge-schwabach.de, 4 Betten, eine Spende zwischen € 10-20 wird erbeten, Waschmaschine mit Trockner ist vorhanden, Ankunftszeit zwischen 18:00 und 20:00 möglich oder nach telefonischer Vereinbarung, 200 vom Königsplatz in nördlicher Richtung

Hotel Gasthof Porlein, Zöllnertorstraße 10, 91126 Schwabach, 091 22/23 78, info@hotel-porlein.de, www.hotel-porlein.de, 28 Betten, ÜF EZ ab € 48, DZ ab € 70, 300 m vom Königsplatz in westlicher Richtung

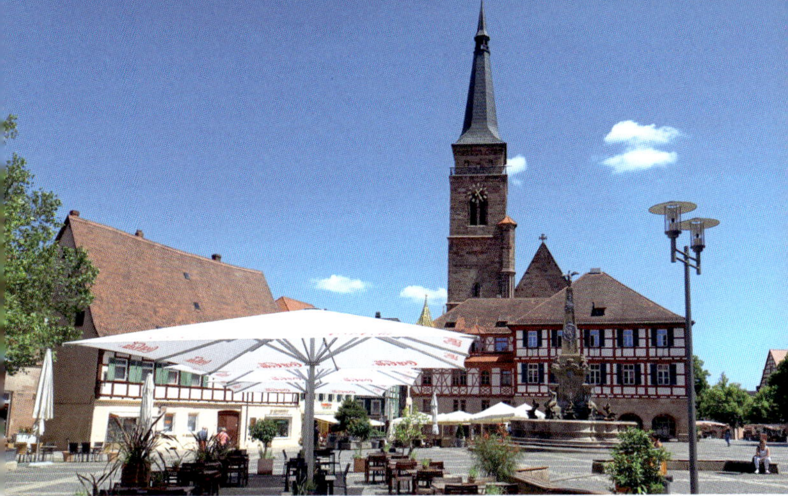

Der Königsplatz in Schwabach

Hotel Centro, Südliche Mauerstraße 9, 91126 Schwabach, ☏ 091 22/873 20-0, info@hotelcentroschwabach.de, www.hotelcentroschwabach.de, ÜF EZ ab € 84, DZ ab € 89, MBZ ab € 115, 330 m vom Königsplatz in westlicher Richtung

Café Am Wehr, Limbacher Straße 12 g, 91126 Schwabach, ☏ 091 22/43 78, 01 51/57 00 64 29, Fr-Sa Ruhetag, So-Do 11:00-18:00, am Weg

Pilgerstempel gibt es im Bürgerbüro im Rathaus am Königsplatz und in der Herberge.

Linie 607 Schwabach – Wernfels

Zug- und S-Bahn-Verbindungen nach Nürnberg und von dort Verbindung mit der S4 nach Heilsbronn

✝ **Stadtkirche St. Johannes und St. Martin**. Der heutige Bau geht auf 1469-95 zurück, wobei schon ältere Vorgängerbauten existiert haben. Besonders erwähnenswert ist der prächtige spätgotische Hochaltar mit fast 16 m Höhe, der 1507/08 von Michael Wohlgemuth erschaffen wurde. Neben dem Hochaltar verfügt die Kirche noch über sieben Seitenaltäre. Auch der Kirchturm mit seiner Höhe von 71,5 m ist aus dem Schwabacher Stadtbild nicht wegzudenken.

⌘ Das **Rathaus** von 1528 steht imposant auf dem Königsplatz und sticht mit seinen beiden goldenen Rathaustürmen gleich ins Auge. Durch eine im Jahr 2002 erfolgte Spendenaktion der Stadt konnten die Türme mit blattvergoldeten Ziegeln eingedeckt werden. Vor dem Rathaus beeindrucken außerdem die beiden Brunnen, der Schöne Brunnen und der Gaulsbrunnen.

Gesäumt wird der Platz von prächtigen Bürgerhäusern mit zahlreichen Läden, Cafés und Restaurants, die alle sehr einladend wirken.

⌘ Das **Stadtmuseum** führt in einer Schauwerkstatt die alte Handwerkskunst der Blattgoldherstellung vor und Sie erleben, wie aus einem Barren Gold hauchdünnes Blattgold entsteht. Das Museum liegt gut 1 km vom Stadtkern entfernt.

♦ Museumsstraße 1, 91126 Schwabach, ☏ 091 22/86 06 00, stadtmuseum@schwabach.de, www.schwabach.de, Mi-So 10:00-18:00

Die Silhouette der 1117 erstmals urkundlich genannten Stadt bilden das historische Rathaus und die dicht dahinterstehende Stadtkirche. Schwabach ist die kleinste kreisfreie Stadt Bayerns und war im Mittelalter eine wichtige Pilgerzwischenstation. Bekannt ist die Stadt aber durch die Herstellung von Blattgold.

Über den Königsplatz gehen Sie hinüber zum Gaulsbrunnen, dann durch die Höllgasse bis kurz vor die Brücke der Schwabach und weiter auf dem Fußweg neben dem Flüsschen. Sie kreuzen die Straße bei der Spitalkirche, gehen geradeaus und kommen dabei in die Fischgrubengasse, der Sie bis zum Ende folgen. Hier finden Sie noch die Markierung des Jakobsweges, der nach Konstanz führt. Nun geht es rechts über die kleine Schwabachbrücke und sofort links in den Sebastian-Kneipp-Weg, der an einem Weiher vorbeiführt und Sie über einen Parkplatz leitet. Sie erreichen die querende Wasserstraße, gehen über die Brücke und links in die Badstraße.

Nach gut 200 m zweigt der Jakobsweg nach Konstanz links ab und Sie gehen weiter geradeaus. Ohne Muschelmarkierungen verläuft der Weg nun bis nach Heilsbronn. Die Wegführung ist übersichtlich und sollte somit kein Problem darstellen.

Sie wandern oberhalb der Straße auf einem kleinen Wanderweg, bis Sie eine Straße queren und leicht versetzt auf dem geschotterten Fuß- und Radweg weitergehen. Nach der Querung einer kleinen Brücke halten Sie sich links durch die Wiesen- und Weiherlandschaft des Schwabachtals. Bei der Kurve eines Teersträßchens, wo sich auch Sportplätze befinden, bleiben Sie in bisheriger Gehrichtung und erreichen nach gut 1 km Gustenfelden.

In der Dorfmitte bei einer Bauminsel mit Brunnen und Ruhebänken gehen Sie geradeaus auf der Dorfstraße weiter durch den Ort. Sie erreichen die evangelische Kirche St. Bartholomäus und danach folgt nochmals ein Brunnen mit Ruhebänken.

Die **Hofläden Gustenfelden**, Dorfstraße 1, 91189 Gustenfelden, ☏ 091 22/ 83 18 55, Mo-Fr 8:00-18:00, Sa 8:00-13:00, ein großes Sortiment an gesunden Lebensmitteln mit heimischen Produkten aus eigenem Anbau und artgerechter Tierhaltung, Kosmetikartikel in Bioqualität. Ein Café mit Terrasse lädt zum Verweilen ein. ➲ 100 m von der Dorfmitte in südlicher Richtung

✞ Die **Kirche St. Bartholomäus**. Der Chorturm der Kirche stammt vom Ende des 15. Jh. und beherbergt die Turmuhr und den Glockenstuhl. 1869 wurde an den Chorturm das Langhaus nach Westen angefügt. Von der spätgotischen Kirchenausstattung blieb nur das Sakramentshaus von 1487 erhalten. Der Altar und die Kanzel wurden im 18. Jh. errichtet.

In Richtung Kottensdorf verlassen Sie den Ort auf einer kleinen Asphaltstraße mit wenig Verkehr. Durch Wiesen und Felder wandern Sie gemütlich oberhalb des schmal dahinfließenden Flusses Schwabach, bis Sie nach 1 km in Kottensdorf ankommen.

✞ Die evangelische **Kirche St. Nikolaus** in Kottensdorf stammt aus der Zeit um 1400. Bei einem Umbau 1731-1738 wurde sie barockisiert, das Kirchenschiff verlängert und ein Mansarddach aufgesetzt. Anfang dieses Jahrhunderts fand eine nachhaltige Renovierung statt, die auch durch engagierte Eigenleistung der Gemeindemitglieder unterstützt wurde.

Es geht schnurgerade durch den Ort und am Ortsende bei einer Rechtskurve der Straße behalten Sie Ihre bisherige Gehrichtung bei und wandern auf einem land- und forstwirtschaftlichen Weg, der später am Waldrand und an einer Ruhebank entlangführt.

Am Waldrandende zweigen Sie bei einem Weiher links auf ein Teersträßchen und überqueren danach den kleinen Schwallbach, einen Seitenarm der Schwabach, um mit einem kleinen Anstieg nach Leuzdorf zu gelangen.

In westliche Richtung geht es weiter geradeaus durch das Dorf. Kurz vor einer Hofeinfahrt biegen Sie kurz links und gleich wieder rechts ab, um auf der Straße Sonnenleite das kleine Dorf zu verlassen.

Nun wandern Sie für 1,5 km immer geradeaus am etwas mehr oder weniger entfernten Waldrand entlang, wo Ihnen durchaus herumspringende Hasen und Rehe begegnen können. Kurz vor einem Sägewerk leitet Sie ein Schild nach links auf einen Wiesenweg hinab nach Rohr. Sie überschreiten die schmale Holzbrücke über die Schwabach und erblicken schon eine kleine Teerstraße, der Sie dann rechts in Richtung des Ortes folgen.

Ihr Weg mündet links in den Mühlweg und kurz danach rechts auf die Hauptstraße. Sie wandern am Gasthaus Bierlein und dann rechts in die Pfarrgase zur Kirche St. Emmeram in Rohr ❾.

Rohr

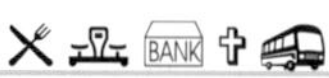

✕ **Gasthaus Bierlein**, Hauptstraße 14, 91189 Rohr, ☏ 098 76/265, www.gasthaus-bierlein.de, Di-Do Ruhetag, Mo, Fr, Sa ab 17:00, So und Feiertage ab 11:00, fränkische Küche, ➲ am Weg

♦ **Restaurant Akropolis**, Buchschwabacher Straße 10, 91189 Rohr, ☏ 098 76/266, Mo Ruhetag, Di-Fr 17:00-23:00, Sa, So 11:00-14:30 und 17:00-23:00, griechische Spezialitäten, ➲ 150 m von der Kirche in nördlicher Richtung

Rohmilch Milchautomat Milchtankstelle, Am Sand 6, 91189 Rohr, ☏ 098 76/738, 01 75/684 63 91, winkler-rohr@t-online.de, www.mein-bauernhof.de, 24 Std. am Tag, saisonales Gemüse, große Auswahl von regionalen Köstlichkeiten und Eis, ➲ 200 m von der Kirche in nördlicher Richtung

Linie 713 zum Schulzentrum Heilsbronn

✝ **Kirche St. Emmeram**. Der Ursprung der Kirche war eine kleine mittelalterliche Kirche, die im 15. Jh. erweitert wurde, jedoch 1639 fast vollständig abbrannte. Nach dem Dreißigjährigen Krieg wurde die Kirche wieder aufgebaut. Ende des 17. Jh. wurde eine Empore errichtet und die Innenausstattung dezent dem Barock angepasst. Die Orgel stammt aus dem Jahr 1989, mit einer Rokoko-Schauseite aus dem Jahr 1749.

Der Jakobsweg führt von der Kirche über die Alte Gasse zur Hauptstraße, wo Sie rechts einbiegen und diese überqueren. Neben der späteren Staatsstraße verläuft der Fuß- und Radweg, auf dem Sie Rohr verlassen. In einem Links-rechts-Bogen entfernen Sie sich von der Staatsstraße in Richtung Göddeldorf. Kurz vor dem Weiler Christenmühle treffen Sie auf eine Ruhebank, nach der Sie zweimal rechts gehen, und dann biegen Sie links auf ein ansteigendes Sträßchen ein.

Radfahrerinnen und Radfahrer bleiben auf der Straße nach Göddeldorf und erreichen nach Überquerung der Schwabach, im Ortskern den Jakobsweg und fahren auf diesem bis nach Heilsbronn.

Bei dem Strommast halten Sie sich links auf den Traktorweg, der später zum Wiesenweg wird, neben der fast unsichtbar dahinfließenden Schwabach. Sie stoßen erneut auf einen Traktorweg. Sie gehen kurz rechts und gleich wieder links in Richtung des Waldstücks.

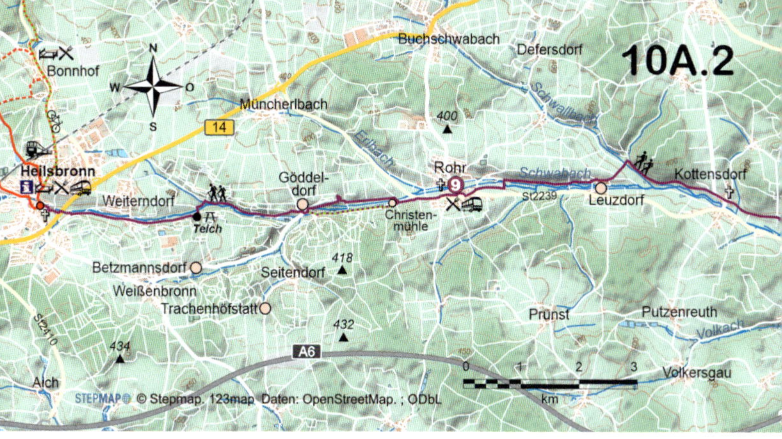

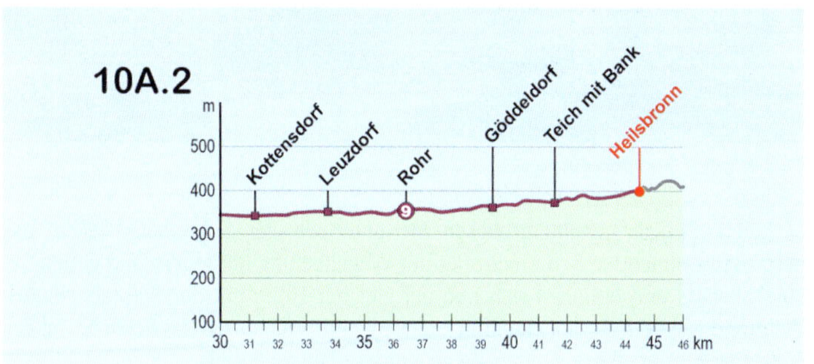

Kurz vor der Hütte mit dem Lager- und Silageplatz wenden Sie sich nach rechts auf den aufsteigenden, kleinen Feldweg, der Sie im Linksbogen um dieses Grundstück herum in den Wald führt. Hier finden Sie auch eine schwarze Pfeilmarkierung.

Oberhalb von diesem Grundstück wandern Sie auf einem schmalen Pfad und rechtsseitig folgt ein eingezäuntes Gebiet. Sie erreichen nach ein paar Metern einen Weiher und wenden sich hier nach rechts. Oberhalb der Schwabach wandern Sie zunächst durch den Wald und später am Waldrand entlang.

Sie erblicken das idyllisch gelegene Göddeldorf und biegen am Waldende nach links abwärts zum Dorf. Linker Hand passieren Sie einen Brunnen und erreichen dann sofort die Ortsdurchfahrtsstraße. Sie gehen hier kurz rechts und zweigen wiederum rechts nach Müncherlbach ab. Bei der nächsten Gelegenheit wandern Sie links in die Sackgasse und verlassen Göddeldorf direkt in den Wald.

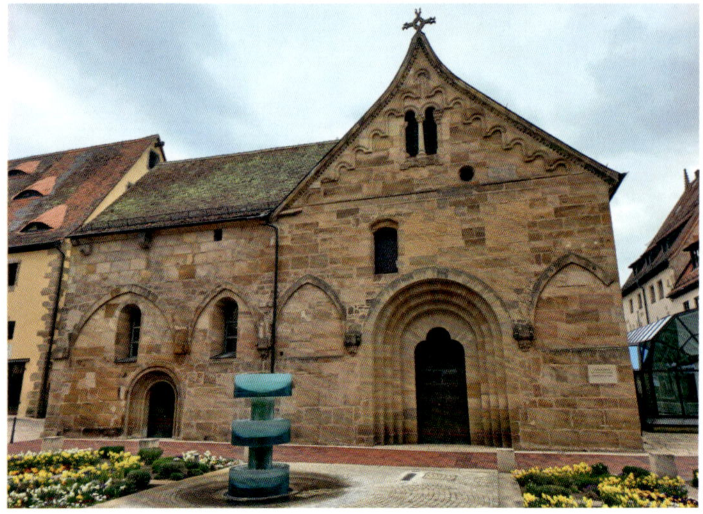

Das Kloster Heilsbronn

Leicht bergab gehend erblicken Sie unterhalb der Schwabach Teiche mit herumschwimmenden Schwänen. Bei der Weggabelung mit Hochstand gehen Sie links abwärts und befinden sich nun auf gleicher Höhe mit der Schwabach. Am Waldrand wandern Sie auf einem Wiesenweg geruhsam durch das liebliche Tal der Schwabach. Alle abzweigenden Wege werden dabei ignoriert.

Der Wiesenweg endet bei einem Teich mit ⩩ Ruhebank, wo er in einen Feldweg übergeht, dem Sie links folgen. Nach der Rechtskurve geht es nochmals links über die Schwabach und sofort wieder rechts an Weihern mit ⩩ Ruhebänken entlang.

Gleich danach tauchen Sie in den Wald ein und verlassen diesen auf einem Traktorweg. Zum Teil geht es an Waldsäumen und an der Kläranlage der Stadt Heilsbronn vorbei. Sie wandern am Ortsrand von Weiterndorf weiter geradeaus und erfahren am Ortsende, dass Sie nur noch 1 km bis Heilsbronn vor sich haben.

Bald danach laufen Sie auf einem Radweg rechts abwärts, der Sie in einem Linksbogen durch die Unterführung der Bundesstraße führt. Danach folgt ein kleiner Spielplatz und Sie treten durch das kleine Tor in die Altstadt von Heilsbronn ein.

Der Weg schlängelt sich an einem Holzzaun entlang und nach diesem dreimalmal kurz rechts und dann links auf dem Fußweg der Mühlgasse zum sehenswerten Heilsbronner Münster. Den Endpunkt der Etappe erreichen Sie, indem Sie den Klosterhof mit dem modernen Brunnen rechtsseitig vom Münster queren und durch den Durchgang die Hauptstraße erreichen.

Die Unterkunftsliste, die Einkehrmöglichkeiten und die Beschreibung der Sehenswürdigkeiten finden Sie am Ende der ☞ „Etappe 11: Stein – Heilsbronn“.

Alternativroute 10B: Feucht – Nürnberg, St. Jakob – Stein

31,8 km, 8 Std. 15 Min., ↑ 105 m, ↓ 136 m, ⇧ 297-392 m

0,0 km	⇧ 359 m	Feucht
4,5 km	⇧ 348 m	Röthenbach b. St. W., Kanal
7,3 km	⇧ 346 m	Markt Wendelstein
9,4 km	⇧ 362 m	Brücke A6
11,9 km	⇧ 331 m	Ludwig-Donau-Main-Kanal
16,3 km	⇧ 317 m	Gartenstadt, Finkenbrunn
21,8 km	⇧ 307 m	Nürnberg, St. Jakob
27,1 km	⇧ 310 m	Brücke Main-Donau-Kanal
31,8 km	⇧ 320 m	Stein

Die von Ihnen gewählte Alternativroute 10B verläuft zu Beginn parallel mit dem Hauptweg in Richtung Worzeldorf. Der Ludwig-Donau-Main-Kanal ist dann Ihr treuer Begleiter, bis Sie die Gartenstadt erreichen. Für einige Kilometer wandern Sie durch die lebendige Stadt Nürnberg, bis Sie die Jakobskirche in der Stadtmitte besichtigen können. Nach einer möglichen Übernachtung in Nürnberg leitet Sie der Jakobsweg nochmals durch die Stadt, bis Sie nach dem Queren des Main-Donau-Kanals bald den schönen Faberwald mit dem großen Weiher und dem etwas abseitsliegenden Faberschloss erreichen. Sie kreuzen die Rednitz und nähern sich Stein und somit seiner sympathischen Pilgerfigur Anton, die Sie am Etappenziel erwartet.

☺ In Nürnberg empfiehlt es sich, eine Übernachtung einzuplanen, um in Ruhe die interessante Stadt zu besichtigen.

Bis zur Schleuse 69 am Ludwig-Donau-Main-Kanal finden Sie die Beschreibung des Jakobsweges bei ☞ Etappe 10. Sie wandern bei der Schleuse 69 weiter geradeaus am Kanal entlang bis zum Kiosk.

🍷 **Weißes Häusla**, Kiosk mit Bestuhlung, Marthweg 200 (bei Schleuse 71), 90455 Nürnberg, ☎ 09 11/480 58 42, 🚪 Mo-Di geschlossen, Mi-So ab 11:00, feiertags ab 10:00, ➲ am Weg

Leicht links versetzt gehen Sie durch den Fußgänger- und Fahrradtunnel und nach einem Linksbogen des Teerweges überqueren Sie bei der Ampel die A73. Sie folgen links der Markierung Richtung Altstadt und Hauptbahnhof und dann geht es nach rechts zum Kanal hinunter.

Für ca. 1,8 km wandern Sie gemächlich an dem von Wald und Parks gesäumten Kanal entlang, an dem Sie auch auf einige Ruhebänke treffen. Nachdem Sie noch ein paar Schleusen mit ihren ehemaligen Schleusenwärterhäuschen passiert haben, erreichen Sie die Straße Finkenbrunn ❺, wo auch der oberirdische Kanal endet. Hier treffen Sie auf Hinweisschilder, die zur Altstadt und zum Hauptbahnhof weisen.

🚲 Radfahrerinnen und Radfahrer kreuzen die Straße Finkenbrunn und fahren weiter am unterirdischen Kanal durch die Parkanlage. Sie radeln weiter auf der Minervastraße, unter den Gleisanlagen hindurch und weiter auf den Radwegen entlang der Dianastraße und der Gibitzenhofstraße. Sie durchfahren den Steinbühler Tunnel und folgen weiter der Steinbühler Straße bis zum Plärrer. Dort geht es kurz links, dann rechts in die Ludwigstraße und Sie erreichen nach 5,6 km die St.-Jakob-Kirche. Für den weiteren Wegverlauf bis Stein radeln Sie auf dem Jakobsweg.

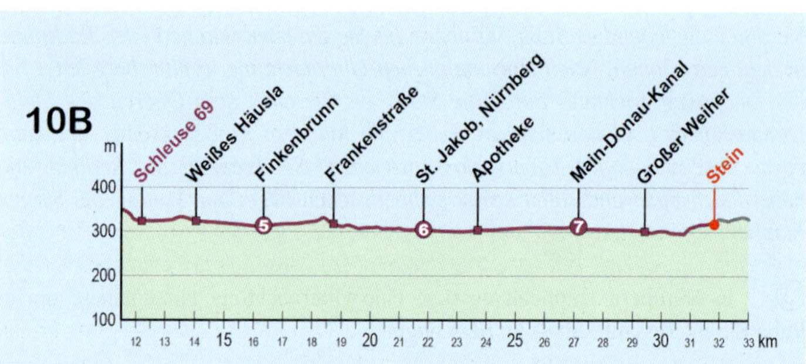

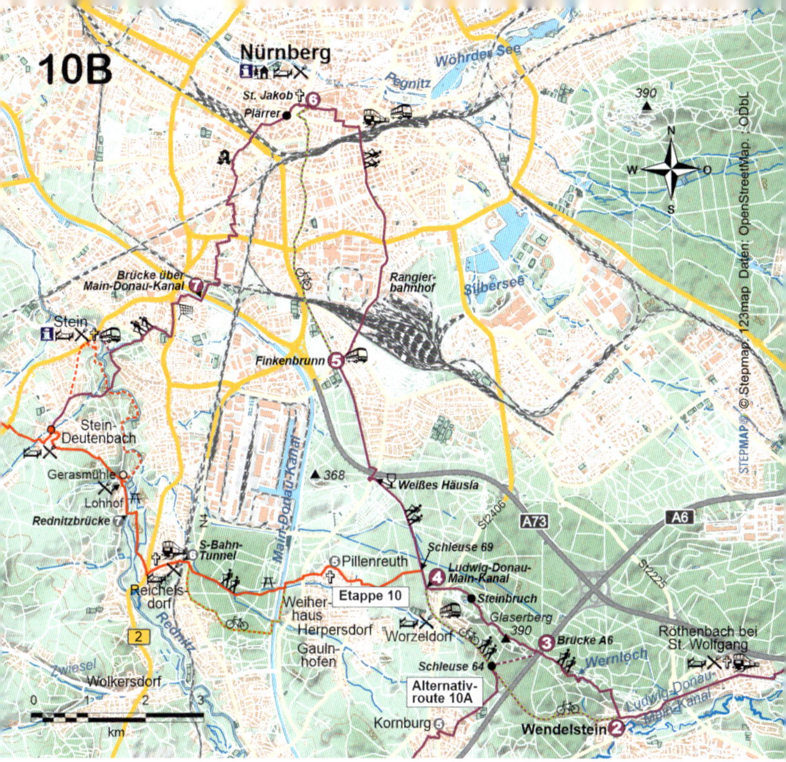

Wenn Sie nicht gewillt sind, die letzten 5 km durch die Stadt zu laufen, besteht hier die Möglichkeit, mit öffentlichen Verkehrsmitteln zu fahren (ca. 20 Min. Fahrzeit). An der Haltestelle „Am Ludwigskanal" nehmen Sie den Bus 67 und steigen bei der Haltestelle „Frankenstraße" in die U1, die Sie entweder bei der U-Bahn-Station „Weißer Turm" oder am Hauptbahnhof verlassen.

Der Jakobsweg verläuft nach rechts auf der Straße Finkenbrunn und quert dann die Minervastraße sowie den Rangierbahnhof. Auf der Katzwanger Straße erreichen Sie die querende Frankenstraße und laufen geradeaus auf der Pillenreuther Straße weiter, bis Sie letztendlich den Hauptbahnhof erreichen. Sie durchqueren die Unterführung, wenden sich links auf den Frauentorgraben und passieren nach ca. 250 m die breite Straße bei der Ampel hin zur Grasersgasse. Vor der Frauentormauer gehen Sie links und an dieser entlang bis zur rechts abzweigenden Kartäusergasse, der sogenannten Straße der Menschenrechte.

Am Ende der Gasse, beim Germanischen Nationalmuseum, geht es links über den Kornmarkt in die Jakobstraße und schon erreichen Sie die Jakobskirche ❻. Im Vorraum befindet sich links das Pilgerzentrum Nürnbergs.

Nürnberg

Pilgerzentrum St. Jakob, Kontaktstelle für Pilgerinnen und Pilger in Nürnberg, Am Jakobsplatz 1, 90402 Nürnberg, ☏ 09 11/47 87 72 25, pilgern@jakobskirche-nuernberg.de, www.jakobskirche-nuernberg.de, die aktuellen Öffnungszeiten finden Sie auf der Website. Das Pilgerzentrum im Vorraum der St.-Jakobs-Kirche empfiehlt private Unterkünfte, christliche Herbergen sowie Hotels, Pensionen o. Ä., wo mit Pilgerausweis auch reduzierte Preise gewährt werden. Hier erhalten Sie Informationen, Beratung, Pilgerpässe und finden eine Bibliothek vor. Auch Pilgerstammtische finden regelmäßig statt. Die Pilgerinnen und Pilger werden um rechtzeitige Kontaktaufnahme gebeten. ➲ Am Weg am Etappenende

♦ **Tourist-Information**, Hauptmarkt 18, 90403 Nürnberg, ☏ 09 11/233 60, tourismus@nuernberg.de, tägl. 9:30-17:00, ➲ 900 m von der Jakobskirche

☺ Die nachfolgend aufgelisteten Unterkünfte liegen in etwa zwischen Hauptbahnhof und Jakobskirche. Aufgrund starker Preisschwankungen gibt es keine Angaben zu konkreten Preisen. Einige Unterkünfte gewähren Pilgerinnen und Pilgern aber eine Ermäßigung, allerdings nur bei Vorlage eines Pilgerausweises. ➲ 750 m vom Weg, in nördlicher Richtung

Jugendherberge Nürnberg, Burg 2, 90403 Nürnberg, ☏ 09 11/230 93 60, nuernberg@jugendherberge.de, www.jugendherberge.de, 93 Zimmer, EZ bis MBZ, Preise auf Nachfrage, in der alten Burg gelegen, von dort aus 15 Min. bis zum Zentrum, ➲ 1,3 km von der Jakobskirche

♦ **a&o Jugendherberge**, Bahnhofstraße 13-15, 90402 Nürnberg, ☏ 09 11/30 91 68 44 00, www.aohostels.com, 116 Zimmer, EZ bis MBZ, Preise auf Nachfrage, ➲ 400 m vom Weg, vom Bahnhofsplatz in westlicher Richtung

Hotel-Restaurant-Brauerei Bruderherz, Luitpoldstraße 15, 90402 Nürnberg, ☏ 09 91/12 16 50 10, hotel@bruderherz-nuernberg.de, www.bruderherz-nuernberg.de, EZ bis MBZ, Preise auf Nachfrage, Restaurant Mo-Do 11:00-22:00 und Fr, Sa 11:00-23:00, durchgehend warme Küche 11:30-21:30, ➲ 200 m vom Weg, in der Nähe des Bahnhofs

♦ **Hotel Steichele**, Knorrstraße 2-8, 90402 Nürnberg, ☏ 09 11/20 22 80, info@steichele.de, www.steichele.de, 48 Zimmer, Preise auf Nachfrage, Pilgerermäßigung, Restaurant Mo, So und Feiertage Ruhetag, Di-Sa 11:30-23:00, ➲ 200 m von der Jakobskirche

Franconia City Hotel, Zirkelschmiedgasse 12, 90402 Nürnberg, ☏ 09 11/21 53 06 10 info@franconia-city.de, www.franconia-city.de, 11 DZ, 1 EZ, Preise auf Nachfrage, Pilgerermäßigung, ➲ 200 m von der Jakobskirche

♦ **Hotel und Hostel Five Reasons**, Frauentormauer 42, 90402 Nürnberg, ☏ 09 11/99 28 66 25, booking@five-reasons.de, www.five-reasons.de, Preise auf Nachfrage, ➲ 600 m von der Jakobskirche

♦ **Hotel Fackelmann**, Essenweinstraße 10, 90443 Nürnberg, ☏ 09 11/ 20 68 40, info@hotel-fackelmann.de www.hotel-fackelmann.de, Fahrradunterstellmöglichkeit, 10 Min. vom Hbf., Preise auf Nachfrage, ➲ 50 m vom Weg, in der Nähe vom Frauentorgraben

⊙ Ein Pilgerstempel liegt frei zugänglich im Vorraum der Jakobskirche sowie in der St.-Lorenz-Kirche und in der St.-Sebaldus-Kirche bei der Kircheninformation.

Zugverbindungen in alle deutschen Großstädte sowie Linie U2 nach Röthenbach, dort Linie 63 nach Stein-Deutenbach

✞ Die **St.-Jakob-Kirche** ist eine am Jakobsplatz gelegene evangelische Stadtkirche, mitten im Zentrum der Stadt. Noch heute erinnern die Straßennamen im Umkreis der Kirche an ein früheres Handwerkerviertel. Der Ursprung dieser Kirche war eine romanische Kapelle von 1209, die ca. 80 Jahre später abgerissen wurde. Um 1400 nutzte man deren Material für einen Neubau, der auf dem alten Chorfundament errichtet wurde. Der Hochaltar im Kircheninneren gilt als ältester Tafelaltar Nürnbergs. Als besonders sehenswert präsentiert sich die eindrucksvolle gotische Jakobsstatue.

Blick in den Altarraum der St.-Jakob-Kirche

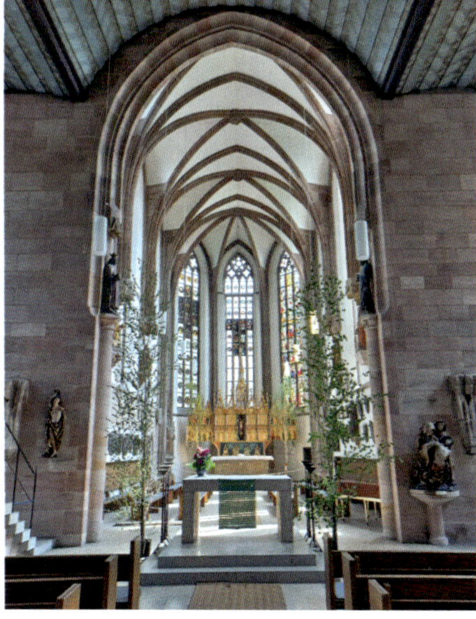

✞ Die **St.-Lorenz-Kirche**, 1250-1477, am Lorenzer Platz 1 ist ein zweitürmiger gotischer Bau und die größte Kirche Nürnbergs.

✞ Die **Frauenkirche** am Hauptplatz, erbaut 1352-61, ist die älteste Hallenkirche Frankens. Zahlreiche Kunstwerke zieren diese Kirche, unter anderem von Albrecht Dürer. Eine Besonderheit ist das „Männleinlaufen", das um 12:00 unterhalb der Giebeluhr zu sehen ist. Außerdem finden Sie am Hauptplatz den Schönen Brunnen, der 1385/86 erbaut wurde. Vor der Kirche findet auch der allseits bekannte Nürnberger Christkindlesmarkt statt.

✞ Die **St.-Sebaldus-Kirche**, erbaut 1225-1379, liegt gegenüber vom Rathaus. Sie ist mit einem großartigen gotischen Ostchor, dem Grab von St. Sebaldus und vielen Kunstschätzen ausgestattet.

♜ Die **Kaiserburg** wurde erstmals 1105 als Burganlage in schriftlichen Quellen erwähnt und im Laufe der Jahrhunderte mehrere Male erweitert und umgebaut. Im Mittelalter galt Nürnberg als eine der wichtigsten Städte des Kaiserreichs. Aus diesem Grund residierten hier zeitweilig alle römisch-deutschen Kaiser.

Wenn kein Interesse am Inneren der Burg besteht, planen Sie zumindest einen Spaziergang im Burgvorhof mit ein, um den genialen Ausblick zu genießen. Besonders sehenswert sind auf dem Burggelände der Palas, die Burgkapelle und der Sinnwellturm. In der alten Kaiserstallung befindet sich heute eine moderne Jugendherberge.

♦ ☏ 09 11/24 46 59-0, April-3.Okt tägl. 9:00-18:00, 4. Okt-März tägl. 10:00-16:00

⌘ **Germanisches Nationalmuseum**. Das größte kunst- und kulturgeschichtliche Museum des deutschsprachigen Raums

♦ Kartäusergasse 1, ☏ 09 11/133 10, info@gnm.de, www.gnm.de, Mo geschlossen, Di-So 10:00-18:00

⌘ Das **Heilig-Geist-Spital**, erbaut 1331-39, mit der ehemaligen Spitalkirche, liegt malerisch in der Spitalgasse an der Pegnitz.

♦ Spitalgasse 16, ☏ 09 11/22 17 61, Mo geschlossen, Di-Sa 10:00-17:00 (Sommerzeit), 10:00-16:00 (Winterzeit)

⌘ Das **Spielzeugmuseum** bietet Ihnen Spielzeug aus aller Welt und allen Epochen.

♦ Karlstraße 13-15, ☏ 09 11/231 31 64, Mo geschlossen, Di-Fr 10:00-17:00, Sa, So 10:00-18:00

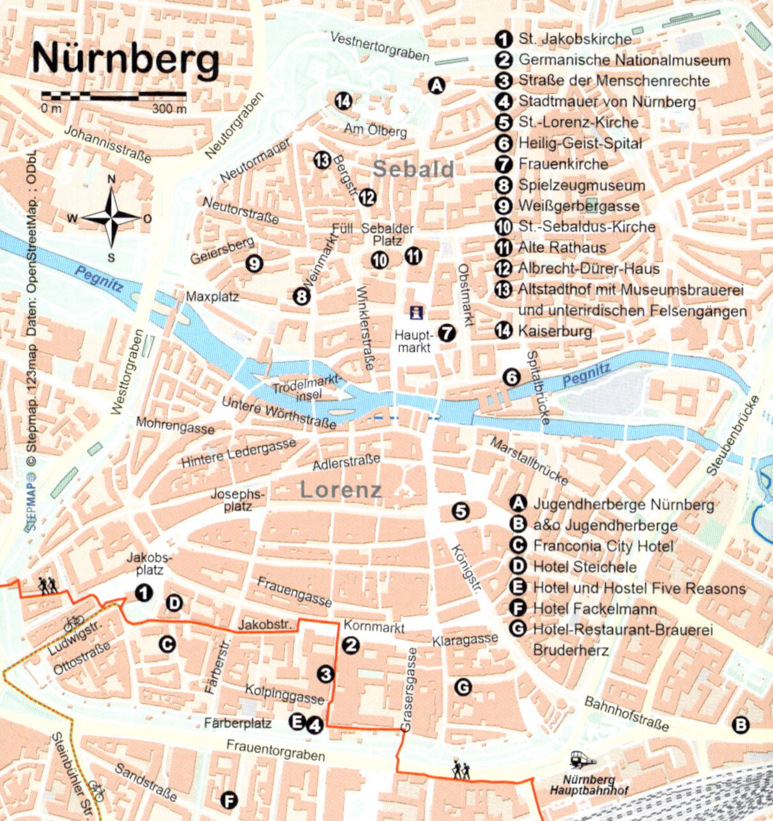

⌘ Das **Albrecht-Dürer-Haus** am Tiergärtnertorplatz, aus der Mitte des 15. Jh., ist das bedeutendste Fachwerkhaus der Stadt und war einst Dürers Wohnhaus. Seit 1928 erinnert eine Ausstellung über vier Etagen an Albrecht Dürer.

♦ Obere Schmiedgasse 58, ☏ 09 11/231-25 68 Di-Fr 10:00-17:00, Sa, So 10:00-18:00, Juli-Sep auch Mo 10:00-17:00

⌘ Altstadthof mit Museumsbrauerei und unterirdischen Felsengängen, die für die Einlagerung der Bierfässer genutzt wurden und ein großes Labyrinth unterhalb der Stadt bilden.

♦ Bergstraße 19, Führungen können bei der Tourist-Info am Hauptmarkt oder online unter www.hausbrauerei-altstadthof.de/fuehrungen gebucht werden.

⌘ **Altes Rathaus** mit mittelalterlichen Lochgefängnissen

♦ Rathausplatz 2, ☏ 09 11/231 26 90, täglich jede Stunde von 11:00-17:00 ist eine Besichtigung im Rahmen einer Führung möglich

⌘ **Straße der Menschenrechte**. In der Kartäusergasse zwischen dem Kornmarkt und der Frauentormauer befindet sich eine beeindruckende Außenskulptur und Gedenkstätte. Auf einer Strecke von 170 m vereinen sich 27 weiße Rundpfeiler mit 8 m Höhe, zwei Bodenplatten und einer Säuleneiche zu dieser Gedenkstätte.

⌘ Die **Stadtmauer** von Nürnberg ist eine weitläufige Burganlage von knapp 5 km Länge, die fast die gesamte Altstadt umspannt. Diese Stadtbefestigung galt im Mittelalter als unüberwindlich. In seiner langen Geschichte wurde Nürnberg auch nur einmal mit militärischen Mitteln eingenommen, und zwar im April 1945 von der 7. US-Armee bei der Schlacht um Nürnberg.

Heute existieren noch 71 Mauertürme, wovon der größte Teil von Organisationen, Vereinen, Kunstschaffenden und Privatleuten genutzt wird.

Die Stadtmauer wird teilweise von Parkanlagen umgeben, die zum Spazierengehen und Verweilen einladen und in denen Sie verschiedene moderne Kunstobjekte betrachten können.

⌘ Die **Weißgerbergasse** finden Sie unweit des Hauptmarktes und der Sebalduskirche. Etwa 20 mittelalterliche Fachwerkhäuser überstanden hier die schweren Luftangriffe auf Nürnberg. Sie spiegelt mit dem alten Handwerkerviertel und den alten Straßennamen ein Stück des historischen Nürnbergs wider. Im Mittelalter waren die Weißgerber in dieser Gasse ansässig, die mithilfe von speziellen Mineralien die Leder besonders schön weiß gerbten.

Nürnberg, die zweitgrößte Stadt Bayerns, beeindruckt durch die Altstadt mit ihren geschichtsträchtigen Gebäuden und den verwinkelten Gassen. Außerdem verbindet man mit ihr den bekannten Christkindlmarkt und damit auch die Nürnberger Lebkuchen. Nürnberg galt schon im Mittelalter als bedeutender Kreuzungspunkt verschiedener alter Pilgerwege, darunter die hier beschriebene Strecke von Nürnberg nach Rothenburg o. d. T.

Der Jakobsweg ist ab der Jakobskirche gut markiert, u. a. auch mit Bodenmuscheln, nur leider werden des Öfteren mutwillig Markierungen entfernt, die dann zur Orientierung fehlen. Daher folgt nun eine ausführliche Wegbeschreibung durch die Stadt.

Sie folgen der Markierung von der Jakobskirche über den Jakobsplatz in die Schlehengasse, dort gehen Sie rechts und gleich wieder links in die Mostgasse. Am Straßenende wandern Sie rechts an der Stadtmauer entlang und dann links durchs Fürther Tor. Sie überqueren die Ampeln bei der Straße Splittertorgraben und beim Plärrer.

Wer die Kilometer durch Nürnberg lieber mit öffentlichen Verkehrsmitteln zurücklegen möchte, kann vom Plärrer mit der U2 bis zur Endhaltestelle „Röthenbach" fahren und dort seinen Pilgerweg fortsetzen. Dort führt der Ostausgang zur Ansbacher Straße und Sie gehen für ca. 250 m auf dem Fuß- und Radweg, bis dieser auf der Weißenburger Straße wieder auf den Jakobsweg stößt.

Sie gehen geradeaus auf der Rothenburger Straße, der Sie für ca. 1,2 km folgen. Dabei unterqueren Sie nach einem Linksbogen der Straße die Gleisanlagen. Schließlich erreichen Sie die Mohrenapotheke und biegen vor dieser links in die Schweinauer Straße.

Nach einem Schulgebäudekomplex geht es links in die Georgstraße, über den Leonhardplatz hinweg und rechts in die Schwabacher Straße. Nach ca. 400 m gehen Sie links über die Ampel, durch die Bahnunterführung und über die Treppenstufen hinauf. Dann geht es rechts bis zur nächsten Ampel und links in die Holbeinstraße.

Sie biegen rechts in die Kreuzsteinstraße sowie an deren Ende rechts in die Hintere Marktstraße ab und dann sofort links in die Manuelastraße.

Vor der Kirche geht es rechts auf den Fußweg und dann links in die Lochnerstraße, die Sie dann rechts auf einen Fußgängerweg verlassen. Bei der großen vierspurigen Straße gehen Sie rechts und verlassen diese bei der nächsten Kreuzung nach links in die Ambergerstraße.

Sie gehen rechts in die Friesenstraße bis zur Kirche St. Wolfgang, dort links in die Sackgasse Arendsstraße und weiter nach rechts auf einen Fußweg.

Der Turnerheimstraße folgen Sie anschließend nach links bis zum Ende. Nochmals geht es links in die Daimlerstraße und gleich wieder rechts durch eine Fußgängerunterführung der Bahngleise. Durch einen Rechts-links-Bogen wandern Sie auf dem Fuß- und Radweg über die Südwesttangente und den Main-Donau-Kanal ❼.

Für ein kurzes Stück spazieren Sie nach rechts am Kanal entlang und halten sich bei der Gabelung mit der Autosperre nach links in die Siedlung. Sie stoßen bei einem Siemensgebäude auf die Colmberger Straße, gehen links und erreichen einen Verkehrskreisel, wo sich auch ein Supermarkt, ein Bäcker und eine Metzgerei befindet.

Sie verlassen den Kreisel nach rechts, überqueren die Weißenburger Straße an der Ampel und gehen links. Sie passieren noch einmal eine Ampelkreuzung und dann geht es rechts in den Von-Tresckow-Weg, ein Fuß- und Radweg, der neben dem Röthenbacher Landgraben entlangführt.

Sie stoßen auf eine Straße, auf der Sie kurz nach rechts gehen und gleich wieder nach links, um auf der anderen Seites des Bachs weiterzuwandern. Bei der querenden Rednitzstraße geht es kurz nach links. Sie überqueren die Fußgängerampel und wandern in den schönen Faberwald.

Picknickplatz beim großen Weiher

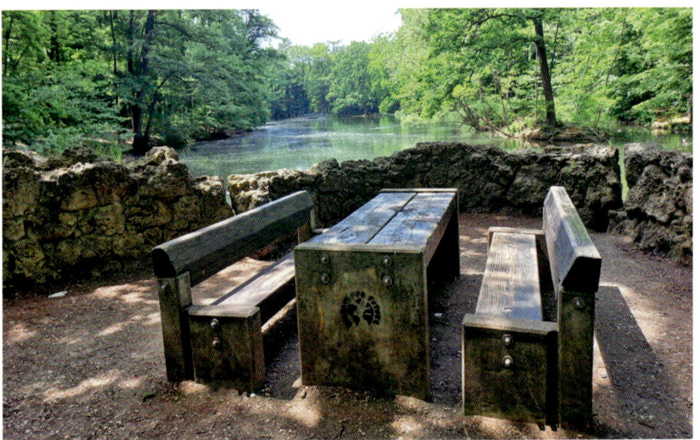

Auf dem breiten Schotterweg begleitet Sie der Bachlauf, der bald den großen Weiher durchfließt. Bei einem einzeln stehenden Haus münden Sie leicht rechts auf einen Teerweg und biegen beim nächsten Quersträßchen, der Castellstraße, nach links in Richtung Freilandaquarium ab.

↳ Falls Sie in Stein im Hotel zum Rednitzgrund oder im KUNSTQUARTIER übernachten, biegen Sie hier rechts in die Castellstraße ab, die außerdem auch in Richtung des Schlosses Faber-Castell führt. Die Hotels und das Schloss sind ca. 600 m entfernt. Die Hotels erreichen Sie, indem Sie am Ende der Castellstraße nach links in die Hauptstraße einbiegen. Zum Hotel Rednitzgrund biegen Sie nochmals links in die Gerasmühler Straße ab und zum KUNSTQUARTIER folgen Sie der Straße noch ein Stück geradeaus, bis Sie rechtseitig auf das Hotel treffen.

Zum Schloss geht es am Ende der Castellstraße nach rechts in die Nürnberger Straße. Das Schloss können Sie nach 200 m auf der rechten Seite besichtigen. Die Beschreibung der Unterkünfte und der Sehenswürdigkeiten finden Sie am Ende der Etappe 10.

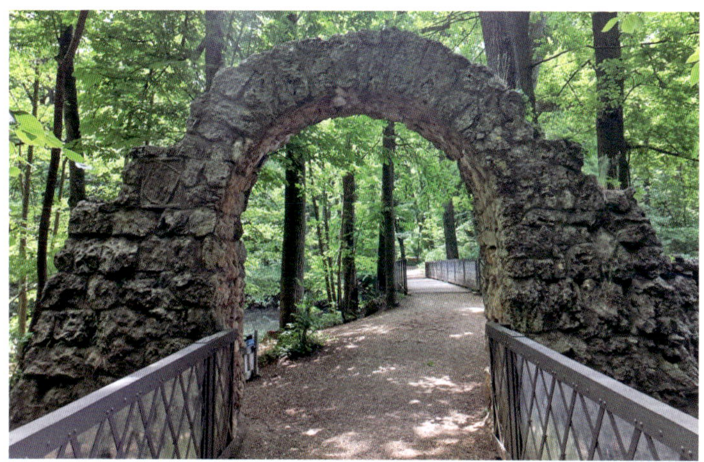

Brückentor

Sie erreichen leicht rechts gehend eine ruhige Wohnsiedlung und bald danach zweigen Sie rechts in einen leicht abwärtsführenden, geteerten Fuß- und Radweg ein. Jetzt tauchen Sie wieder in den schönen Faberwald ein. Bei einer Weggabelung wandern Sie rechts über die Brücke der Rednitz und beim Haus Neuwerk 1 queren Sie, leicht versetzt, einen Fuß- und Radweg.

Es folgt der Arche- und Biolandhof Neuwerk, der bedrohten Nutztierrassen ein Zuhause bietet. Bei der Schmetterlingswiese halten Sie sich leicht rechts und sofort links auf den geteerten Fuß- und Radweg, den Heuweg, der Sie in eine Wohnsiedlung führt. An seinem Ende biegen Sie links in die Regelsbacher Straße ab, die Sie an der Bäckerei Schmidt vorbeiführt, und gehen weiter zum Verkehrskreisel, dem Endpunkt der Variante B. An diesem schön gestalteten Platz mit ⩸ Ruhebänken erwartet Sie bereits die sitzende Pilgerfigur Anton.

Hier trifft auch die Hauptroute des Jakobweges ein, der Sie nun auf Etappe 11 weiter folgen können.

Informationen über Unterkünfte, Restaurants und Sehenswürdigkeiten in Stein finden Sie am Ende der ☞ „Etappe 10: Feucht – Stein“.

Etappe 11: Stein – Heilsbronn

➲ *26,5 km,* ⌛ *7 Std. 15 Min.,* ↑ *241 m,* ↓ *175 m,* ⇧ *315-421 m*

0,0 km	⇧ 319 m	Stein
1,4 km	⇧ 320 m	Oberweihersbuch
4,8 km	⇧ 348 m	Unterbüchlein
9,4 km	⇧ 364 m	Weitersdorf
11,8 km	⇧ 366 m	Roßtal, Marktplatz
15,9 km	⇧ 373 m	Fernabrünst
18,2 km	⇧ 336 m	Wendsdorf
20,1 km	⇧ 337 m	Bürglein
26,5 km	⇧ 400 m	Heilsbronn

Heute erreichen Sie zunächst die auf einer kleinen Anhöhe liegende Jakobuskirche in Oberweihersbuch. Die weitere Etappe nach Heilsbronn ist geprägt von ruhigen Wiesen- und Waldwegen, die durch kleine fränkische Dörfer führen. Sie durchstreifen das Grundbachtal, erreichen Unterbüchlein und Weitersdorf und schließlich die Marktgemeinde Roßtal mit Unterkünften, Einkehr- und Einkaufsmöglichkeiten. Im weiteren Verlauf des Weges in die Münsterstadt besteht die Möglichkeit eines Abstechers zur St.-Jakob-/St.-Ägidius-Kirche in Buttendorf. Der Jakobsweg verläuft weiter durch das Tal des Clarsbacher Bächleins bis nach Wendsdorf. Weiter geht es über Bürglein mit seiner sehenswerten Johanneskirche, danach durch das romantische Kettelbachtal, bis Sie schließlich Heilsbronn erreichen.

Beim Verkehrskreisel bei den italienischen Restaurants, wo sich auch Informationstafeln über die hier kreuzenden Jakobswege befinden, starten Sie heute Ihren Jakobsweg auf der Regelsbacher Straße. Leicht ansteigend führt Sie die Straße bis zur ehemaligen Metzgerei Dittrich und dem dahinterliegenden Gasthof Fränkisch. Noch vor der Metzgerei geht es rechts in den Hofwiesenweg und vor dem weißen, im fränkischen Stil gebauten Haus biegen Sie nochmals rechts auf einen Schotterweg ab.

Bei der nächsten Weggabelung halten Sie sich links am Zaun entlang in Richtung der Hochspannungsleitungen. Sie wandern gemächlich durch die Felder und stoßen auf einen Fuß- und Radweg, wo sich auch eine Hinweistafel über den Fränkischen Jakobsweg sowie den Marienweg befindet.

Der Jakobsweg führt zunächst nach links, kurz danach verlassen Sie den Weg nach rechts durch einen Straßentunnel der B14 und gehen weiter in Richtung Oberweihersbuch.

Nach dem Friedhof geht es rechts und nach gut 100 m biegen Sie links in den schmalen Weg ein, der Sie zu der auf einem kleinen Hügel liegenden St.-Jakobus-Kirche in Oberweihersbuch ❶ führt. Die Ruhebänke im Außenbereich der Kirche laden Sie zu einem entspannten Verweilen ein.

☺ Die Kirchengemeinden sind auf diesem Wegstück durch den Jakobsweg freundschaftlich miteinander verbunden und bieten den Pilgerinnen und Pilgern in den Kirchen ausliegende blaue Pilgerkärtchen mit Texten im Scheckkartenformat sowie Lieder zum Mitnehmen an.

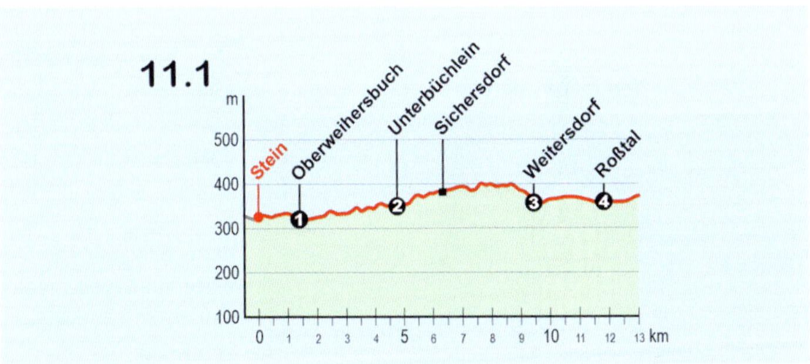

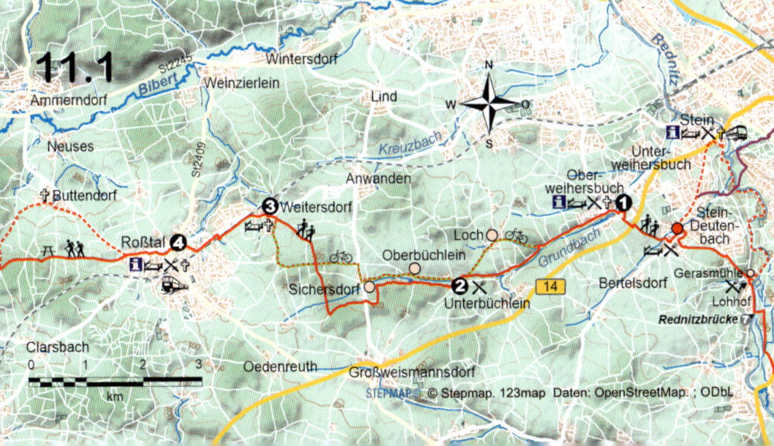

Oberweihersbuch

ev.-luth. Pfarramt, Pfarrweg 18, 90547 Oberweihersbuch, ☏ 09 11/68 40 46, pfarramt.jakobus.stein@elkb.de, www.jakobus-online.de, Di und Fr 9:00-11:00, 30 m vom Weg

Pension Geiger, Unterweihersbucher Straße 12, ☏ 09 11/67 21 53, info@gasthof-geiger.de, www.gasthof-geiger.de, Ü EZ ab € 40, DZ ab € 65, MBZ ab € 98, F ab € 12, Restaurant Mo, So Ruhetag, Di-Sa 17:30-23:00, Biergarten bei schönem Wetter ab 14:30, 800 m vom Jakobsweg entfernt, zuzgl. Rückweg, den Sie mit einplanen sollten.

Osteria da Toni, Stuttgarter Straße 8, ☏ 09 11/132 46 81, www.osteria-toni.de, Mi Ruhetag, Do-Di 11:00-14:00 und 17:00-22:00, „cucina tradizionale italiana" mit frischen Zutaten, direkt am Weg

Den Pilgerstempel gibt es in der Kirche.

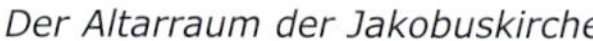
Der Altarraum der Jakobuskirche

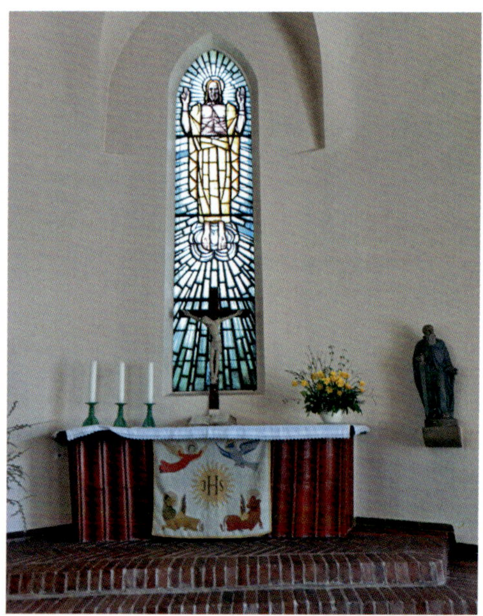

Die **Jakobuskirche** geht auf eine Kapelle in Oberdeutenbach zurück, die vermutlich schon im 14. Jh. existiert hat. Diese dem heiligen Jakobus geweihte Kapelle verfiel jedoch im Dreißigjährigen Krieg.

Die heutige evangelisch-lutherische Pfarrkirche St. Jakobus wurde 1928 als expressionistischer Saalbau errichtet. Das Kircheninnere ist geprägt von einem tonnenförmigen, schlichten Gewölbe, das die Kirche groß wirken lässt. Links vom Altar befindet sich die aus Sandstein erschaffene Jakobsfigur.

Nach der Besichtigung des kleinen Gotteshauses führen Sie ein paar Treppenstufen vom Kirchenhügel in südwestliche Richtung auf die Stuttgarter Straße und dort geht es vor der Osteria da Toni in die Locher Straße.

↳ Falls Sie in der Pension Geiger übernachten möchten, biegen Sie bei der Kirche rechts ab auf die Stuttgarter Straße bzw. im weiteren Verlauf Unterweihersbucher Straße und erreichen nach 200 m die Pension.

Radfahrerinnen und Radfahrer fahren von Oberweihersbuch auf der Locher Straße über Loch nach Unterbüchlein. Hier berühren Sie kurz den Jakobsweg und radeln weiter in westliche Richtung über Oberbüchlein nach Sichersdorf. Im Ort biegen Sie rechts auf die FÜ14 ab und verlassen diese wieder kurz nach Sichersdorf nach links auf einen Feldweg. Sie kreuzen den Jakobsweg und erreichen am Waldende eine kreuzende Straße, auf der Sie rechts nach Weitersdorf fahren, wo Sie den Jakobsweg erreichen.

Am Ortsende wandern Sie auf dem rechts von der Autostraße liegenden Fußweg im lichten Wald durchs Grundbachtal. Am Waldrandende befindet sich eine Ruhebank und nun geht es ein Stück durch offenes Gelände, bis Sie wieder in den Wald gelangen. Der Pfad endet bei einem querenden Weg. Dort gehen Sie links und queren die Straße, um dann geradeaus auf einem Pfad durch den Wald zu wandern. Sie passieren eine kleine Holzbrücke, bei der sich eine Ruhebank befindet, und pilgern weiter durch den lichten Wald, nahe dem Waldrand, und können Blicke in die bezaubernde Auenlandschaft genießen.

Nach dem letzten Waldstück befindet sich rechts eine Bank und Sie erblicken die ersten Häuser von Unterbüchlein. Sie stoßen auf eine Straße, der Sie links folgen, und nach ca. 150 m geht es rechts in Richtung Sichersdorf. Kurz danach treffen Sie auf den Gasthof Zum Grünen Tal in Unterbüchlein ❷ mit einem netten kleinen Biergarten.

Unterbüchlein

Gasthof Zum Grünen Tal, Unterbüchlein 15, 90547 Unterbüchlein, ☎ 091 27/65 59, Mi Ruhetag, Do-Di 10:00-22:00, griechische Küche, ➲ direkt am Weg

Nach dem Gasthof halten Sie sich sofort links. Bei einer Pferdekoppel mit Unterstand geht es rechts auf einen Feldweg in Richtung Wald und Sie verlassen das kleine, verschlafene Dorf. Leicht links wandern Sie in den Wald und sofort wieder rechts auf den markierten, schmalen Waldweg.

In sachtem Auf und Ab führt Sie der Weg durch den lichten Wald und bietet Ihnen Blicke auf die Felder und die ersten Häuser von Oberbüchlein. Sie erreichen einen Fischweiher in einem Waldeinschnitt und gehen in einem Rechts-links-Bogen rechts an einem Häuschen vorbei aufwärts zum Wald. Gleich zu Beginn gabelt sich der Weg. Sie halten sich rechts, wandern nun auf diesem schmaler werdenden Weg und ignorieren alle abzweigenden Wege.

Beim Verlassen des Waldes erblicken Sie ein Freizeitgrundstück mit Gartenhäuschen, das zum Ortsanfang von Sichersdorf gehört, und pilgern hier nach links auf einen Feldweg. Es geht wieder in den lichten Wald und durch eine Rechtsbogen erreichen Sie eine Landstraße, die Sie geradeaus kreuzen.

Auf einem Waldwiesenweg geht es dann wieder für ca. 700 m durch den Wald. Sie ignorieren abzweigende Wege und erreichen eine große Wegkreuzung, wo Sie sich rechts halten. Unweit des Waldrandes führt Sie der Weg nun für ca. 1,3 km geradeaus, über eine Waldschneise mit Hochspannungsleitung, bis Sie den Wald verlassen und die ersten Häuser des nächsten Ortes erblicken.

In Weitersdorf ❸, bei der Kastenreuther Straße angekommen, befindet sich linker Hand ein kleiner Picknickplatz und der Jakobsweg führt weiter auf dieser Straße.

➪ Wenn Sie das Kirchlein St. Aegidius besichtigen möchten, gehen Sie links und dann rechts die Kirchgasse entlang bis zur Kapelle. Treppenstufen führen Sie anschließend hinunter zum Jakobsweg, der auf der ortsauswärts führenden Weitersdorfer Hauptstraße weiter verläuft. Der Abstecher bedeutet einen Umweg von ca. 80 m.

Weitersdorf

Landhof Beck, Kirchgasse 7, 90574 Weitersdorf, ☎ 091 27/957 46, info.landhof-beck@gmx.de, www.landhof-beck.de, liebevoll eingerichtete Ferienwohnung, Ü 1-2 Pers. € 79, jede weitere Pers. € 10, ➲ 100 m vom Weg entfernt, direkt beim Kirchlein

✝ Die **Kapelle des heiligen Aegidius** stand früher fast allein auf einer Anhöhe am Dorfrand und wird inzwischen allerdings von dichter Bebauung eingerahmt. Sie gehörte wahrscheinlich zu der Burg des Ritters Burchard von Witansdorf, von der heute keine Spuren mehr zu sehen sind. Das Kirchlein war ursprünglich wesentlich kleiner und wurde durch verschiedene Baumaßnahmen im 14./15. Jh. sowie zu Beginn des 19. Jh. vergrößert. Die umfassende Renovierung im Jahr 1828 veränderte das ursprüngliche Gesamtbild der Kapelle wesentlich.

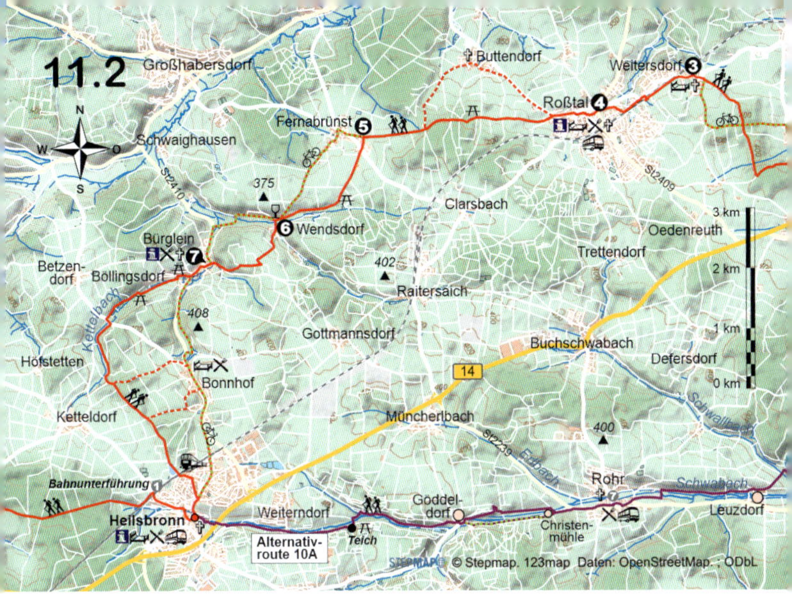

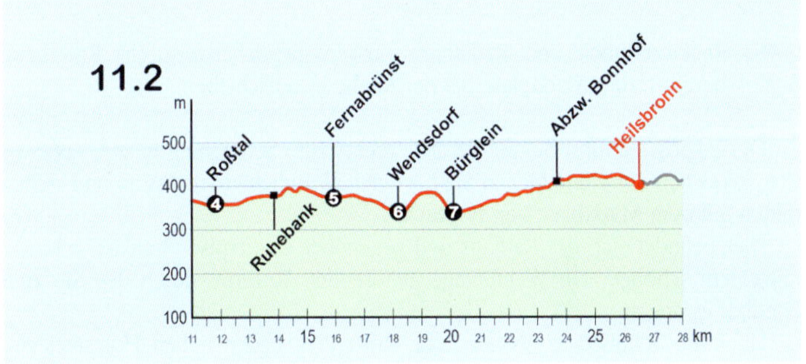

Kurz danach stoßen Sie auf eine Straße, wo sich gegenüber der Gasthof Zum Dorfbrunnen befindet, der im Jahr 2022 leider nicht bewirtschaftet wurde.

Sie lassen den Gasthof rechts liegen, kommen an der Feuerwehr vorbei und kurz vor der Bahnunterführung biegen Sie links in einen Feldweg ein. Dieser führt Sie parallel zu den Bahngleisen zum Bahnhof von Roßtal, den Sie nach rechts unterqueren. Über die Treppenstufen erreichen Sie die querende Obere Bahnhofstraße und gehen links.

Nach 75 m, noch vor der Rechtskurve der Straße, biegen Sie wiederum links in die Sackgasse Ulmenweg ab.

Sie gehen bis zum Ende der Sackgasse und dann weiter auf dem leicht unterhalb der Gleise verlaufenden Weg mit weiten Blicken über Roßtal. Der Fußweg endet schließlich bei einer Straße, die Sie rechts zur Christkönigkirche führt und weiter abwärts zum Ort.

Nach der Linkskurve der Straße können Sie, falls Sie Vorräte auffüllen möchten oder Hunger verspüren, über die rechts abbiegende Straße einen Supermarkt und ein Café erreichen.

Der Jakobsweg führt Sie weiter geradeaus auf einer Teerstraße. Sie kommen nochmals an einem Supermarkt vorbei und passieren eine Apotheke. Bei einer BANK Bank stoßen Sie auf eine querende Straße und gehen halb links in die Richtersgasse.

Wenn Sie an dieser Stelle statt halb links rechts in die Nürnberger Straße gehen und den Kreisel überqueren, gelangen Sie zum Gasthof Kapellenhof.

Radfahrerinnen und Radfahrer müssen möglicherweise ihr Rad beim Schlossberg bis zum Marktplatz bei der Kirche hinaufschieben!

Der Jakobsweg führt bei der Eisdiele rechts zum Schloßberg hinauf. Kurz vor dem Erreichen der Höhe biegen Sie bei einer Ruhebank rechts ab und stehen mitten auf dem Marktplatz von Roßtal ❹.

Hier befindet sich das Rathaus und gegenüber eine typisch fränkische Kirche mit einem schönen, zur Wehranlage gehörenden Torturm, durch den Sie zum Friedhof gelangen.

Über die Schulstraße, wo ein Dritte-Welt-Laden neben Holzspielzeug auch Getränke, Kekse und Schokolade anbietet, erreichen Sie bei einer kleinen Bauminsel die Straße Zinkenbuck, der Sie rechts abwärts folgen.

Am Ende der Straße befindet sich linker Hand das Apartmenthaus am Birnbaum und links gehend erreichen Sie nach 200 m das Restaurant da Tino.

Roßtal

ev.-luth. Pfarramt Roßtal, Schulstraße 17, 90574 Roßtal, 091 27/908 32 10, pfarrbuer@ev-kirche-rosstal.de, www.ev-kirche-rosstal.de, Mo, Mi, Do, Fr 9:00-12:00, Do zusätzl. 14:00-18:00, 50 m vom Weg

Gasthof Kapellenhof, Fürther Straße 10, 90574 Roßtal, ☏ 091 27/575 14, info@kapellenhof.com, www.kapellenhof.com, Preise für ÜF auf Nachfrage, es gibt spezielle Pilgerpreise. ➲ 180 m vom Weg, hinter dem Kreisel bei der Nürnberger Straße

♦ **Apartmenthaus Zum Birnbaum**, Felsenstraße 2, 90574 Roßtal, 01 75/577 93 09, info@apartmenthaus-rosstal.de, www.apartmenthaus-rosstal.com, komplette Küchenausstattung, Preise erhalten Sie auf Nachfrage, Pilgerinnen und Pilger sind herzlich willkommen, ➲ 30 m vom Weg

Pizzeria La Locanda, Nürnberger Straße 5, 90574 Roßtal, ☏ 091 27/90 29 05, www.pizzeria-locanda.de, Di Ruhetag, Mo, Mi-Sa 10:30-14:00 und 17:00-22:00, So und Feiertage 16:30-22:00, ➲ 10 m vom Weg

♦ **Pizzeria Da** Tino, Matzenberg 1, 90574 Roßtal, ☏ 091 27/57 07 11, Mo Ruhetag, Di-Fr, So 17:00-22:00, Sa 11:00-14:00 und 17:00-22:00. ➲ 200 m vom Weg, auf der Felsenstraße Richtung Süden

Pilgerstempel liegt in der Kirche St. Laurentius

Die S4 fährt nach Heilsbronn, Ansbach und Nürnberg.

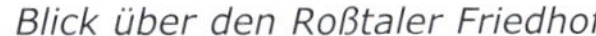

Blick über den Roßtaler Friedhof

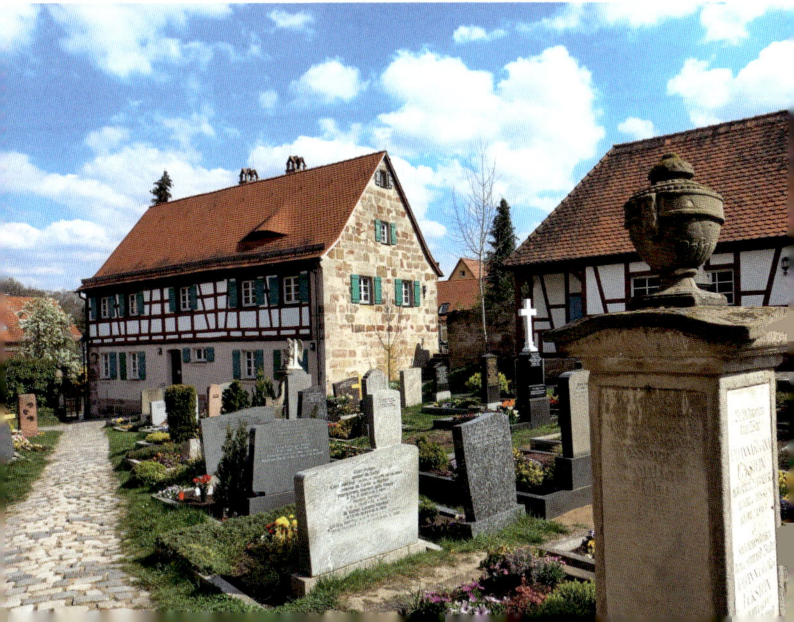

✞ Die katholische **Kirche Christkönig** wurde 1951 geweiht. In den Jahren 1956/1957 erschuf der Nürnberger Künstler Herbert Bessel ein gigantisches Wandbild, das im Mittelpunkt Christus als Weltenrichter darstellt und den gesamten Altarraum ausfüllt. Die vier Glocken der Roßtaler Pfarrkirche lassen, wenn sie zusammen läuten, das „Salve Regina" erklingen.

✞ Die evangelische **St.-Laurentius-Kirche** prägt das Bild von Roßtal. Der Bau geht auf eine Stiftung der Pfalzgräfin Irmingard von Hammerstein in den Jahren 1025-1042 zurück.

Das mächtige Bauwerk weist Baustile verschiedener Epochen auf. Das aus gelben Sandsteinquadern bestehende Langhaus, das zum Teil noch mit romanischen Fenstern bestückt ist, wird dem 12./13. Jh. zugeordnet. Der Turm sowie der Chor der Kirche stammen aus gotischer Zeit.

Die Krypta der St.-Laurentius-Kirche diente in früheren Zeiten als Grabstätte der heiligen Irmingard und ist nachweislich eine der ältesten Teile der Kirche. Später errichtete man der heiligen Irmingard die Grabstätte in einer offenen Nische in der Westwand der Krypta, um den Wallfahrerinnen und Wallfahrern einen Blick auf das Grab der Kirchenstifterin zu ermöglichen. Auch heute noch ist die Krypta mit ihrem Tonnengewölbe, das von 12 Pfeilern getragen wird, ein beeindruckender Ort der Stille.

Roßtal wird urkundlich 954 erstmals als „urbs horsadal" erwähnt. Es besitzt zu dieser Zeit eine der größten Burgen des Reiches, die auf einem Bergsporn, dem heutigen Oberen Markt, errichtet wurde.

Auf dem Archäologischen Rundweg lassen heute zahlreiche Ausgrabungen erkennen, wie die Menschen innerhalb des Burgareals gelebt haben. An den einzelnen Stationen finden Sie großformatige Schautafeln mit Informationen über diese Zeit.

Auch die Hohenzollern haben Roßtal seit dem 13. Jh. über sechs Jahrhunderte hinweg geprägt. 1328 erhielt der 64 Ortschaften umfassende Bezirk Roßtal von Kaiser Ludwig dem Bayern die Stadt- und Marktrechte sowie die hohe Gerichtsbarkeit verliehen. Durch Markgraf Georg den Frommen trat Roßtal im 16. Jh. zum protestantischen Glauben über.

Das Technikzeitalter zog 1872 in Roßtal ein, mit dem Anschluss an die Eisenbahnstrecke Nürnberg – Ansbach, sowie 1910 mit dem elektrischen Licht. Während des Zweiten Weltkrieges blieb Roßtal weitgehend verschont und wurde nach dem Krieg zum Zufluchtsort ausgebombter Großstädterinnen und Großstädter sowie für viele Flüchtlinge aus dem Osten.

Heute bietet Roßtal interessante kulturelle Veranstaltungen wie z. B. den Kultursommer, Kulturherbst und die traditionelle Kirchweih (Kärwa).

Sie queren die Felsenstraße, gehen kurz geradeaus und biegen links auf den Fußgängerweg neben der Ortsdurchfahrtsstraße, der Pelzleinstraße, ab. Vor dem beginnenden Fuß- und Radweg biegen Sie von der Pelzleinstraße links in die Fernabrünster Straße.

↳ Hier an dem Abzweig bietet sich Ihnen die Möglichkeit eines Abstechers zur 1,7 km entfernten Kirche St. Jakob/St. Ägidius in Buttendorf, der 900 m zusätzliche Wegstrecke bedeutet.

Sie pilgern auf dem Fuß- und Radweg geradeaus weiter bis nach Buttendorf und gelangen über die Lindenstraße zur Kirche.

✝ ⊙ **Kirche St. Jakob/St. Ägidius**. Die Kirche stammt im Kern aus dem 14. Jh. Als St.-Ägidien-Kapelle befand sie sich 1414 im Besitz des Burggrafen von Nürnberg und ab 1430 unterstand die Kapelle der Pfarrei Roßtal. Mitte des 16. Jh. fanden dann nur noch zwei Gottesdienste – am Sonntag nach Jacobi (25.7.) und am Ägidientag (1.9.) – statt. Daher entstand später die Annahme, es handele sich um eine Jakobuskirche. 1510 wurde der Chor im Osten der Kirche angebaut. In seiner annähernd quadratischen Form mit einem Kreuzrippengewölbe versehen beherbergt der Chor einen mittelalterlichen Altar mit Reliquiennische. Auf dem Walmdach über dem Chor befindet sich ein offener Glockenstuhl, der eine Kirchenglocke beherbergt. Das Portal auf der Südseite des Kirchenschiffs wurde 1585 neu gestaltet und ein weiterer Umbau erfolgte 1779, bei dem die Rechteckfenster der Südwand eingebrochen wurden. Die Kirche wurde in den Jahren 1851 und 1957 renoviert und wird heute durch die Dorfbewohnerinnen und -bewohnern fürsorglich gepflegt.

Der Rückweg verläuft in westliche Richtung über die Hügelstraße, die Sie aus Buttendorf hinausführt. 350 m nach dem Ortsende gabelt sich der Weg und Sie wählen den mittleren Feldweg, der Sie nach 900 m wieder den Jakobsweg erreichen lässt.

Die Straße führt Sie aus Roßtal hinaus und geht in einen breiten, geschotterten Feldweg über, wo sich in einer kleinen Rechtskurve eine ⊼ Ruhebank befindet. Sie wandern durch die Felder- und Wiesenlandschaft, die von Wäldern und sanften Hügeln eingerahmt wird. Es geht über eine Wegkreuzung hinweg in Richtung Wald.

Kurz vor dem Waldeintritt erwartet Sie nochmals eine Ruhebank und Sie wandern leicht bergab durch den lichten Wald. Sämtliche abzweigenden Wege werden ignoriert, bis Sie das Waldende erreichen, und nun geht es zielstrebig geradeaus zum Dorf Fernabrünst.

Radlerinnen und Radler fahren in Fernabrünst geradeaus weiter auf der Roßtaler Straße, biegen rechts in die Fernabrünster Straße, die Sie kurz danach in die links abbiegende Wendsdorfer Straße verlassen. Sie erreichen Wendsdorf, berühren hier kurz den Jakobsweg und fahren, das „Alte Milchhaus" rechts liegend lassend, in einem Linksbogen zum Ort hinaus. Sie treffen auf den Rad- und Fußweg der St2410 und zweigen links nach Bürglein ab, wo Sie wieder den Jakobsweg erreichen.

Am Ortsanfang von Fernabrünst ❺ bei der ersten Straße (Am Röthlein) wenden Sie sich nach links und verlassen bald den Ort, indem Sie eine Landstraße überqueren.

Der Jakobsweg führt Sie weiter auf einem Teersträßchen an einzeln stehenden Häusern vorbei und bei den folgenden Gabelungen wandern Sie immer geradeaus.

Nach dem Unterqueren einer Hochspannungsleitung folgt bei der nächsten Weggabelung, mitten in den Feldern und oberhalb von zwei Weihern, ein wunderschöner Pilgerpicknickplatz.

Der mit Buschwerk gesäumte Wiesenweg führt Sie abwärts ins idyllische Tal des Clarsbacher Bächleins zu einigen Fischweihern. Sie durchwandern das von Hügeln eingerahmte Tal, passieren einen Ponyhof und erreichen eine kleine Straße im kleinen Ort Wendsdorf.

☺ Hier beim ersten Bauernhof gibt es rechts hinter dem Hof das Alte Milchhaus, einen Selbstbedienungsladen, der viele verlockende Dinge zu bieten hat, wie Getränke, Kekse, Schokolade, Joghurt, Eis, Wurst, Eier und Käse.

Der Jakobsweg führt links nach Wendsdorf ❻ hinein, bis Sie vor einer Bauminsel rechts auf einen ansteigenden Feldweg abbiegen. Sie verlassen den beschaulichen Ort und haben wunderbare Rückblicke auf Wendsdorf.

Nach einer Rechtskurve bei einem Schuppen und Schuttabladeplatz gabelt sich der Weg und Sie halten sich weiter auf dem Weg leicht rechts. Weiter aufwärtsgehend stoßen Sie auf einen querenden Feldweg und wandern nach links. Nach 110 m biegen Sie scharf rechts auf einen Wiesenweg ab, der Sie kurz danach auf einen leicht rechts führenden Schotterweg führt.

Am Ende einer linksseitig verlaufenden Buschreihe biegen Sie links in einen bergabführenden Wiesenweg ein. Es geht noch durch ein Waldstück hindurch und Sie erreichen schließlich Bürglein.

Sie gehen rechts auf der Straße in den Ort und haben schon den Fachwerkturm der Johanneskirche im Visier. Sie wandern am Gasthof Weißes Ross vorbei und erreichen den Abzweig eines Fußweges zur rechts liegenden Kirche in Bürglein ❼, die eine Besichtigung lohnt. Auf Ihrem Weg durch den Ort kommen Sie an dem griechischen Restaurant Zur Friedenseiche vorbei.

Bürglein

ev.-luth. Pfarramt Bürglein, Kirchenweg 7, 91560 Bürglein, ☏ 098 72/75 04, Pfarramt.buerglein@elkb.de, www.buerglein-evangelisch.de, Di und Fr 9:00-11:00, 20 m vom Weg

(✕) **Gasthof Weißes Ross**, Großhabersdorfer Straße 25, 91560 Bürglein, ☏ 098 72/89 67, der Gasthof öffnet nur für Gruppen nach Voranmeldung, keine Übernachtung mehr möglich, direkt am Weg

✕ **Restaurant zur Friedenseiche**, Großhabersdorfer 5, 91560 Bürglein, ☏ 098 72/68 54, www.friedenseiche-buerglein.de, Mo Ruhetag, Di-Sa 17:00-22:00, So und Feiertage 11:00-14:00 und 17:00-21:00, griechische Spezialitäten, fränkische Küche, Pizza, direkt am Weg

⊙ Den Pilgerstempel gibt es in der Kirche.

✞ Die **Johanneskirche** wurde im Wesentlichen 1725/26 im Spätbarock im schlichten Markgrafenstil errichtet, wobei allerdings schon eine Vorgängerkirche aus dem 13. Jh. bezeugt ist. Aus dieser Zeit stammt möglicherweise der gotische Westturm aus Sandstein. 1862 erfuhr die Innenausstattung der Kirche eine Renovierung. Drei Buntfenster und die Bemalung von zwei Chorfenstern trugen zur Verschönerung der Kirche bei. Drei wertvolle, prachtvoll verzierte Bronzeglocken aus dem 13., 14. und 15. Jh. wurden Maria geweiht und sind der besondere Schatz der Kirche.
Im Kirchhof lädt Sie eine Steinbank mit abgelegten Engelsflügeln und einem angelehnten Jakobsstab zum Verweilen ein, was an den Psalm 91:11 (Lu17) denken lässt: „Denn er hat seinen Engeln befohlen, dass sie dich behüten auf allen deinen Wegen."

Außerdem finden Sie hier den Kirchenjahresweg. Er informiert über die Bedeutung liturgischer Farben und symbolischer Pflanzen, da jede Zeit und jedes Fest im Jahr eigene Farben haben, die sich im Gottesdienst in den Gewändern der Geistlichen sowie in symbolischen Pflanzen widerspiegeln.

Der Jakobsweg führt weiter auf der Großhabersdorfer Straße aus Bürglein hinaus und nahtlos nach Böllingsdorf hinein. Knapp 100 m nach dem griechischen Restaurant biegen Sie vor einem gelben Türmchen rechts auf die Straße Am Kettelbach ab.

Jakobsweghinweisschild in Böllingsdorf mit Ruhebank

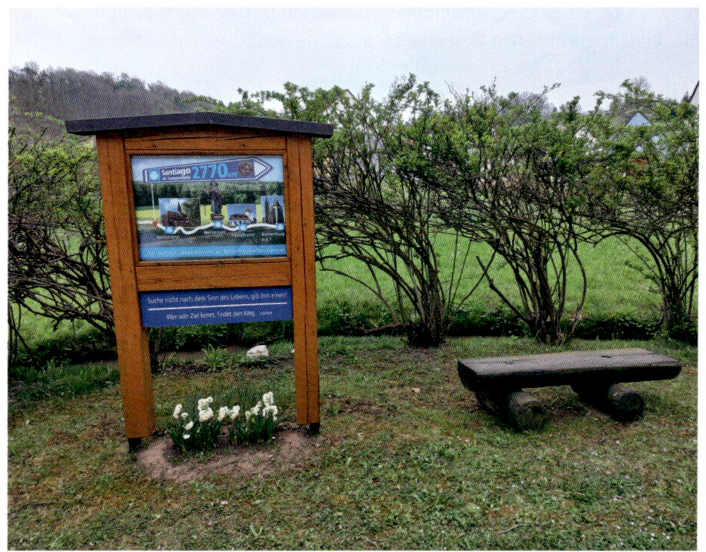

🚲 Falls Sie mit dem Rad die Variante über Bonnhof nach Heilsbronn wählen, um im Gasthaus Lutz einzukehren oder zu übernachten, queren Sie den Kettelbach und fahren entlang Bonnhöfer Straße nach Bonnhof. Von dort führt der Weg in südliche Richtung über die Bürgleiner Straße und weiter auf dem Fahrradweg der St2410 geradeaus in das Städtchen Heilsbronn. Sie radeln bis zum Ende der Fürther Straße und stoßen wieder auf den Jakobsweg.

Auf diesem Anwohnersträßchen treffen Sie bei einem kleinen Bach auf einen ⛼ Pilgerrastplatz mit Hinweistafeln über den Jakobsweg. Kurz vor dem Feuerlöschteich mit dem „Fränkischen Wetterdienst“ macht die Straße einen Linksbogen und Sie biegen anschließend rechts auf den zunächst gepflasterten Weg ab, der Sie zum Ort hinausbegleitet.

Der plätschernde Kettelbach begleitet Sie nun durch das romantische Tal mit seinen saftig grünen Wiesen, den Feldern und Wäldern. Beim Rechts-links-Bogen des Weges treffen Sie erneut auf einen ⛩ Pilgerrastplatz mit Meditationsstele. Sie wandern weiter durch das Tal, der Weg steigt leicht an und Sie durchstreifen den Rand eines lichten Waldes. Unterhalb von Ihnen erblicken Sie wieder einige idyllisch gelegene Fischteiche.

Sie stoßen auf eine kleine Landstraße, halten sich kurz links und nach der Querung des Kettelbachs biegen Sie rechts auf einen Wiesenpfad ab, der am Waldrand entlangführt. Der Pfad mündet halb rechts in einen Waldweg, wo Sie auch eine Jakobsmuschel als Bodenmarkierung entdecken können.

Es geht unter einer Hochspannungsleitung hindurch, der Weg führt auf einen anderen Waldweg und Sie gehen leicht rechts weiter. Sie biegen links auf ein Teersträßchen und folgen dem Wegweiser Richtung Heilsbronn. Kurz danach wandern Sie links auf einen Feldweg in Richtung Wald und erreichen nach knapp 150 m den Abzweig der Jakobswegschleife über Bonnhof zur ehemaligen Probstei und zum Gasthaus Lutz, der auch mit einer Jakobsmuschel markiert ist.

Links abbiegend führt Sie der Weg geradeaus durch den Wald und nach einem Bauernhof biegen Sie rechts auf die Landstraße ab, die Sie in den Ort zum Gasthaus Lutz führt. Für den Weg über Bonhof sind 2,3 km zusätzlicher Weg einzuplanen.

Bonnhof

Gasthaus Pension Biergarten Lutz, Bürgleiner Straße 23, 91560 Bonnhof, ☏ 098 72/23 66, dieter.lutz@gmx.de, www.fremdenzimmer-pension-übernachtung-lutz-heilsbronn.de, Preise auf Nachfrage, Mo Ruhetag, Di-Sa 16:00-22:00, So 11:00-14:00 und 16:00-21:00, 1,4 km vom Weg

Der Rückweg verläuft in südliche Richtung vom Gasthaus über die Bürgleiner Straße, die Sie nach 400 m rechts in den Föhrenweg verlassen. Am Ende des Sträßchens geht es links in den Wald und nach einem Linksabzweig wandern Sie am Waldrand entlang. Ein kurzes Stück weiter biegen Sie rechts ab und folgen diesem Weg, bis Sie den Jakobsweg wieder erreichen.

Der Jakobsweg führt weiter geradeaus am Waldrand entlang. Sie queren eine kleine Teerstraße, es folgen noch zwei ⛩ Ruhebänke und Sie erblicken bereits die ersten Häuser von Heilsbronn. Der Weg endet in der Kurve einer Landstraße, auf der Sie in bisheriger Gehrichtung weiterlaufen. Sie passieren die Gleise und haben Heilsbronn erreicht.

Sie gehen links auf die Caspar-Othmayr-Straße, die Sie nach rechts auf die Bahnhofstraße verlassen. Sie kommen an einer Sparkasse und einer Polizeistation vorbei und biegen bei der Fußgängerampel rechts abwärts in die Straße Am Postberg ein, die in Richtung Stadtmitte führt. Sie pilgern geradewegs durch das Tor zum Marktplatz und zum Münster St. Marien und Jakobus in Heilsbronn.

Am Marktplatz finden Sie Einkehrmöglichkeiten.

Heilsbronn

Amt für Kultur und Tourismus, Kammereckerplatz 1, 91560 Heilsbronn, 098 72/806-51 oder 806-50, kulturamt@heilsbronn.de, www.heilsbronn.de, Mo-Fr 8:00-12:00, Mo auch 14:00-16:00, Do auch 14:00-18:00, Information und Buchung von Stadt-, Münster- und/oder Museumsführungen, 130 m vom Weg

♦ **ev.-luth. Pfarramt**, Pfarrgasse 8, 91560 Heilsbronn, 098 72/12 97, Pfarramt.heilsbronn@elkb.de, www.heilsbronn-evangelisch.de, Mo, Mi, Fr 9:00-12:00, Do 15:30-17:30, Information und Buchung von Münsterführungen, 100 m vom Weg

Gasthof Goldener Stern, Ansbacher Straße 2, 91560 Heilsbronn, 098 72/12 62, kontakt@goldner-stern-heilsbronn.de, www.goldner-stern-heilsbronn.de, eine Übernachtung ist nach vorheriger Reservierung immer möglich, ÜF EZ ab € 45, DZ ab € 74, Restaurant Do Ruhetag, Mo-Mi, Fr, Sa 17:00-20:30, So 11:00-14:00, Vesperpaket erhältlich. 250 m vom Etappenende, in südwestlicher Richtung

Pizzeria Catania, Marktplatz 13-15, 91560 Heilsbronn, 098 72/95 56 72, www.restaurantcatania.de, Mo, Do geschlossen, Di, Mi, Fr-So 17:00-22:00, mediterrane Küche, 30 m vom Jakobsweg

Café Simitci, Marktplatz 3, 91560 Heilsbronn, Mo Ruhetag, Di-Fr 6:30-18:00, Sa, So 8:00-18:00, es werden auch kleine Gerichte angeboten, am Weg.

Der Pilgerstempel liegt im Eingangsbereich des Münsters am Kartenstand.

Linie 715 nach Weihenzell

Zug- und S-Bahn-Verbindungen nach Ansbach und Nürnberg

✞ Das **Heilsbronner Münster** mit seiner dreischiffigen Basilika wurde in mehreren Abschnitten erbaut, wie z. B. die gotische Ostchorerweiterung am Ende des 13. Jh. und der Anbau der „Ritterkapelle" im 14. Jh., die bis ins frühe 17. Jh. als Familiengrablege des fränkischen Adels diente. In der zweiten Hälfte des 19. Jh. beauftragte der bayerische König Ludwig I. den Architekten Friedrich von Gärtner, das Münster zu reromanisieren. Ursprünglich sollten auch Mortuarium und Ostchor abgebrochen werden, weil sie laut Meinung des Architekten nicht mit der Vorstellung von einer romanischen Kirche vereinbar waren.

April-Okt tägl. 10:00-17:30, Nov-Dez, März tägl. 10:00-16:00, Jan-Feb geschlossen, Führungen Ostersonntag-Ende Okt So 13:30-14:30, Do 20:15-21:00, Eintritt Abendführung € 3, bei den sonntäglichen Führungen wird um eine Spende gebeten.

⌘ **Stadtgeschichtliches Museum**. Das Museum zur Geschichte des ehemaligen Zisterzienserklosters und der daraus hervorgegangenen Stadt Heilsbronn befindet sich im Dachgeschoss des Konventhauses.

Hier wird die Geschichte des Klosters von der Gründung im Jahr 1132 bis zu seiner Auflösung 1578 dargestellt. Thematisiert wird die Zeit nach der Säkularisierung, die Fürstenschule im ehemaligen Kloster, das religiöse Leben im protestantischen Heilsbronn sowie die Entwicklung Heilsbronns im 18.-20. Jh. in den Bereichen Heilkunde, Gewerbe, Freizeit, Sicherheit, Krieg und Frieden.

♦ Hauptstraße 5, 91560 Heilsbronn, ☎ 098 72/80 51 13,
stadtmuseum@stadt-heilsbronn.de, www.museum-heilsbronn,
Mo-Do geschlossen, Fr-So 14:00-16:00, Jan-Feb nur So 14:00-16:00, Gruppenführungen über die Stadt buchbar

Heilsbronn ist zwischen Nürnberg und Ansbach in einer waldreichen Gegend gelegen.

Bischof Otto I. von Bamberg stiftete das Kloster 1132 dem Ort Haholdesbrunn, dem heutigen Heilsbronn und es wurde St. Marien und St. Jakobus geweiht.

Die Besiedlung des Klosters erfolgte durch Zisterzienser aus Ebrach, die bis 1578 das Kloster führten. Der Konvent besaß in fast 300 Orten Güter in der Gegend zwischen Main und Donau, außerdem sechs Stadthöfe und das Patronat über 37 Pfarreien. Als landwirtschaftlicher Großbetrieb versorgte er vor allem die Stadt Nürnberg mit seinen Erzeugnissen.

Das Heilsbronner Kloster nahm bereits um 1200 im äußeren Klosterbereich Pilgernde in dem ältesten Gasthof in Heilsbronn, dem Gasthof Zum Adler mit dem damaligen Namen „Steinhof“, auf

Von 1791 bis 1806 gehörte das auf 850 Einwohnerinnen und Einwohner angewachsene Heilsbronn wie die ganze Markgrafenschaft Ansbach zum Königreich Preußen und anschließend zum Königreich Bayern.

Ab Ende des 19. Jh. war der Marktflecken Kloster Heilsbronn an die neu eröffnete Eisenbahnlinie Nürnberg – Heilsbronn – Ansbach angeschlossen und erhielt dadurch einen wirtschaftlichen Aufschwung. 1932 wurde der nun 1.700 Einwohnerinnen und Einwohner zählende Ort zur Stadt erhoben.

Heute finden in Heilsbronn Konzerte im Münster, Kirchweihen, Feste und Märkte statt, die das Städtchen beleben.

Etappe 12: Heilsbronn – Weihenzell

14,5 km, 4 Std., ↑ 176 m, ↓ 194 m, ⇧ 345-451 m

0,0 km	⇧ 398 m	Heilsbronn
1,0 km	⇧ 422 m	Abzweig nach Bahnunterführung in Heilsbronn
5,1 km	⇧ 395 m	Großhaslach
6,3 km	⇧ 425 m	Besinnungsweg, Station Luft
9,1 km	⇧ 345 m	Reckersdorf
11,0 km	⇧ 428 m	Forst
14,5 km	⇧ 383 m	Weihenzell

Die kurze Etappe nach Weihenzell führt Sie zunächst durch den Ketteldorfer Forst nach Großhaslach mit der schönen St.-Marien-Kirche und dem sehenswerten Bahrhaus. Sie pilgern anschließend auf dem Besinnungsweg Vier Perlen am Jakobsweg und weiter durch ruhige, einsame Wälder. Der Jakobsweg bringt Sie zu den kleinen Dörfern Reckersdorf und Forst und über einen aussichtsreichen Picknickplatz oberhalb von Weihenzell wandern Sie hinab zur Ortsmitte und der dort liegenden Jakobskirche.

Vom Kloster gehen Sie auf der Hauptstraße in Richtung des gelben Rathauses. Vor diesem biegen Sie rechts ab zum Lindenplatz, den Sie in Richtung des Blumenladens überqueren. Auf dem Fußgängerweg erreichen Sie den Birnbaumweiher.

Sie wandern rechts und im Linksbogen um den Weiher bis zu einer Infotafel über den Mittelfränkischen Jakobsweg. Hier geht es geradeaus auf der Alten Poststraße weiter und beim Stoppschild angekommen queren Sie die Badstraße, um sich in Richtung Ketteldorf zu halten. Auf der auf- und absteigenden Ketteldorfer Straße gehen Sie durchs Wohngebiet, bis Sie nach der Durchquerung der Bahnunterführung ❶ Heilsbronn verlassen.

Sofort gehen Sie links auf einen Schotterweg, der parallel zu den Bahngleisen verläuft. Die Markierung ist hier nicht gut ersichtlich.

In einem Rechtsbogen entfernt sich der Feldweg von der Bahnstrecke und führt in Richtung Wald. Schnurgerade führt der Weg Sie durch den Ketteldorfer Forst. Bei den folgenden zwei Wegkreuzungen treffen Sie auf Ruhebänke und gehen weiter auf dem Weg, der Sie später am Waldrand entlangführt.

Bei zwei kleinen Weihern treffen Sie ebenfalls auf eine Ruhebank.

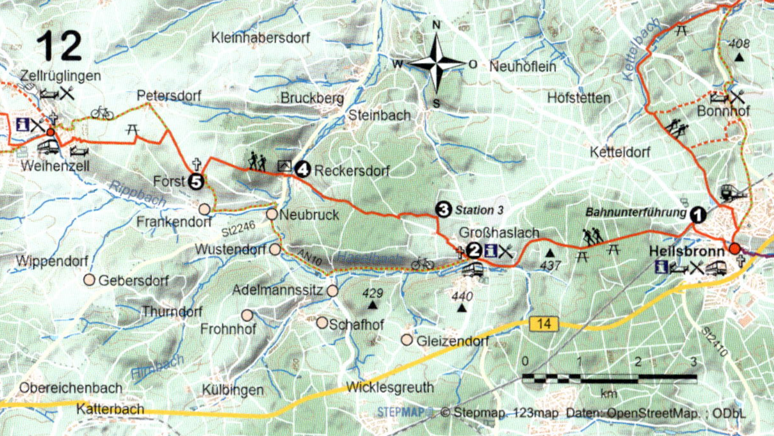

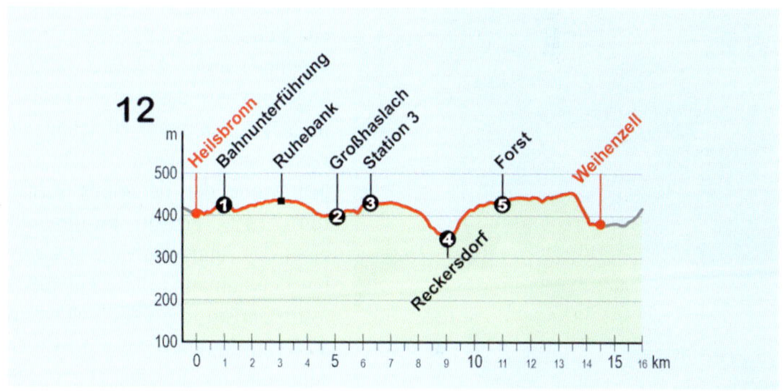

Sie münden dann in eine kleine Teerstraße, die Sie nach Großhaslach bringt. Am Ortsanfang wandern Sie am Wirtshaus zum Fassbinder und später am Rathaus von Großhaslach ❷ vorbei.

Großhaslach

ev.-luth. Pfarramt, Kirchplatz 1, 91580 Großhaslach, ☏ 098 72/76 00, pfarramt@grosshaslach.de, www.grosshaslach.de, Di-Do 8:00-11:00, ➲ direkt am Weg

Wirtshaus zum Fassbinder, Heilsbronner Straße, 91580 Großhaslach, ☏ 098 72/75 55, Do Ruhetag, Mo-Mi, Fr ab 16:30, Sa, So ab 10:00, Vesper und Mahlzeiten bitte tel. vorbestellen, ➲ direkt am Weg

✕ **Restaurant Dionysos**, Dorfplatz 10, 91580 Großhaslach, ☏ 098 72/969 98 56, 💻 www.dionysos-grosshaslach.de, Mo Ruhetag, Di, Mi 17:00-22:30, Do-Sa 11:30-14:30 und 17:00-22:30, So 11:00-22:30, griechische Spezialitäten, Biergarten, ➲ direkt am Weg

Bäckerei Peipp, Talstraße 2, 91580 Großhaslach, ☏ 098 72/14 78, Mo-Sa 6:00-13:00, Mi auch 14:30-18:00, ➲ direkt am Weg

♦ **Landmetzgerei Geyer**, Kirchenweg 3, 91580 Großhaslach, ☏ 098 72/74 52, Mo-Sa 7:00-12:30, Mo-Fr auch 14:30-18:00, ➲ direkt am Weg

⊙ Pilgerstempel im Bahrhaus bei der Marienkirche

Linie 715 nach Weihenzell

Taufstein im ehemaligen Bahrhaus neben der Kirche St. Marien

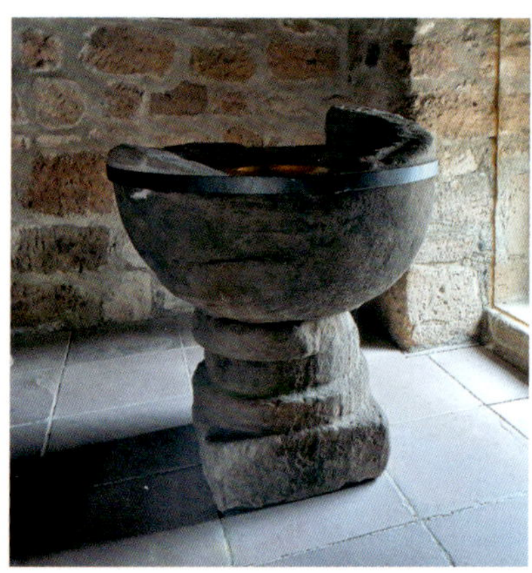

✞ Das Erscheinungsbild der **Kirche St. Marien** in Großhaslach geht auf das 18. Jh. zurück, da zu dieser Zeit wegen Einsturzgefahr ein Neubau des Langhauses notwendig wurde. Es wird jedoch angenommen, dass bereits im 12. Jh. ein romanischer Steinbau als Gotteshaus existierte. Nachweislich wurde der derzeitige Kirchturm 1497 erbaut. Im Inneren zeigt das Altargemälde von Gotthard Naumann den knienden Jesus Christus am Ölberg. Es zog 1784 in die Kirche, wie auch der Altar und die Kanzel. Die Orgel vom Orgelbauer Strebel aus Nürnberg wurde 1890 erworben.

In Großhaslach existiert eine alte Legende über ein delikates Fischessen der Frauen. Zu Beginn des 16. Jh., während der Bauernkriege, lehnte sich das Volk gegen die von den Pfarrern geforderten Abgaben auf. Die Großhaslacherinnen fischten einen gut bestückten Fischweiher des Klosters leer und veranstalteten einen köstlichen Fischschmaus. Im folgenden Verhör wurden zunächst die Männer, dann die Frauen verdächtigt. Schließlich schob man einige Schwangere vor, die plötzlich Heißhunger auf Fisch hatten. Die Frauen hatten Glück, ihre Taten wurden nur als Mundraub geahndet. Die Fische im Wappen Großhaslachs erinnern an dieses Ereignis.

Sie passieren die Straßenkreuzung und kommen am griechischen Lokal Dionysos vorbei. Es folgt die Bäckerei Peipp, wo Sie rechts auf den gepflasterten Weg in Richtung Kirche abbiegen und gleich danach auf die Metzgerei Geyer treffen.

🚲 Bei der Bäckerei halten sich Fahrradfahrer und die Fahrradfahrerinnen geradeaus auf der Talstraße, bis Sie an deren Ende in die AN10 nach rechts einbiegen. Sie radeln durch Wustendorf, kreuzen die St2246 und fahren am östlichen Ortsrand von Neubruck entlang. Nun wird die AN10 gequert und Sie fahren sofort links auf den Fahrradweg bis kurz vor Frankendorf. Dort geht es rechts nach Forst hinauf.

Im Kirchhof angelangt lohnt sich eine Besichtigung der evangelischen Marienkirche sowie des benachbarten Bahrhauses, der heutigen Taufkapelle, wo Sie auf den wohl ältesten Taufstein Frankens treffen.

Zwischen Kirche, Bahrhaus und dem angrenzenden Schulhaus führt der Jakobsweg ortsauswärts. Vor dem Friedhof geht es rechts und quer über den Parkplatz an einem Wartehäuschen sowie einer ⛩ Parkbank vorbei. Auf dem Teersträßchen gehen Sie bergab. Nach einem Rechtsbogen treffen Sie auf eine Straße, der Sie links folgen, und verlassen Großhaslach.

Sie begegnen nun den „Vier Perlen am Jakobsweg", einem Besinnungsweg, der die Elemente Wasser, Feuer, Erde und Luft zum Thema hat. Diese vier Stationen laden Sie in der freien Natur zum Besinnen und zum Ruhen ein.

Sie passieren die Station des Wassers und bei der zweiten Station, der des Feuers, führt der Jakobsweg nach rechts. Es folgt die dritte Station ❸, die der Luft gewidmet ist und Ihnen auch ⛩ Ruhebänke bietet. Hier wandern Sie links auf einem Feldweg weiter am Waldrand entlang. Im Wald angekommen halten Sie sich bei der folgenden Bauminsel links, kurz danach rechts und erreichen die letzte Station des Besinnungsweges, die Erde.

Nun wandern Sie für gut 1 km auf dem z. T. grasigen Waldweg immer geradeaus durch den schönen, stillen Wald und ignorieren sämtliche Abzweigungen. Sie stoßen auf einen breiteren Forstweg und pilgern auch hier weiter in bisheriger Gehrichtung. Mit einem leichten Links-rechts-Bogen verlassen Sie den Wald in die offene, hügelige Landschaft und erblicken bereits Reckersdorf. Der gepflasterte Weg führt Sie abwärts zum Ort .

Geradeaus durchqueren Sie Reckersdorf ❹ über zwei kleine Brücken, wo sich auch ein ⛩ Picknickplatz bei einem Spielplatz befindet. Sie erreichen die Landstraße bei einem ⌂ Wartehäuschen und einer mittelfränkischen Jakobswegstele.

Nach dem Passieren der Straße gehen Sie kurz rechts und gleich wieder links auf die steil ansteigende Teerstraße, die beim Waldanfang in einen Schotterweg übergeht. Im Wald, am Ende des Anstiegs, gabelt sich der Weg, Sie halten sich links und nach knapp 50 m, nach der Rechtskurve, zweigt halb rechts ein Waldweg ab.

Beim Waldaustritt gehen Sie weiter auf einem Feldweg, bis Sie beim quer verlaufenden Traktorweg nach links in Richtung Forst pilgern.

An der Landstraße beim Dorf biegen Sie rechts ab und wandern durch Forst ❺ mit seiner Kirche St. Stephanus, die auch einen schattigen Rastplatz bietet. An dem nach der Kirche liegenden ehemaligen Jagdschlösschen und einem Buswartehäuschen vorbei verlassen Sie den Ort auf der ruhigen Landstraße.

Ca. 400 m vor dem nächsten Ort Petersdorf biegen Sie links auf einen Feldweg in Richtung des Waldstücks ab. Hier ist die Markierung nicht gut sichtbar.

Radlerinnen und Radler fahren beim Linksabzweig des Jakobsweges geradeaus auf der Landstraße weiter nach Petersdorf und biegen dort im Ort in die zweite links abbiegende Straße ein. Diese leitet Sie nach Weihenzell in die Petersdorfer Straße und direkt zur Jakobskirche.

Der Weg verläuft am Waldrand entlang, bis Sie kurz nach dem Ende des Waldstücks nach links auf einen Teerweg abbiegen und dort einen am Bach gelegenen Picknickplatz vorfinden. Nach 140 m führt der Jakobsweg Sie bei einer originellen Jakobsmuschelmarkierung nach rechts. Nun wandern Sie auf dem Schotterweg gemächlich durch die Felder und noch ein Stück am Waldrand entlang.

Sie kreuzen einen Feldweg und steigen auf einem steil abwärtsführenden Fuß- und Radweg hinab nach Weihenzell. Nach einer Linkskurve treffen Sie nochmals auf einen Picknickplatz mit Informationstafeln über den hiesigen Jakobsweg. Von hier aus erhaschen Sie schöne Ausblicke nach Weihenzell.

Sie biegen bald nach dem Rastplatz rechts in den querenden Weg in Richtung des Ortes ein. Dort angekommen geht es links in die querende Anwohnerstraße Neuenberg.

Die Übernachtungsmöglichkeit bei der Familie Gußmann erreichen Sie, indem Sie sich in der Rechtskurve der Straße geradeaus in die Straße Mühlleite halten.

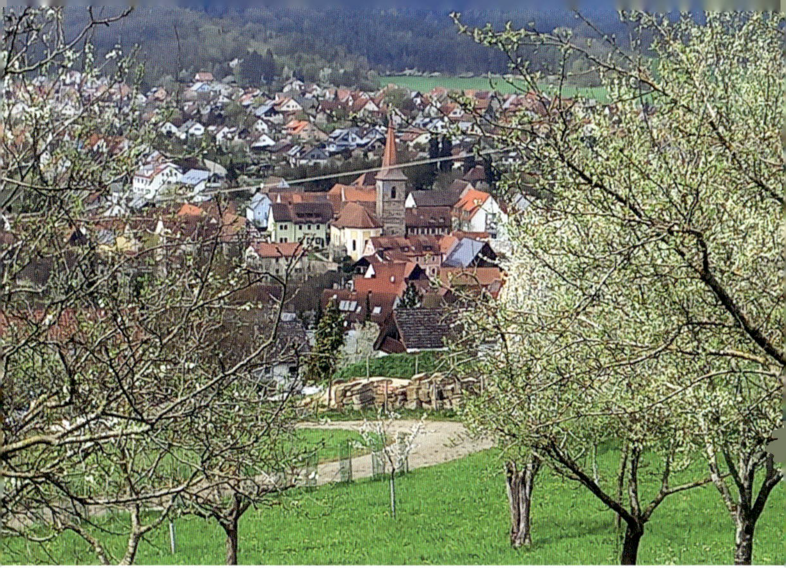

Blick vom Picknickplatz hinunter nach Weihenzell

Nach der Rechtskurve laufen Sie noch 150 m weiter und dann geradeaus auf einen Fußweg, dem Sie in bisheriger Gehrichtung folgen.

Bei der Straße Zur Papiermühle biegen Sie in Richtung Kirche ab, bis Sie links auf einem Fuß- und Radweg auf dem Platz vor der Jakobskirche in Weihenzell ankommen. Hier finden Sie auch einen Supermarkt mit Bäckerei sowie eine Sparkasse gegenüber der Kirche vor. Auf dem Kirchengelände laden Sie Ruhebänke zu Ihrer wohlverdienten Rast ein.

Weihenzell

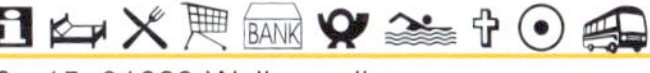

Gemeinde Weihenzell, Ansbacher Straße 15, 91629 Weihenzell, 098 02/95 01 21, poststelle@vg-weihenzell.de, www.weihenzell.de, Mo-Fr 8:00-12:00, Mo auch 13:00-16:00, Do auch 13:00-18:00, 250 m vom Weg

♦ **ev.-luth. Pfarramt**, Ansbacher Straße 8, 91629 Weihenzell, 098 02/666, pfarramt@weihenzell-evangelisch.de, www.weihenzell.de und www.kirchengemeinden-weihenzell-wernsbach-forst.de, Di 8:00-12:30, Fr 8:00-14:00, 100 m vom Weg

Familie Gußmann, Mühlleite 5, 91629 Weihenzell, 098 02/71 26, 1 DZ, 1 EZ, ÜF EZ € 28, DZ € 50, die Familie nimmt gerne Pilgerinnen und Pilger auf. 100 m vom Weg entfernt

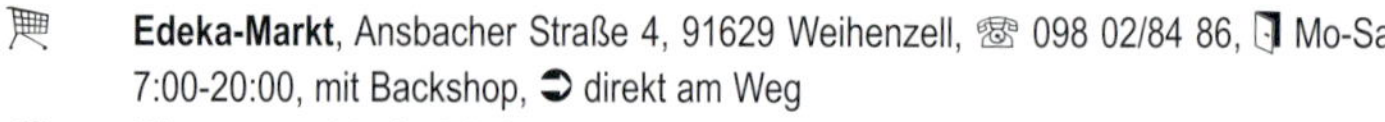

Edeka-Markt, Ansbacher Straße 4, 91629 Weihenzell, ☎ 098 02/84 86, Mo-Sa 7:00-20:00, mit Backshop, ➲ direkt am Weg

Pilgerstempel in der Kirche

Linie 716 nach Ansbach

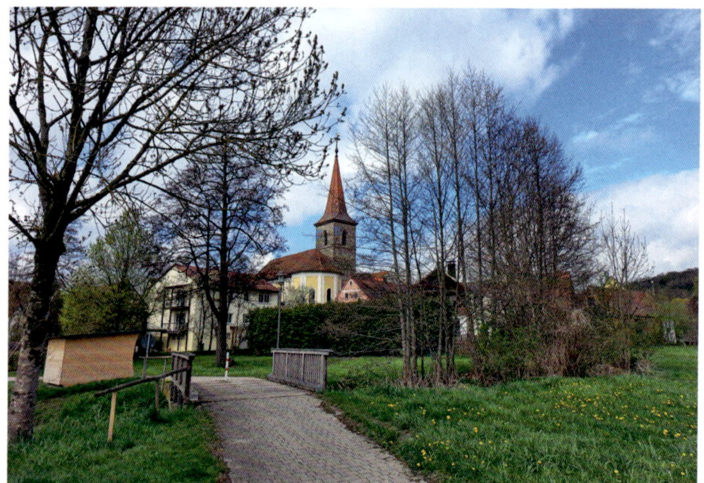

Auf dem Weg zur St.-Jakobs-Kirche in Weihenzell

✞ Die evangelische **St.-Jakobs-Kirche** Weihenzell stellt den Mittelpunkt des Ortes dar und ist schon von Weitem sichtbar. Der erste Bau der Kirche stammt wohl aus dem 13./14. Jh. In den Jahren 1712/13 wurde die Kirche abgerissen und wieder neu aufgebaut. Der gotische Kirchturm blieb erhalten, während die neue Kirche im Barockstil errichtet wurde.

Die Verschönerung des Altars erfolgte 1831, mit einer Vergoldung und einem neuen Altarbild, das die Auferstehungsszene zeigt.

1979 bis 1981 erfuhr die Kirche eine Außenrenovierung mit einem freundlichen gelben Anstrich. Eine grundlegende Sanierung des Innenraumes erfolgte im Jahr 1987. Im Zuge der Neubelebung des Jakobsweges erhielt eine Jakobusfigur einen Platz neben dem Altar.

Weihenzell zählt zu den ältesten Orten in dieser Gegend. Es gehörte einst neben Wasserzell zu den beiden „Cellen", die von dem Gumbertuskloster in Ansbach vermutlich zum Zwecke der Jagd und Fischzucht angelegt wurden.

Im Jahr 1626 wurde die Bevölkerung durch die plündernden und mordenden Soldaten des 30-jährigen Krieges sowie durch die Pest stark dezimiert. Mitte des 17. Jh. stieg die Zahl der Einwohnerinnen und Einwohner durch die Glaubensflüchtlinge aus Österreich, die sich in Weihenzell niederließen, dann wieder erheblich an.

Im Jahr 1680 entdeckte, einer Überlieferung nach, der abgedankte kranke Soldat Bergmüller, der auf dem Weg in seine oberpfälzische Heimat war, zufälligerweise eine Quelle in der Straße Am Eichenberg in Weihenzell. Nachdem er sich dort gewaschen und von dem Wasser getrunken hatte, war er nach wenigen Tagen von seinen Leiden geheilt. Anderen Menschen erging es ähnlich wie dem Soldaten und die Kunde von den Wunderheilungen verbreitete sich rasch, sodass die Kranken aus allen Richtungen zu dieser Wunderquelle strömten. Die Quelle wurde eingefasst und überbaut, um das Wasser frisch und rein zu halten. Eine Brunnen- und Badeordnung wurde erlassen, um einen reibungslosen Ablauf an der Quelle zu gewährleisten. Im Laufe der Jahre stellte man eine Abnahme der Heilkraft des Wassers fest, bis eine Untersuchung darlegte, dass es sich um gewöhnliches Wasser handelt. Die Quelle existiert noch, das Wasser ist jedoch ungenießbar.

Heute ist Weihenzell eine ländliche Gemeinde mit einer guten Infrastruktur.

☺ ↳ Falls Sie bei der Familie Auerochs übernachten, besteht die Möglichkeit, den Weg über die Zellrüglingerstraße, die nördlich von der Kirche verläuft, abzukürzen (➲ 1 km von der Kirche entfernt). Der Rückweg zum Jakobsweg erfolgt über eine Abkürzung, sodass Sie insgesamt keine längere Wegstrecke zurücklegen als auf dem Jakobsweg.

Zellrüglingen

🛏 **Familie Auerochs**, Zellrüglingen 9, 91629 Weihenzell, ☎ 098 02/84 20, 8 Betten, Ü ab € 30 p. P, F € 5, die Besitzerin ist begeisterte Pilgerin. ➲ 700 m vom Weg (Etappe 13) bzw. 1 km vom Etappenende entfernt

✕ **Gasthof Ehrenbrand**, Zellrüglingen 21, 91629 Weihenzell, ☎ 098 02/84 60, Di, Mi Ruhetag, Mo, Do 16:00-22:00, Fr-So 9:00-22:00, fränkische Küche, ➲ 750 m vom Weg

Für den Rückweg zum Jakobsweg gehen Sie auf der Dorfstraße in westliche Richtung. Beim Dorfende wandern Sie für 650 m weiter geradeaus auf dem Weg, der später durch den Wald führt und Sie in bisheriger Gehrichtung auf den Jakobsweg einmünden lässt.

Etappe 13: Weihenzell – Colmberg

24,6 km, 7 Std 15 Min., 398 m, 336 m, 383-523 m

0,0 km	383 m	Weihenzell
4,7 km	397 m	Wernsbach
7,6 km	469 m	Querung St2255 bei Röshof
10,4 km	437 m	Buhlsbach
13,1 km	414 m	Lehrberg
15,2 km	412 m	Unterheßbach
19,3 km	433 m	Häslabronn
22,6 km	523 m	Wanderparkplatz
24,6 km	445 m	Colmberg

Heute erwartet Sie eine abwechslungsreiche Etappe, die zum größten Teil durch den Naturpark Frankenhöhe verläuft. Hinter Wernsbach wartet ein Schauobstgarten auf Sie, der Sie zum Obstprobieren, Wasserflaschenauffüllen und Ausruhen einlädt und außerdem noch einen Pilgerstempel bereithält. Sie wandern auf einer Hochfläche nach Röshof und dann hinab nach Buhlsbach. Hier steigen Sie wieder etwas hinauf, passieren schöne Wälder und erreichen oberhalb von Lehrberg eine Freifläche mit der Turmruine Lehrberger Kappl. Sie pilgern in das idyllische Häslabronn mit seinen liebevoll restaurierten Fachwerkhäusern und seiner Jakobskirche. Zum Abschluss des Pilgertages begrüßt Sie die über Colmberg liegende, mehr als 1.000-jährige Burg.

Der Naturpark Frankenhöhe liegt im Westen Mittelfrankens und erstreckt sich auf einer Fläche von 110.450 Hektar. Die Landesgrenze zu Baden-Württemberg bildet die westliche Abgrenzung, der Steilabfall der Frankenhöhe zur Windsheimer Bucht die nördliche. Im Osten reicht der Naturpark nahe an den Ballungsraum Nürnberg-Fürth-Erlangen heran. Südlich bilden in etwa die Gemeinden von Weihenzell bis Colmberg die Grenze, also der Bereich, den Sie heute durchwandern werden.

Der Naturpark Frankenhöhe ist im süddeutschen Raum eines der sonnenreichsten Gebiete. Extreme Wetterschwankungen sind selten. Zahlreiche naturbelassene Randbuchten und Südhänge bieten immer noch Schutz für eine erfreulich hohe Anzahl von Tier- und Pflanzenarten. Bergthymian, Orchideen, Adonisröschen, Küchenschellen und viele andere seltene Pflanzenarten gedeihen hier immer noch in Hülle und Fülle.

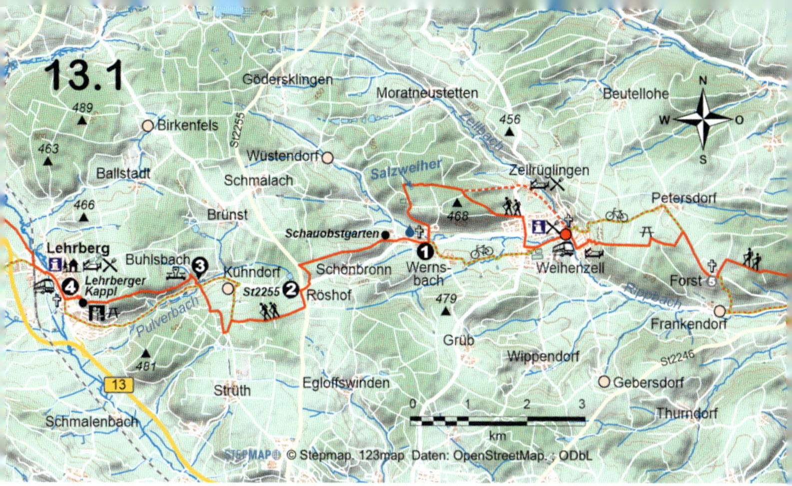

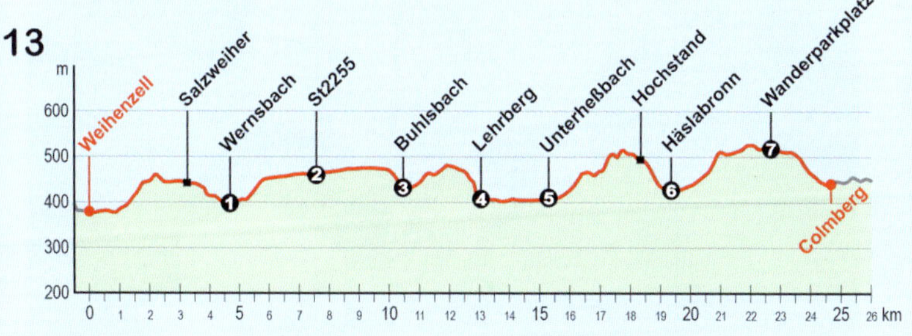

Der Jakobsweg führt Sie in Höhe des Supermarktes auf der gegenüberliegenden Straßenseite auf einen Fuß- und Radweg, der südlich vom Wernsbach verläuft. Vorbei an den zwei Weihern, der erste mit einer kleinen Insel und einer Ruhebank, wandern Sie bis zum Schützenheim und dort leicht rechts weiter auf die Teerstraße Am Sportzentrum.

Radfahrerinnen und Radfahrer halten sich beim Schützenheim leicht links und durchfahren das kleine Industriegebiet. Sie biegen an einer Querstraße rechts ab, überqueren dann die Äußere Ansbacher Straße und fahren auf diesem Weg bis nach Wernsbach, wo Sie wieder auf den Jakobsweg stoßen.

Nachdem Sie die Sportanlagen und das kleine Gewerbegebiet hinter sich gelassen haben, stoßen Sie auf die querende Straße im Gemeindeteil Neumühle.

Hier biegen Sie rechts ab in Richtung des Kreisverkehrs und gehen dort geradeaus in Richtung Zellrüglingen. Auf der Anhöhe, kurz vor dem Ortsende, biegen Sie links auf die Straße Am Schelm und wandern in den Wald.

☺ Wenn Sie hier am Ortsende geradeaus weitergehen und in Zellrüglingen rechts abbiegen, erreichen Sie nach 700 m auch noch mal die Unterkunft der Familie Auerochs und die Gaststätte Ehrenbrand.

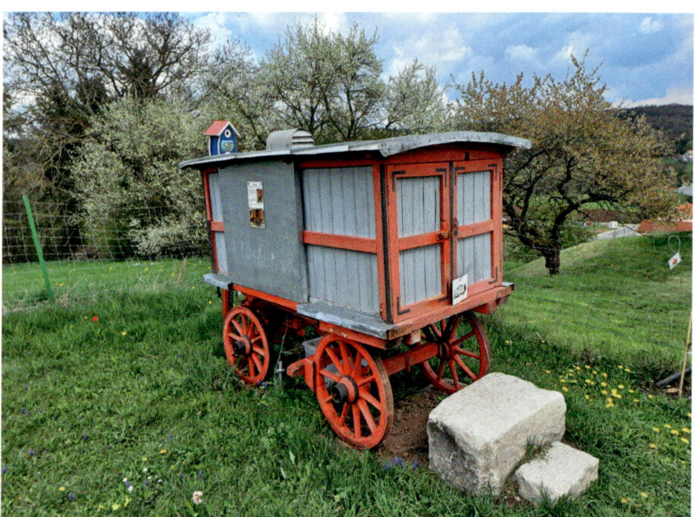

Dieser kleine Wagen im Obstschaugarten bei Wernsbach bietet einen Schlafplatz für eine Person

Bei der folgenden Weggabelung halten Sie sich rechts auf den leicht ansteigenden Weg, bis Sie beim nächsten querenden Forstweg links abbiegen.

Nun wandern Sie für ca. 1 km immer geradeaus durch den lichten Wald, der je nach Jahreszeit mit üppigen Blaubeersträuchern bestückt ist. Nachdem Sie den kleinen Salzweiher passiert haben, stoßen Sie auf einen anderen Forstweg, dem Sie links folgen. Sie kommen an einem Vereinsheim mit Sportplatz vorbei. Der Weg führt Sie aus dem Wald hinaus und wird zu einer kleinen Teerstraße. Mit einigen Bögen wandern Sie hinab zum Dorf.

Bei einem Stoppschild in Wernsbach ❶ pilgern Sie rechts zur ✝ ⊙ Kirche St. Johannis, einer ursprünglichen Wehrkirche, die vermutlich im 15. Jh. entstand. Anfang des 18. Jh. erfuhr sie einen teilweisen Neubau im barocken Markgrafenstil.

Sie passieren den Friedhof, wo die Möglichkeit besteht, die Trinkflaschen mit 💧 Wasser aufzufüllen. Am Ortsende, nach einer Linkskurve, verlassen Sie die Straße leicht rechts auf die Straße, die aufwärtsführend in Richtung des Schauobstgartens und Röshof führt.

Bald danach erwartet Sie der sehenswerte Schauobstgarten, der für Pilgerinnen und Pilger einen ⩩ Picknickplatz, einen ⊙ Stempel, 💧 Wasser, je nach Jahreszeit Obst und einen Schlafplatz frei zugänglich bereithält. Wer es abenteuerlich mag, kann in diesem kleinen Wagen übernachten, Matratze, Bettdecke und Kopfkissen sind vorhanden. Der Wagen ist nur für eine Person geeignet und hoffentlich haben Sie Glück, dass er für Sie frei ist.

☺ Führungen durch den Schauobstgarten sind möglich. Info: Barbara Stadlinger, ☎ 098 44/14 50, ✉ barbara.stadlinger@gmail.com

Sie wandern weiter bis zur Anhöhe, wo Sie nochmals einen ⩩ Picknickplatz unter zwei Ahornbäumen vorfinden. Mit aussichtsreichen Blicken über die bäuerliche Landschaft wandern Sie über die Hochfläche.

Bei dem links abzweigenden Sträßchen nach Schönbronn halten Sie sich weiter geradeaus auf dem Schotterweg und kommen kurz danach an einer ⩩ Ruhebank vorbei.

Bei der nächsten Gabelung wählen Sie den linken Weg, gehen weiter geradeaus am Waldrand entlang und auf eine Autostraße zu. Vor dieser biegen Sie jedoch links auf eine kleine landwirtschaftliche Straße ab, die Sie zur Ortschaft Röshof bringt. Hier gehen Sie zur Kreuzung, um die viel befahrene Staatsstraße 2255 ❷ zu überqueren.

Noch vor den Weihern biegen Sie sofort links in den Feldweg ein. Mit einem Rechtsbogen entfernt sich der Weg von der Staatsstraße in Richtung Wald. Sie durchwandern ein größeres und ein kleineres Waldstück und treffen am Waldrand auf eine ⩩ Ruhebank. Bei der querenden Nebenstraße gehen Sie für knapp 200 m nach links und dann rechts auf den Schotterweg am Waldrand mit Wanderparkplatz und ⩩ Picknickplatz.

🚲 Für Radfahrerinnen und Radfahrer führt der Weg an der querenden Nebenstraße nach rechts durch Kühndorf. Nach dem Ort radeln Sie links auf die AN10 und fahren durch Buhlsbach bis nach Lehrberg, wo Sie den Jakobsweg kurz erreichen. Den Marktort hinter sich lassend fahren Sie neben der St2250 weiter, dabei passieren Sie Zailach und Häslabronn und radeln weiter zum Etappenziel nach Colmberg.

Gleich danach halten Sie sich rechts, weiterhin am Saum des Waldes.

Durch einem Links-rechts-Bogen verlassen Sie den Waldrand und marschieren auf einem gepflasterten Traktorweg abwärts ins nächste Dorf. Vor dem Ortseingang treffen Sie noch auf einen Picknickplatz. In Buhlsbach ❸ überqueren Sie geradeaus die Ortsdurchfahrtsstraße.

Links geht es zum Hofladen, falls Sie Bedarf nach einer Erfrischung verspüren.

Hofladen Fam. Schwarzbeck, Buhlsbach 4a, 91611 Buhlsbach, ☏ 098 20/384, linda-schwarzbeck@t-online.de, Spargelzeit: Mo-Fr 8:00-20:00, Sa 8:00-19:00, So und Feiertage 8:00-17:00, außerhalb der Spargelsaison (ab Juli) Fr 9:00-18:00, Sa 9:00-14:00, Pflückzeiten für Beeren: täglich 9:00-18:00, es gibt Apfelsaft, Apfelchips aus eigenen Äpfeln, freitags frisch gebackenes Bauernroggenbrot, Schinken, Räucherkäse, Wurstwaren, selbst gebackene Kuchen, Bauernhofeis, ➲ 60 m vom Weg

Der Jakobsweg leitet Sie den schmalen Teerweg entlang, vorbei an einem Spielplatz und der Buhlsbacher Roggenstube. Sie nutzen das Brücklein über den Pulverbach und treffen nochmals auf einen Picknickplatz für Pilgerinnen und Pilger. Nun geht es rechts und bei der Gabelung wandern Sie auf dem linken Teerweg dorfauswärts.

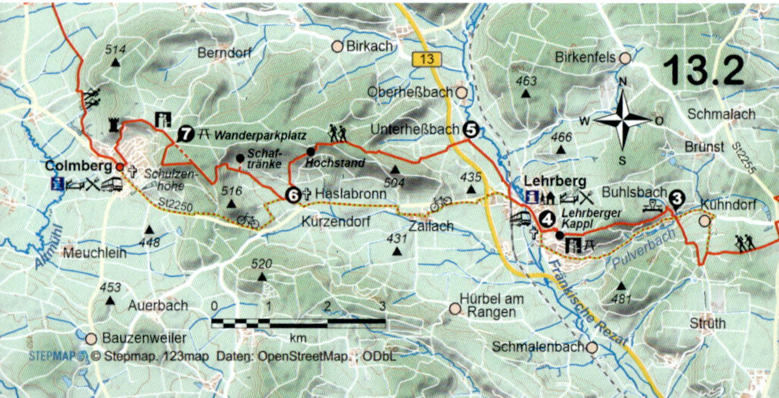

Nach dem Dorfende biegen Sie links auf einen aufwärtsführenden, gepflasterten Weg ab, der auf der Anhöhe in einen Feldweg übergeht und Sie geradeaus in den Wald leitet. Der Weg wird schmaler, gabelt sich und Sie halten sich auf den linken Abzweig.

Der gut markierte Pfad führt Sie in leichtem Auf und Ab am Waldhang entlang, bis Sie nach ca. 800 m auf einen Waldweg münden.

Nach dem Verlassen des Waldes wandern Sie noch ein Stück am Waldrand entlang und treffen am Ende auf eine Ruhebank. Hier biegen Sie links auf ein Teersträßchen ab und sofort rechts auf einen geschotterten Höhenweg, der Sie mit einer wunderbaren Sicht nach Lehrberg und ins Umland belohnt.

Sie erblicken bereits die Lehrberger Kappl, einen Turm, der mit seiner traumhaften Lage weite Rundumblicke ermöglicht. Vor dem Turm befindet sich ein Picknickplatz für eine ausgiebige Rast.

Die Lehrberger Kappl

Ein längst nicht mehr vorhandenes Bergschloss auf der östlichen Anhöhe bekundete sichtbar die Macht der Herren von Birkenfels. Unweit davon ließ ein Friedrich oder Eustachius von Lerpauer im Jahr 1430 eine Bergkapelle errichten.

Das Kirchenschiff maß 15 m x 9 m. Der Turm, der heute noch fast gänzlich in seiner Höhe, jedoch ohne Dach erhalten ist, wurde in quadratischer Grundform mit einer Größe von 7 m x 7 m erstellt. Der Erbauer ließ die von Wald umgebene Kapelle dem heiligen Jobst weihen. Im Innern des ehemaligen Chorraumes sind noch heute die beiden gut erhaltenen Chorbögen und Wappen der einstigen Herren von Birkenfels zu Lehrberg zu sehen.

Der Abstieg nach Lehrberg verläuft zum Teil über stufige Abschnitte, bis Sie im Wohngebiet, bei einer Straßenkurve, links abwärts in Richtung Kirche hinunterpilgern. Der Jakobsweg führt rechts in die Straße Marktplatz in Lehrberg ❹, die dann in die obere Hindenburgstraße übergeht.

Auf Ihrem Weg durch Lehrberg finden Sie einige Einkehrmöglichkeiten, Banken und eine Apotheke.

Nach der VR-Bank gehen Sie in die Schönaustraße und dann rechts in die Nelkenstraße zur Unterkunft von Erni Vogel.

Lehrberg

Gemeinde Markt Lehrberg, Sonnenstraße 14, 91611 Lehrberg, 098 20/911 90, poststelle@lehrberg.de, www.lehrberg.de, Mo-Fr 8:00-12:00, Do auch 14:00-19:00, 250 m vom Weg

ev.-luth. Pfarramt, Obere Hindenburgstraße 42, 91611 Lehrberg, ☏ 098 20/91 25 00, pfarramt@evangelische-gemeinde-lehrberg.de, www.evangelische-gemeinde-lehrberg.de, Di, Mi 8:00-12:00, ➲ direkt am Weg

Pilgerzimmer Erni Vogel, Nelkenstraße 3, 91611 Lehrberg, ☏ 098 20/17 47, 01 51/46 44 89 88, 7 Betten, ÜF ab € 27 p. P., Frau Vogel nimmt gerne Pilgerinnen und Pilger auf. ➲ 250 m vom Weg

Gasthof Kern, Obere Hindenburgstraße 5, 91611 Lehrberg, ☏ 098 20/222, info@gasthof-kern-lehrberg.de, www.gasthof-kern-lehrberg.de, 14 Betten, Ü EZ ab € 40, DZ ab € 65, MBZ ab € 32 p. P., F € 7,50, Restaurant Di Ruhetag, Do-Mo 11:30-14:00 und 17:00-21:00, Mi 17:00-21:00, fränkische Küche, ➲ am Weg

Pizzeria Domenico Ristorante, Marktplatz 2, 91611 Lehrberg, ☏ 098 20/17 31, Mo, Di Ruhetag, Mi-Fr 17:00-22:00, Sa, So 11:00-13:30 und 17:00-22:00, Lieferdienst Mi-So 17:00-21:00, im Sommer Biergarten und Holzofenpizza, ➲ direkt am Weg

♦ **Thai Foo**d, Obere Hindenburgstraße 36, 91611 Lehrberg, ☏ 098 20/918 49 67, Mo Ruhetag, Di-So 11:30-14:30 und 17:00-22:00, ➲ direkt am Weg

BrotHaus Café, Marktplatz 16, 91611 Lehrberg, ☏ 098 20/91 84 70, Mo-Sa 6:00-18:00, So 7:30-11:00 und 14:00-17:00, ➲ direkt am Weg

Linie 734 nach Ansbach, dort S-Bahn- und Zugverbindungen nach Nürnberg

Die **St.-Margarethen-Kirche** entstand 1059 als Kirche und Festung für die Einwohnerinnen und Einwohner. Seit 1731 zeigt sie ihre heutige Gestalt als ein schlichtes barockes Gotteshaus. Erst 1786 erhielt die Kirche die eindrucksvolle Barockhaube, die weithin im Rezattal sichtbar ist.

Das aus der Barockzeit stammende Kirchenschiff verbindet sich seit 1867 mit dem aus Holz gearbeiteten neugotischen Altar, auf den der ganze Kirchenraum ausgerichtet ist. Das Bild des Gekreuzigten steht über den Figuren der drei Apostel Paulus, Johannes und Petrus.

Die Vorderansicht (das Prospekt) der Orgel und das Gehäuse gehen auf die um 1731 erbaute erste Orgel in dieser Kirche zurück. Das heutige Spielwerk und Pfeifenmaterial wurden 1909 von Johannes Strebel aus Nürnberg eingebaut. 2020 wurde die Orgel restauriert und um ein weiteres Auxiliarwerk erweitert.

Lehrberg wurde in einer Urkunde, die zum Zeitpunkt des Kirchenbaus entstand, als „Lerenburen“ erstmals erwähnt. Danach folgten einige Jahrhunderte im Zeichen des Wohlstandes, da die Kirche mit ihren zahlreichen Reliquien sich zum Wallfahrtsort entwickelte. Der Dreißigjährige Krieg und die Pest trafen Lehrberg wie viele Orte sehr schwer. Danach vergingen jedoch noch Jahrzehnte, bis Lehrberg wieder Größe und Bedeutung besaß.

Heutzutage kommt Lehrberg die schöne Lage inmitten des „Romantischen Franken" und die gute Verkehrsanbindung nach Ansbach, Nürnberg und Würzburg zugute, wodurch als beliebter Urlaubsort und als Ausgangspunkt für Ausflüge gilt.

Sie verlassen Lehrberg über die Brücke der Fränkischen Rezat, wenden sich sofort nach links und gleich wieder nach rechts auf den Rad- und Fußweg neben der Kreisstraße.

Sie überqueren die Gleise und am Ende der Brücke weist Sie die Markierung links die Treppenstufen hinab. Nun unterqueren Sie die Brücke und laufen weiter auf der parallel zu den Gleisen verlaufenden Heßbacher Straße.

Die Straße wendet sich von den Gleisen weg, passiert eine Ruhebank, vollführt dann einen Linksbogen und mündet auf eine ruhige Nebenstraße, der Sie nach rechts am Rand folgen. Vor dem nächsten Ort erreichen Sie nochmals eine Ruhebank, bis Sie in Unterheßbach ❺ ankommen.

Auf dem ersten links abzweigenden Sträßchen wandern Sie aus dem Dorf hinaus und passieren eine Straßenunterführung. Nach dem Linksbogen der Straße biegen Sie rechts auf einen ansteigenden Schotterweg zum Wald. Nach dem Hochstand wandern Sie links auf den berganführenden Weg in den Forst. Bei dem folgenden Waldweg geht es rechts und beschaulich wandern Sie geradeaus durch den lichten Hain.

Auffällig sind hier die vielfältigen Baumarten, die, um hier nur einige zu nennen, von Birken, Fichten, Kiefern, Lerchen und Tannen bis zu den Sal-Weiden mit ihren Weidenkätzchen reichen. Auch der Schlehendorn und der Weißdorn haben hier ihre Heimat gefunden.

Zum Schluss steigt der Weg an und bei einem Taleinschnitt wenden Sie sich links auf einen anderen Schotterweg. Weiter bergauf gehend lotst Sie der Weg wieder in den freundlichen Wald bis zu einer Wegkreuzung, an der Sie rechts weitergehen. Zunächst ignorieren Sie alle abzweigenden Wege, bis Sie bei einem rechts stehenden, sehr langbeinigen und filigranen Hochstand nach links Richtung Häslabronn und Colmberg abzweigen.

Nach einem nochmals hohen Hochstand biegt der Jakobsweg wiederum nach links ab. Nun geht es auf einem Wiesenweg leicht abwärts durch den Wald und nach einem Rechtsbogen des Weges erreichen Sie eine Waldschneise, der Sie am Rande folgen.

Hier begegnen Sie einem soliden Hochstand mit Dach und biegen nach ca. 100 m links auf einen bergabführenden Schotterweg in Richtung Häslabronn ab.

Am Ende des Eichwalds steht eine ⛩ Ruhebank, von der Sie wunderbare Blicke zum Ort hin ergattern.

Nach einem Linksbogen stoßen Sie auf einen gepflasterten Traktorweg, dem Sie in die Ortschaft folgen. In der Dorfmitte von Häslabronn ❻, bei einem Baum mit ⛩ Ruhebank, führt der Jakobsweg rechts weiter.

➪ Die Jakobskirche erreichen Sie, indem Sie noch 70 m geradeaus weitergehen.

✞ ⊙ Die **Jakobskirche**, die im Mittelalter eine Wallfahrtskirche war, wurde erstmals 1431 im Zusammenhang mit der Weihe von zwei Altären erwähnt. Das Langhaus der Kirche wurde 1780 errichtet, ebenso wie der in den Chor eingepasste Kanzelaltar.

Häslabronn, mit seinen vorbildlich renovierten Fachwerkhäusern, erhielt 1992 für die vorbildliche Erhaltung des Ortsbildes die „Europa-Nostra-Medaille" verliehen.

Beim Ortsende treffen Sie auf einen idyllisch am Weiher gelegenen ⛩ Pilgerpicknickplatz. Bei der nächsten Weggabelung mit ⛩ Ruhebank gehen Sie rechts auf dem sacht ansteigenden Traktorweg.

Dieser mittelfränkische Jakobsweg ist mit erfreulich vielen ⛩ Picknickplätzen ausgestattet, die außerdem Stelen mit Sinnsprüchen anbieten und Sie zur Rast und innerer Einkehr einladen. So treffen Sie knapp 1 km hinter Häslabronn erneut auf einen wunderschönen ⛩ Pilgerrastplatz, der an zwei schilfbewachsenen Weihern gelegen ist.

➪ Gleich danach lohnt ein 200 m langer Abstecher nach rechts zur historischen Schaftränke, die in einem stillen Waldstück mit schattigen ⛩ Tischen und Bänken liegt, wo Quellwasser in ausgehöhlten Halbstämmen in einen kleinen Tümpel rinnt.

Der Jakobsweg führt weiter ansteigend am Waldrand entlang und nach einem Rechts-links-Bogen landet er bei einer ⛩ Ruhebank mit wunderschöner Aussicht. Nachdem der bisherige Wegabschnitt eher zum Faulenzen eingeladen hat, liegt nur ein längerer ansteigender Wegabschnitt durch den Wald vor Ihnen. Auf der Anhöhe stoßen Sie auf einen Forstweg, dem Sie links folgen. Sie kommen an einer ⛩ Ruhebank vorbei und der Jakobsweg verläuft nun auf dem barrierefreien Wanderweg, der nach Colmberg führt.

Auf diesem Wegstück nach Colmberg gibt es wiederum einige ⛼ Picknickplätze, die ich hier im Einzelnen nicht mehr erwähnen werde.

Bei der nächsten Weggabelung pilgern Sie rechts weiter in Richtung Colmberg. Der Weg steigt wieder leicht an und bevor Sie die Schulzenhöhe erreichen, biegen Sie links erneut auf einen Forstweg ab. Dieser Weg bietet Ihnen als Naturlehrpfad anschauliche Informationen zum Thema Lebensraum Wald.

➭ Falls Sie 500 m Wegstrecke einsparen möchten, gehen Sie am Abzweig vor den Schulzenhöhen geradeaus und Sie gelangen so auch zum Wanderparkplatz, wo der Jakobsweg wieder einmündet.

Ansonsten geht es an dem eingezäunten Gelände des Fernwasserbehälters vorbei und durch zwei Rechtsbögen des Weges erreichen Sie nach 750 m den Wanderparkplatz ❼ mit ⛼ Picknickplatz.

Dort wenden Sie sich nach links auf den Schotterweg bzw. Sie gehen geradeaus, wenn Sie die Abkürzung gewählt haben, und wandern zum Wald hinaus. Nun geht es links am Straßenrand der ruhigen Landstraße entlang und vor der Straßenkurve befindet sich eine Parkbucht mit ⛼ Ruhebank, von der man eine wunderschöne Aussicht auf Colmberg mit seiner Burg ergattert. Sie wandern weiter bis zur Burg, die eine Besichtigung lohnt und grandiose Rundblicke bietet.

Blick hinab auf das mitten im Naturpark Frankenhöhe liegende Colmberg

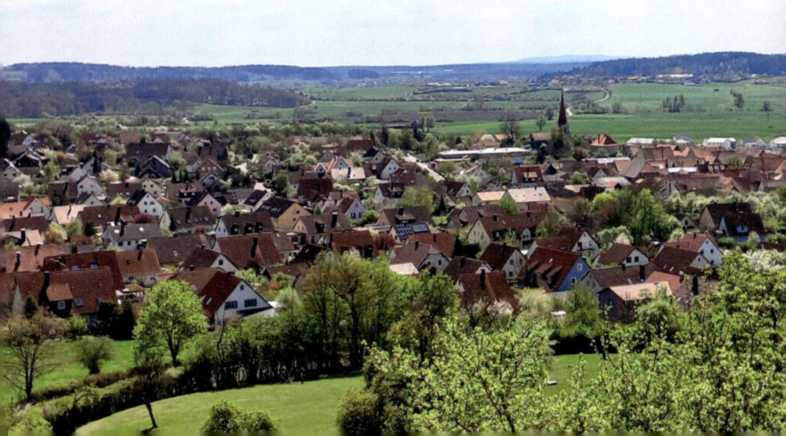

Nach der Burg geht es weiter abwärts in den Ort, wobei Sie an der Gasstätte Gutshof vorbeilaufen. Nach der Rechtskurve der Straße biegen Sie links in den Bergweg ab.

Beim folgenden Baumkreisel halten Sie sich links in die 30er-Zone der Gartenstraße und bei der nächsten Kreuzung rechts in die Altenstattstraße, die Sie zum Rathaus führt, wo die heutige Etappe endet.

Hier finden Sie einige Einkaufs- und Einkehrmöglichkeiten.

Wer die Kirche St. Ursula besichtigen möchte, geht in südsüdöstliche Richtung auf der Straße Am Markt weiter und biegt nach dem Supermarkt links zur Kirche ab. Hier befindet sich auch die Tourist-Information.

Colmberg

BANK ⌘

Markt Colmberg, Am Markt 1, 098 03/93 29 19, 91598 Colmberg, info@colmberg.de, www.colmberg.de, Di geschlossen, Mo, Mi-Fr 8:00-12:00, Mo auch 14:00-16:00, Mi auch 14:00-18:00, 50 m vom Weg

♦ **ev.-luth. Pfarramt Colmberg**, Am Kirchberg 7, 91598 Colmberg, 098 03/93 23 47, pfarramt.colmberg@elkb.de, www.dekanat-leutershausen.de, Di, Do 8:00-12:00, 300 m vom Weg

Hotel und Restaurant Burg Colmberg, Burg Colmberg 1, 91598 Colmberg, 098 03/919 20, info@burg-colmberg.de, www.burg-colmberg.de, ÜF EZ ab € 69, DZ ab € 139, Restaurant Mo Ruhetag, Di-So 11:30-20:00 (letzte Bestellung), für Gruppen ist eine Öffnung auch außerhalb der regulären Öffnungszeiten möglich, Krimidinner oder Ritteressen, eigene Kapelle. 150 m vom Weg

♦ **Pension Gutshof Colmberg**, Burgstraße 26, 91598 Colmberg, 098 03/12 09, pu-gutshof-colmberg@t-online.de, www.gutshof-colmberg.de, ÜF EZ ab € 54, DZ ab € 72, MBZ ab € 105, Restaurant Mi Ruhetag, Fr-Mo ab 10:00, Di, Do ab 17:00, fränkische Küche, 30 m vom Weg

♦ **Gasthof Schwarzer Adler**, Am Markt 10, 91598 Colmberg, 098 03/246, info@gasthaus-lober.de, www.gasthaus-lober.de, 10 DZ, 4 MBZ, ÜF EZ ab € 58, DZ ab € 85, Restaurant Di Ruhetag, Mo-Mi 11:00-14:00 und 17:00-22:00, fränkische Küche, 50 m vom Etappenende, in Richtung Kirche

Osteria Belvedere am Golfplatz, Rothenburger Straße 35, 91598 Colmberg, 09 803/582, Mo Ruhetag, Di-So 11:00-21:00, kleine Karte mit Pasta, Pizza und Schnitzel, direkt am Weg, auf der Etappe nach Rothenburg o. d. T., 750 m vom Etappenende in Colmberg entfernt

Linie 732 nach Rothenburg o. d. T. und nach Ansbach, dort Zugverbindungen nach Nürnberg

✞ Die **Kirche St. Ursula** wurde 1375 erstmals urkundlich als eine nach Süden hin ausgerichtete Chorturmkirche erwähnt. 1864 erfolgte die Schließung der Kirche wegen Baufälligkeit und 1873 der Abriss des Gotteshauses, wobei der Turm erhalten blieb. Bis 1874 dauerten die Baumaßnahmen an dem nun nach Nordosten ausgerichteten neugotischen Kirchenschiff. Das Geläute im alten gotischen Kirchturm besteht aus vier Glocken, wobei die zwei ältesten von 1340 und 1483 stammen. Im Inneren zeigt sich das Kirchenschiff sehr schlicht mit seinem Altar von 1960, der ein Abendmahlsrelief des Nürnberger Bildhauers Hans Heiber zeigt. Im selben Jahr wurde die Orgel auf der Südempore angeschafft.

♜ **Burg Colmberg**. Auf dem Bergsporn des Heubergs wurde vermutlich um 770 n. Chr. eine karolingische Palisadenburg errichtet, welche die staufischen Kaiser nach 1140 zu einer Reichsburg ausbauten. Nach dem Ende der Staufer übernahmen die Grafen von Truhendingen die Burg und ließen sie durch Vögte verwalten. Die Grafen von Truhendingen gerieten in immer größere finanzielle Schwierigkeiten und verkauften 1318 die Raubritterburg an den Burggrafen Friedrich den IV. von Nürnberg. Beinahe 500 Jahre befand sich diese Feste im Besitz der Hohenzollern, bis sie 1806 Sitz des Rentamtes des Königreichs Bayern wurde. 1964 erwarb die Colmberger Familie Unbehauen die Burg und sie wird seither als komfortables Hotel genutzt.

Diese starken Mauern der im Kern romanischen Burg widersetzten sich über die Jahrhunderte hinweg allen Angreifern, sodass Sie sie heute noch in ihrer vollen Pracht bewundern können.

⌘ **Informationszentrum Naturpark Frankenhöhe**, Colmberg. Sie erhalten in der Dauerausstellung einen ganz besonderen Eindruck vom Naturpark Frankenhöhe.

♦ Am Kirchberg 4, 91598 Colmberg, ☏ 098 03/932 62 02, info@naturpark-frankenhoehe.de, www.naturpark-frankenhoehe.de, Mo-Fr 8:00-12:00 und 13:00-16:00, April-Okt auch Sa, So 13:00-17:00, ➲ 230 m vom Weg

Colmberg nannte sich von 800 bis 1375 Altenstatt und besaß schon im Mittelalter Marktrecht. Seit der Reformation ist Colmberg überwiegend protestantisch. Ab 1734 gab es eine Synagoge im Ort, die im Zweiten Weltkrieg abgerissen wurde. Im 19. Jh. war die Bevölkerung zu 87 % lutherisch, 10 % jüdisch und 2 % katholisch. Durch den Zuzug von Heimatvertriebenen aus Schlesien und aus dem Sudetenland stieg die Zahl der Katholikinnen und Katholiken nach dem Zweiten Weltkrieg wieder auf fast 25 % an.

Etappe 14: Colmberg – Rothenburg ob der Tauber

24,2 km, 6 Std. 20 Min., ↑ 112 m, ↓ 130 m, ⇧ 399-506 m

0,0 km	⇧ 445 m	Colmberg
3,7 km	⇧ 436 m	Oberhegenau Jakobsbrunnen
5,5 km	⇧ 434 m	Binzwangen
8,2 km	⇧ 436 m	Stettberg
12,1 km	⇧ 451m	Abzweig AN7
15,3 km	⇧ 463 m	Karrachsee, Pilgerrastplatz
18,1 km	⇧ 498 m	Wachsenberg
20,5 km	⇧ 401 m	Schafhof, Unterführung
24,2 km	⇧ 429 m	Rothenburg ob der Tauber

Die letzte Etappe auf Ihrem Weg nach Rothenburg ist landschaftlich reizvoll und mit wenigen Höhenmetern versehen. Nach Colmberg erreichen Sie Oberhegenau mit seinem Jakobsmuschelbrunnen und wandern weiter durch die Felderlandschaft nach Binzwangen mit der sehenswerten St.-Nikolaus-Kirche. Der weitere Weg führt Sie durch ruhige Waldstücke an den Rand der Einöde Karrachmühle und zu einem einladenden Pilgerrastplatz mit Blick auf den See. Es folgt ein längeres Wegstück durch einen zauberhaften Wald, bis Sie Wachsenberg erreichen und der Endspurt nach Rothenburg o. d. T. folgt.

Die Etappe führt Sie heute beim Rathaus auf der Rothenburger Straße in nordwestliche Richtung. Am Ortsende gehen Sie mit einem Rechts-links-Bogen auf der kleinen, parallel verlaufenden Straße weiter, bis diese sich gabelt und Sie sich rechts halten. Sie passieren den Golfplatz mit der Osteria Belvedere und wandern an einigen Teichen vorbei. Dann folgen Sie dem Linksbogen des Sträßchens und biegen rechts in eine ebenfalls kleine Straße ein.

Nach gut 500 m, bei einem Hochstand, zweigt links ein Feldweg ab, der Sie zeitweise an Buschwerk vorbeiführt und Sie eine Landstraße erreichen lässt.

Auf dieser wandern Sie bis zur Dorfmitte von Oberhegenau ❶, wo sich bei einem Unterstand ein schöner, steinerner Jakobsmuschel-Pilgerbrunnen befindet, der 2018 von Bettina Schlüsselburg im Rahmen des LEADER-Kooperationsprojekts gefertigt wurde.

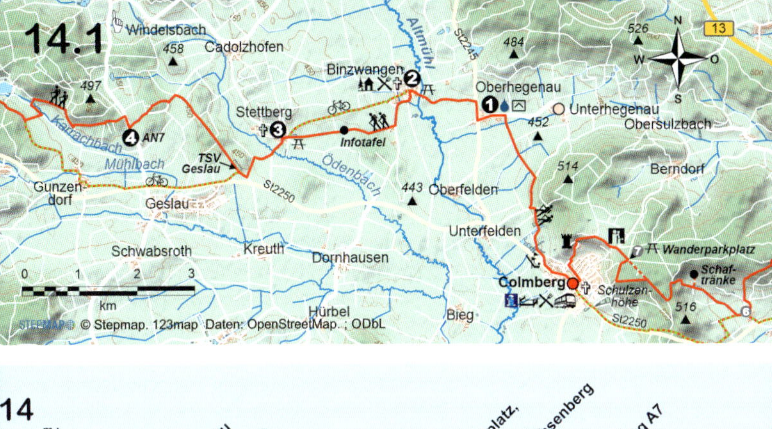

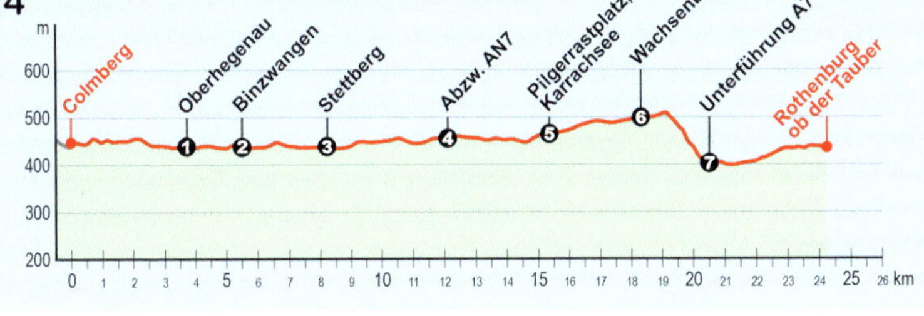

Beim Ortsende gehen Sie rechts auf die Landstraße in Richtung Rothenburg und biegen nach 300 m links nach Binzwangen ab, wo Sie gut die Grünstreifen der wenig befahrenen Straßen begehen können. Wenn Sie Glück haben und zur richtigen Jahreszeit unterwegs sind, begegnen Ihnen in dieser Region auf einer der großflächigen Wiese Störche bei der Futtersuche oder in ihren Nestern auf Holzmasten.

In dem idyllisch gelegenen Ort überqueren Sie bei zwei ⩫ Ruhebänken die Altmühl und gehen weiter bis zur Straßenkreuzung in Binzwangen ❷.

Binzwangen

Herberge im Hofhaus, Binzwangen 23, ☏ 098 03/910 00, 91598 Binzwangen, poellmann-heller@t-online.de, 2 DZ mit eigenem Bad im 2021 renovierten, denkmalgeschützten Haus, Ü DZ ab € 76, als EZ ab € 38, kleine Küche zur Selbstversorgung vorhanden, Aufenthaltsraum, Waschmaschine, Wäschetrockner, Lademöglichkeit für E-Bikes. Nach rechtzeitiger tel. Absprache wird Ihnen gegen Bezahlung der Kühlschrank nach Ihren Wünschen befüllt. ➲ 180 m vom Weg, nach der Kirche und dem Gasthaus

✕ **Gasthaus zum Ochsen**, Binzwangen 43, 91598 Binzwangen, ☏ 098 03/932 94 01, www.gasthaus-birkner.de, Mo-Mi Ruhetage, Do-So 17:00-19:30, So und Feiertage zusätzl. 11:00-13:30, gutbürgerliche fränkische Küche, 100 m vom Weg, kurz nach der Kirche

⊙ Pilgerstempel liegt in der Kirche

Die **Kirche St. Sebastian**, Cornelius und Cyprian wurde zwischen 1749-1751 an der Stelle, wo bereits zwei kleinere Vorgängerbauten standen, erbaut. Das ausladende Mittelschiff mit dem hohen, quadratischen, schiefergedeckten Zwiebelturm, der weithin sichtbar ist, hat den Stil einer barocken Kirche. Das Innere des Gotteshauses lässt erkennen, dass es sich hier aber um eine evangelische Kirche handelt. Drei Emporen sind durch zwei offenen Treppenaufgänge von der Innenseite her erreichbar. Beherrscht wird das Innere von der Komposition Altar, Kanzel und Orgel, die übereinander angeordnet sind, was man auch als Markgrafenstil bezeichnet.

An dieser Kreuzung befindet sich wieder ein Picknickplatz mit Unterstand und Infotafeln. Zur Kirche St. Sebastian, Cornelius und Cyprian geht es rechts, nach links führt Sie die Straße in einem Rechtsbogen hingegen aus Binzwangen.

Radlerinnen und Radler fahren hier an der Kreuzung weiter geradeaus. Sie biegen am Ortsende rechts auf eine Nebenstraße, der Sie bis Stettberg folgen. Für 1,3 km fahren Sie wieder auf dem Jakobsweg und bleiben dann bei den Gebäuden des TSV Geslau weiter auf dem Sträßchen, das anschließend z. T. parallel mit der St2250 verläuft. Nach Querung einer Landstraße zweigen Sie rechts nach Gunzendorf ab. In der Ortsmitte biegen Sie nach einer Bushaltestelle rechts ab, überqueren den Mühlbach und fahren anschließend nach links aus dem Ort hinaus. In einem anschließenden Rechtsbogen führt der Weg Sie wieder, ein Stück vor dem Karrachsee, auf den einbiegenden Jakobsweg.

Am Ortsausgangsschild laufen Sie weiter neben der ruhigen Landstraße in Richtung Dornhausen. Kurz vor dem nächsten Bauernhof zweigen Sie bei einem 50-km-Begrenzungsschild und einem Stromverteilermast nach rechts auf einen Feldweg ab. Sie unterqueren eine Hochspannungsleitung und nach einem Rechts-links-Bogen bleiben Sie weiter geradeaus auf diesem Feldweg. Nach dem Passieren eines Hochstands gehen Sie in bisheriger Richtung auf einem Wiesenweg weiter und an einer Infotafel über den Jakobsweg vorbei.

Kurz nach der Infotafel biegt der Weg rechts ab. Sie bleiben trotzdem schnurgerade auf der Wiese, das ist der offizielle Jakobsweg. Nur bei nassem Wetter empfiehlt es sich, über den rechts abbiegenden Weg und über die Landstraße nach Stettberg zu gehen, zumindest dann, wenn Sie trockene Schuhe behalten wollen.

Auf der Wiese gelangen Sie zu einem kleinen Wassergraben, wo Sie auch eine Jakobswegmarkierung entdecken. Orientieren Sie sich in Richtung eines einzeln stehenden Baumes und gehen Sie weiter geradeaus. Kurz vor dem Ort erreichen Sie einen Weiher mit Enten und eine einladende Ruhebank sowie einen Pilgerpicknickplatz am Ende des Gewässers.

Sie gehen nach Stettberg ❸ hinein bis zur folgenden Straßenkreuzung. Hier könnten Sie noch nach rechts einen 250 m langen Abstecher zur sehenswerten St.-Nikolaus-Kirche unternehmen. (Den Schlüssel für St. Nikolaus erhalten Sie bei Frau Dietrich, Hausnummer 8, neben der Kirche, ☏ 098 67/473, falls sie zu Hause ist.) Die Jakobswegmarkierung leitet Sie bei der Kreuzung links in Richtung Rothenburg und aus Stettberg hinaus.

Auf der Landstraße queren Sie die kleine Brücke des Ödenbachs und biegen kurz danach rechts auf einen geteerten Weg ab. Diesen verlassen Sie nach 300 m nach links und wandern an Spitzahornen und Obstbäumen vorbei bis zum Wegende bei einem Picknickplatz. Sie gehen rechts in Richtung des Sportvereins Geslau, verlassen das Sträßchen und passieren die Sportanlagen, um auf einem Schotterweg für ca. 1,7 km weiter geradeaus durch den Naturpark Frankenhöhe zu wandern.

Es geht an mit Schlehen bewachsenen Waldrändern entlang, bis Sie bei einer Straße links abbiegen und nach gut 150 m rechts in den Wald eintauchen. Bei der sofort folgenden Gabelung gehen Sie bei einem Holzlagerplatz links und ebenso an den nächsten beiden Abzweigungen.

Bei einer Schonung geht es halb rechts und nach dem Waldaustritt wandern Sie auf dem Nebensträßchen weiter. Sie stoßen auf die Landstraße AN7 ❹ und gehen rechts ansteigend am Waldrand entlang. Vor der Linkskurve der Straße zweigen Sie links auf einen Feldweg zum Wald ab.

Nachdem Sie geradeaus in den Wald marschiert sind, biegt der Weg nach 140 m halb rechts ab.

In einem Links-rechts-Bogen wandern Sie aus dem Waldstück heraus und gehen nun geradeaus am Waldsaum entlang, wo Sie auf eine unter einem Baum stehende Ruhebank treffen.

Beim querenden Teersträßchen biegen Sie rechts ab und verlassen dieses wieder nach der lang gezogenen Rechtskurve nach links. Geradeaus würde es nach Windelsbach gehen. Sie wandern auf dem landwirtschaftlichen Sträßchen am Waldrand entlang und kommen dabei an diversen Holzstapeln vorbei.

Am Ende des betonierten Weges, kurz vor einem kleinen Waldstück mit der dahinterliegenden Karrachmühle, biegen Sie unbedingt links ab und laufen nicht durch das Anwesen. Das ist von den Anwohnern nicht gewünscht!

Sie gehen durch die feuchte Niederung des Karrachbachs. Beim kreuzenden Wiesenweg biegen Sie links ab und nach einem Stadel rechts in Richtung Wald. Vor diesem wenden Sie sich nochmals rechts auf ein Sträßchen, das Sie zu dem in der Senke liegenden Karrachsee und zu einem verführerisch einladenden Pilgerrastplatz ❺ führt.

Eingerahmt von Fichten und Tannen liegt der Karrachsee neben der Einöde Karrachmühle, mit seiner ehemaligen alten Mühle. Das Karrachseegebiet mit dem großen und den kleinen Seen hat insgesamt eine Fläche von 20,2 Hektar und steht seit 1990 unter Naturschutz. Hier in diesem Gebiet verläuft auch die Europäische Wasserscheide, eine geografische Besonderheit. Es ist kaum vorstellbar, dass die verschiedenen Wasserläufe einmal nach Norden zur Nordsee und einmal nach Süden zum Schwarzen Meer führen, wie z. B. der Karrachbach.

Nach einer ausgiebigen Rast pilgern Sie nun durch die idyllische Landschaft mit den im Frühjahr blühenden Schlehen, die die Waldränder zahlreich säumen. Die Früchte der Schlehe, die an sehr kleine, kugelrunde Pflaumen erinnern, erscheinen im Spätherbst.

Sie wandern auf einem Schotterweg am nächsten kleineren Weiher des Karrachsee-Naturschutzgebietes vorbei. Nun ist es noch 1 km, bis Sie nach einem Linksbogen eine querende Landstraße erreichen.

Wenn Sie noch mehr von dem Naturschutzgebiet sehen möchten, biegen Sie 150 m nach dem kleinen Weiher rechts über einen Steg auf einen Pfad ab, der Sie durch verwunschene Wälder und Bachläufe zu einem weiteren kleinen See führt. Vor diesem biegen Sie nach links auf einen Weg ab, der Sie kurz vor der Landstraße wieder zum Jakobsweg bringt. Je nach Wetterlage kann es auf diesem Weg sehr feuchte Böden geben. Die Wegstrecke beträgt 1,1 km, das bedeutet, es sind 300 m zusätzlich zu gehen.

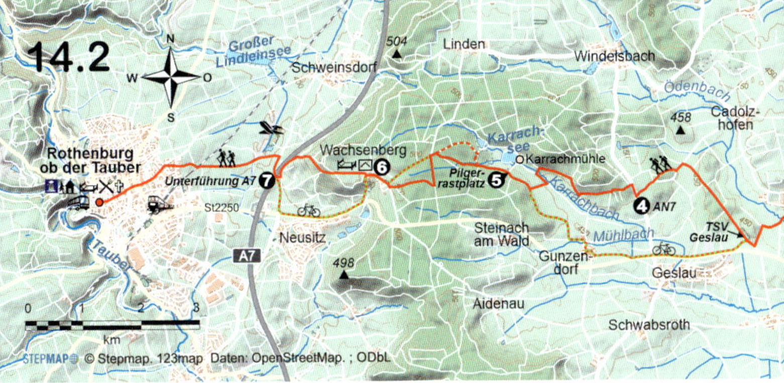

Radfahrerinnen und Radfahrer fahren auf der Landstraße nach Wachsenberg. Sie passieren auf dem Jakobsweg den Ort und radeln am Ortsende in einem Linksbogen hinab bis zu der Ihnen bereits bekannten St2250. Neben der Staatsstraße führt Sie der Radweg bis kurz vor die A7, wo Sie rechts in eine kleine Straße in Richtung Schafhof einbiegen. Nach der Autobahnunterführung folgen Sie der Route des Jakobsweges bis nach Rothenburg o. d. T.

Vor der Landstraße zweigen Sie links in einen Forstweg ein und wandern weiter geruhsam durch den Wald. Nach 500 m schwenken Sie beim Schild „Karrachholz“ nach rechts in einen Schotterweg ein, der Sie weiterhin durch den Wald leitet.

Kurz vor Wachsenberg münden Sie in eine andere Forststraße ein und folgen ihr, bis Sie den Ortsrand erreichen und rechts beim Ortschild von Wachsenberg ❻ einen kleinen Weiher mit einer unter einem Kirschbaum stehenden Ruhebank antreffen.

Wachsenberg

Pension Lug ins Land, Wachsenberg 24a, 91616 Wachsenberg, 098 61/97 61 06, 01 70/314 83 43, info@pension-luginsland.de, www.pension-luginsland.de, ÜF EZ ab € 50, DZ ab € 70, am Ortsrand mit großen Liegewiesen, ➲ 150 m vom Weg, nach dem Weiher

Vor der Dorfmitte spazieren Sie an einem bunt bemalten Unterstand vorbei und danach folgt ein Pilgerrastplatz mit Brunnen. Bevor die Straße bei dem Verkehrsschild „Gefälle 16 %“ abwärtsführt, biegen Sie bei der Hausnummer 10 rechts ab.

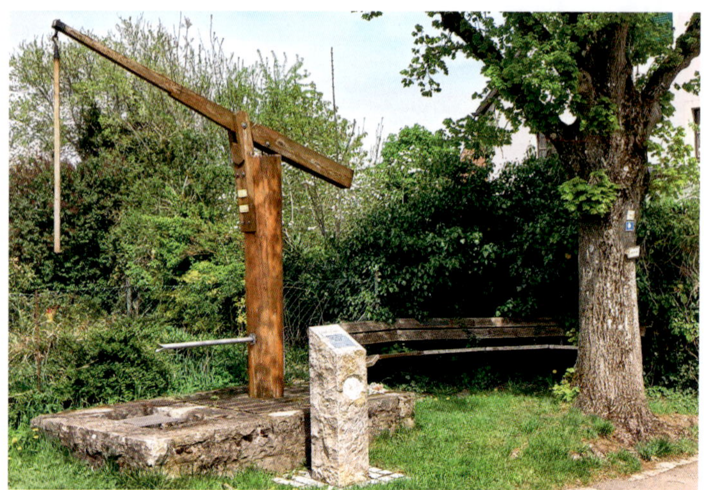

Pilgerrastplatz in Wachsenberg

Der Weg gabelt sich bei einem Trafoturm und Sie halten sich halb links in die Sackgasse. Auf Ihrem Weg kommen Sie an Obstbäumen vorbei, ☺ von denen Sie ausgewiesenerweise naschen dürfen.

Nach dem letzten Obstbaum geht es bald links abwärts auf einem Teersträßchen durch den lichten Wald und Sie nähern sich langsam der Autobahn. Nach dem Verlassen des Waldes gehen Sie an einem Privatgrundstück vorbei und weiter auf dem bergabführenden Schotterweg.

In Höhe der Autobahn geht es noch etwas weiter abwärts und Sie gehen an einer blauen Litfaßsäule bei der Hundeschule in Schafhof vorbei. Kurz danach biegen Sie rechts ab, erreichen die Autobahnunterführung ❼ und wandern weiter auf dem Fahrradweg neben einer Landstraße. Bei der nächsten Möglichkeit zweigen Sie links auf eine ruhige Teerstraße Richtung Rothenburg-Altstadt ab.

Den Autobahnlärm hinter sich lassend passieren Sie einen kleinen Flugplatz und erkennen immer detaillierter die einzelnen Türme und Kirchturmspitzen von Rothenburg o. d. T. Kurz vor dem Bahngleis steht noch eine ⩩ Ruhebank für eine kurze Rast bereit.

Sie queren das Gleis und kurz danach gabelt sich der Weg bei einer Verkehrszeicheninsel und Sie gehen nach links auf einen Feldweg in Richtung der ersten Häuser. Geradeaus pilgern Sie auf einer Anwohnerstraße bis zum Ende und gehen dann links auf die Schweinsdorfer Straße.

Bei der großen Kreuzung gegenüber dem Hotel Linde, bei diversen Gasthöfen und Restaurants, bleiben Sie in bisheriger Gehrichtung, bis Sie das Galgentor an der Stadtmauer erreichen. Kurz zuvor treffen Sie auf einen Brunnen und eine Infotafel über den Jakobsweg. Nach dem Passieren des Stadttors leiten Sie auch Bodenmarkierungen zur Kirche St. Jakob. An vielen Cafés, Restaurants und Geschäften vorbeikommend erleben Sie das touristische Treiben dieser schönen historischen Stadt.

Endlich begrüßt Sie die Jakobusfigur vor der imposanten Kirche und Sie haben Ihr Ziel in Rothenburg o. d. T. erreicht.

Im Altstadtkern gibt es unzählige Cafés und Restaurants, wo Sie gemütlich einkehren und sich von Ihrem langen Weg erholen können

Rothenburg ob der Tauber

Rothenburg Tourismus Service, Marktplatz 2, 91541 Rothenburg o. d. T., ☎ 098 61/404-800, ✉ info@rothenburg.de, www.rothenburg-tourismus.de, Mai-Okt Mo-Fr 9:00-17:00, Sa, So und Feiertage 10:00-17:00, Nov-April Mo-Do 9:00-17:00, Fr 9:00-16:00, Sa 10:00-13:00, So und Feiertage geschlossen, Osterfeiertage (Karfreitag bis Ostermontag) 10:00-15:00, Adventswochenenden (Sa und So) 10:00-15:00, ➲ 60 m vom Weg

♦ **ev.-luth. Pfarramt Rothenburg St. Jakob**, Klostergasse 15, 91541 Rothenburg o. d. T., ✉ 098 61/70 06 20, ✉ pfarramt.stjakob.rothenburg@elkb.de, www.rothenburg-evangelisch.de, Mo-Fr 9:00-12:00, zusätzl. Di und Do 14:00-16:00 (außer in den Schulferien), ➲ 30 m vom Weg

Jugendherberge Rothenburg o. d. Tauber, Mühlacker 1, 91541 Rothenburg o. d. T., ☎ 098 61/941 60, ✉ rothenburg@jugendherberge.de, www.jugendherberge.de/jugendherbergen/rothenburg-ob-der-tauber-263, 178 Betten in 40 Zimmern, ÜF ab € 34,90 p. P., zusätzlich HP und VP möglich, Essenszeiten F 7:00-10:00, M 12:00-13:00, A 18:00-19:00, ➲ 650 m vom Weg, über die obere Schmiedgasse erreichbar, im südlichen Teil der Altstadt gelegen

AKZENT Hotel Schranne, Schrannenplatz 6, 91541 Rothenburg o. d. T., ☎ 098 61/955 00, ✉ info@hotel-schranne.de, www.hotel-schranne.de, 7 EZ, 36 DZ, 5 MBZ, Ü ab € 45 p. P., Restaurant tägl. 11:00-21:00, Biergarten, Vesperkarte, durchgehend warme Küche, Vesperpaket möglich, ➲ 150 m vom Weg über die Schrannenstraße erreichbar, in der historischen Altstadt

♦ **Hotel Rappen**, Vorm Würzburger Tor 10, 91541 Rothenburg o. d. T., ☎ 098 61/957 10, ✉ info@hotel-rappen-rothenburg.com, www.hotel-rappen-rothenburg.com, 12 EZ, 103 DZ, 35 MBZ, Ü ab € 40 p. P., Restaurant tägl. 11:00-14:00 und 18:00-21:00, Biergarten, Vesperpaket möglich, ➲ am Weg

🛏 (✕) **Wildbad Rothenburg**, ev. Tagungsstätte, Taubertalweg 42, 91541 Rothenburg o. d. T., ☏ 098 61/97 70, ✉ info@wildbad.de, 💻 www.wildbad.de, 9 EZ, 43 DZ, 4 MBZ, Ü ab € 36 p. P., 🚪 Rezeption Mo-Sa 7:30-21:00, So 7:30-13:00, mittags warme Küche, Vesperpaket möglich, Verpflegung nur für Hausgäste, Kapelle im Haus, biozertifiziert, Pilgerstempel, E-Bike-Ladestation, die Tagungsstätte liegt in einem großen Park und bietet einen idealen Ort zum Ausruhen. ➲ 1 km von der Jakobskirche entfernt in südlicher Richtung, am Stadtrand

🛏 **Pension Elke,** Rödergasse 6, 91541 Rothenburg o. d. T., ☏ 098 61/23 31, ✉ info@pension-elke-rothenburg.de, 💻 www.pension-elke-rothenburg.de, 4 EZ, 4 DZ, 1 MBZ, Ü ab € 48 p. P., im darunterliegenden Lebensmittelgeschäft erhalten Sie 10 % Rabatt. ➲ 150 m vom Weg, über die abzweigende Pfarrgasse erreichbar, in der historischen Altstadt

♦ **Gästehaus Am Heckenacker**, Heckenackerstraße 31, 91541 Rothenburg o. d. T., ☏ 098 61/45 86, ✉ info@gaestehaus-am-heckenacker.de, 💻 www.gaestehaus-am-heckenacker.de, 1 EZ, 10 DZ, 1 MBZ, Ü ab € 36 p. P., Vesperpaket möglich, ➲ 1 km von der Jakobskirche, in nördlicher Richtung

♦ **Pension Hofmann-Schmölzer**, Rosengasse 21, 91541 Rothenburg o. d. T., ☏ 098 61/33 71, ✉ pension-hofmann-schmoelzer@t-online.de, 💻 www.hofmann-schmoelzer.de, 24 Betten, EZ, DZ, MBZ, Ü ab € 35 p. P., ➲ 100 m vom Weg

⊙ Pilgerstempel im Tourismus Service und an der Eingangspforte in der St.-Jakobs-Kirche

🚌 Linie 732 nach Colmberg und Ansbach

🚆 Zugverbindungen über Dombühl nach Nürnberg und von dort in alle deutschen Großstädte

✞ Die **St.-Jakobs-Kirche**, gilt als der bedeutendste und stolzeste Sakralbau der Stadt. Ausgelöst durch das ansteigende Pilgeraufkommen im Mittelalter legte der Deutsche Orden 1311 den Grundstein für den Bau dieser großen Kirche, die 1485 fertiggestellt wurde – schließlich war Rothenburg o. d. T. eine bedeutende Station auf dem Pilgerweg zwischen Dänemark und Rom bzw. nach Santiago de Compostela und benötigte ein entsprechendes Gotteshaus. Die schlicht wirkende gotische Kirche besitzt zwei unterschiedlich hohe Türme, wobei der Südturm 55,2 m und der Nordturm 57,7 m hoch sind. Die drei Fenster des Ostchors zeigen noch eine komplette mittelalterliche Farbverglasung mit wertvollen Gemälden aus dem 14. und 15. Jh., die in der Vormittagssonne ein großartiges Farbenspiel bieten. Im Ostchor steht der Zwölf-Boten-Altar von 1466, der Hauptaltar St. Jakobs, der beim Betreten der Kirche ins Auge fällt. Seinen Namen hat der Altar von den zwölf Aposteln, die zusammen mit Christus zu sehen sind.

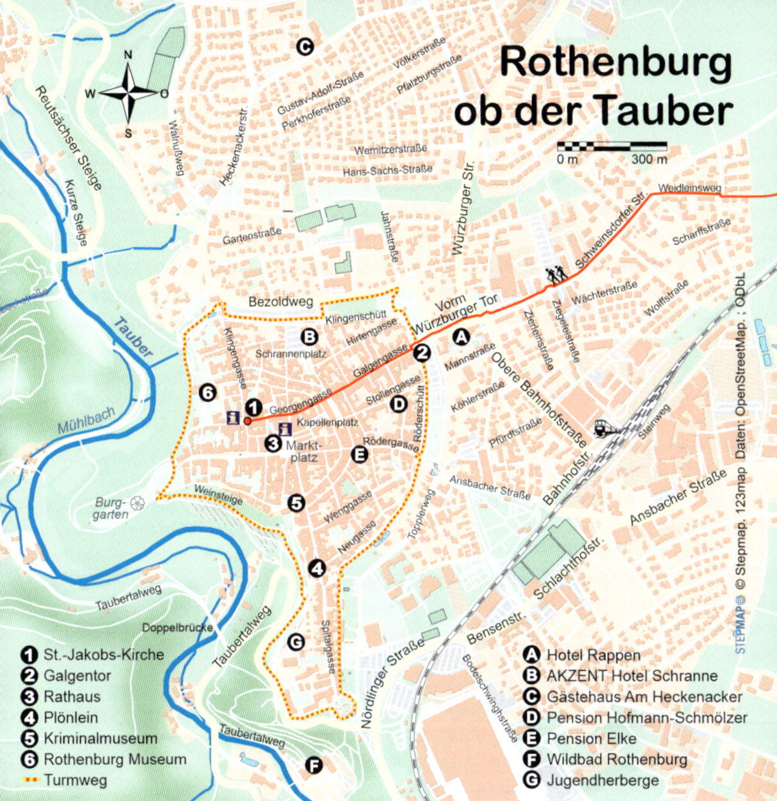

Der auf der Westempore hinter der Orgel stehende Heilig-Blut-Altar vom Bildschnitzer Tilman Riemenschneider wurde von ihm für die Heilig-Blut-Reliquie geschnitzt, die früher als Hauptanziehungspunkt für die Pilgerinnen und Pilger galt. Auf der Rückseite befindet sich das älteste erhaltene Bild der Stadt Rothenburg aus dem Jahr 1466 sowie Bildlegenden von Jakobspilgern.

Weitere Schätze in der Kirche sind der Ludwig-von-Toulouse-Altar von Tilman Riemenschneider, der Maria-Krönungs-Altar aus der Riemenschneider-Schule und außerdem die Rieger-Orgel, die zu den größten Orgeln in ganz Bayern zählt. Kurze, kostenfreie Orgelkonzerte finden in der Kirche das ganze Jahr über statt.

♦ Informationen über aktuelle Öffnungszeiten im Pfarramt St. Jakob (☏ 098 61/70 06 20), in Saisonzeiten, Ferien, Sa und So gibt es täglich um 11:00 und

14:30 kostenlose Führungen durch St. Jakob. Audioguide: Ein von professionellen Radiosprecherinnen und -sprechern eingesprochener Kirchen-Audioguide gibt Ihnen über drei Stunden Informationen zu Kunstgeschichte und Passion; die Leihgebühr beträgt € 2. Sonderführung: Wenn Sie für € 20 pro Stunde eine Führung für eine Gruppe wünschen, wenden Sie sich bitte an das Pfarramt St. Jakob.

☺ Der Gäste- und Pilgerpfarrer bietet Pilgerinnen und Pilgern eine spirituelle Begleitung an. Sie können sich mit einem Pilgersegen aussenden oder empfangen lassen. Bitte vereinbaren Sie unter ☏ 098 61/70 06-25 einen Termin.

⌘ Die **Stadtmauer mit Wehranlagen** umrundet auf einer Länge von 4 km die Altstadt mit 6 Toren und einigen Türchen für Fußgängerinnen und Fußgänger. Die Stadtmauer können Sie auf dem Rothenburger Turmweg entlang der 42 Türme der Stadt erkunden. Auf Informationstafeln wird die Historie Rothenburgs ob der Tauber erläutert.

Am Marktplatz in Rothenburg o. d. T.

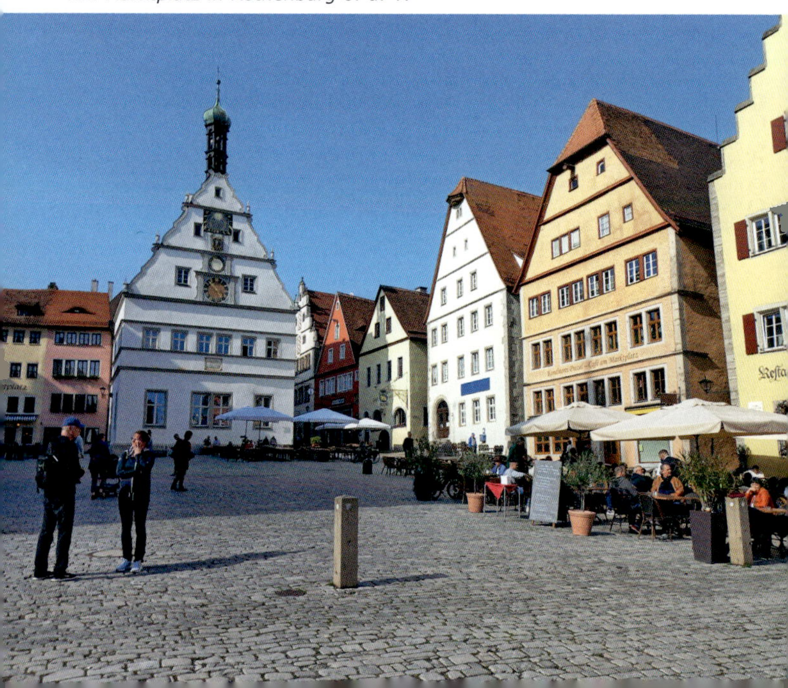

⌘ Das **Rathaus mit seinem Turm** steht erhaben am Marktplatz und ist ein schlossähnlicher Bau mit einer Renaissancefassade sowie einer Schautreppe. Auf über 220 Stufen erreichen Sie die Aussichtsplattform des Rathausturmes und genießen einen herrlichen Ausblick über die Stadt in Richtung Taubertal und Frankenhöhe.

♦ Rathausturm, Marktplatz, 91541 Rothenburg o. d. T., ☏ 098 61/404-800, 🚪 Jan-März und Nov Sa, So 12:00-15:00, April-Okt tägl. 9:30-12:30 und 13:00-17:00

⌘ Im Zentrum des **Plönleins** steht das schiefe, gelbe Fachwerkhaus in der unteren Schmiedgasse, beim Eingang zum Spitalviertel. Übersetzt heißt der Begriff Plönlein „kleiner Platz am Brunnen". Somit gehören der Brunnen vor dem bekannten Fachwerkhaus sowie die beiden Türme der alten Stadtmauer, die links und rechts davon hochragen, ebenso dazu.

⌘ **Mittelalterliches Kriminalmuseum**. Es wird der Verlauf von Strafverfahren, vom Ermittlungsverfahren bis hin zur Vollstreckung der Strafe, aufgezeigt. Eine Vielzahl von Themeninseln beleuchten darüber hinaus besondere Bereiche der Rechtsgeschichte detaillierter.

♦ Burggasse 3-5, 91541 Rothenburg o. d. T., ☏ 098 61/53 59, ✉ info@kriminalmuseum.eu, 💻 www.kriminalmuseum.eu, 🚪 tägl. 10:00-18:00 (letzter Einlass 17:15)

⌘ **Rothenburg Museum**. Auf über 2.500 m² sehen Sie die Sammlungen der Stadt Rothenburg aus acht Jahrhunderten, die Sammlungen des Vereins Alt-Rothenburg und viele kirchliche und private Leihgaben – Malerei, Skulptur, Kunsthandwerk und vieles andere.

♦ Klosterhof 5, 91541 Rothenburg o. d. T., ☏ 098 6/93 90 43, ✉ museum@rothenburg.de, 💻 www.rothenburgmuseum.de, 🚪 28. Feb-März, Nov, Dez tägl. 13:00-16:00, April-Okt tägl. 9:30-17:30

Die Stadt Rothenburg ob der Tauber liegt am Steilhang über dem Taubertal und gilt als eine der romantischsten Städte Deutschlands. Sie ist seit dem Mittelalter ein zentraler Knotenpunkt für Jakobspilgerinnen und -pilger aus Nord- und Osteuropa, da sich hier wichtige Handelswege mit den häufig damit verbundenen Pilgerrouten kreuzten. Heute treffen sich hier Pilgerinnen und Pilger, die auf den aus Nürnberg und Würzburg kommenden Wegen sowie auf den nach Ulm und Rottenburg am Neckar führenden Pilgerrouten wandern. Die alten, malerischen Gassen und die schönen Baudenkmäler versetzen die die Besucherinnen und Besucher in der mittelalterlichen Altstadt in eine längst vergangene Zeit.

Index

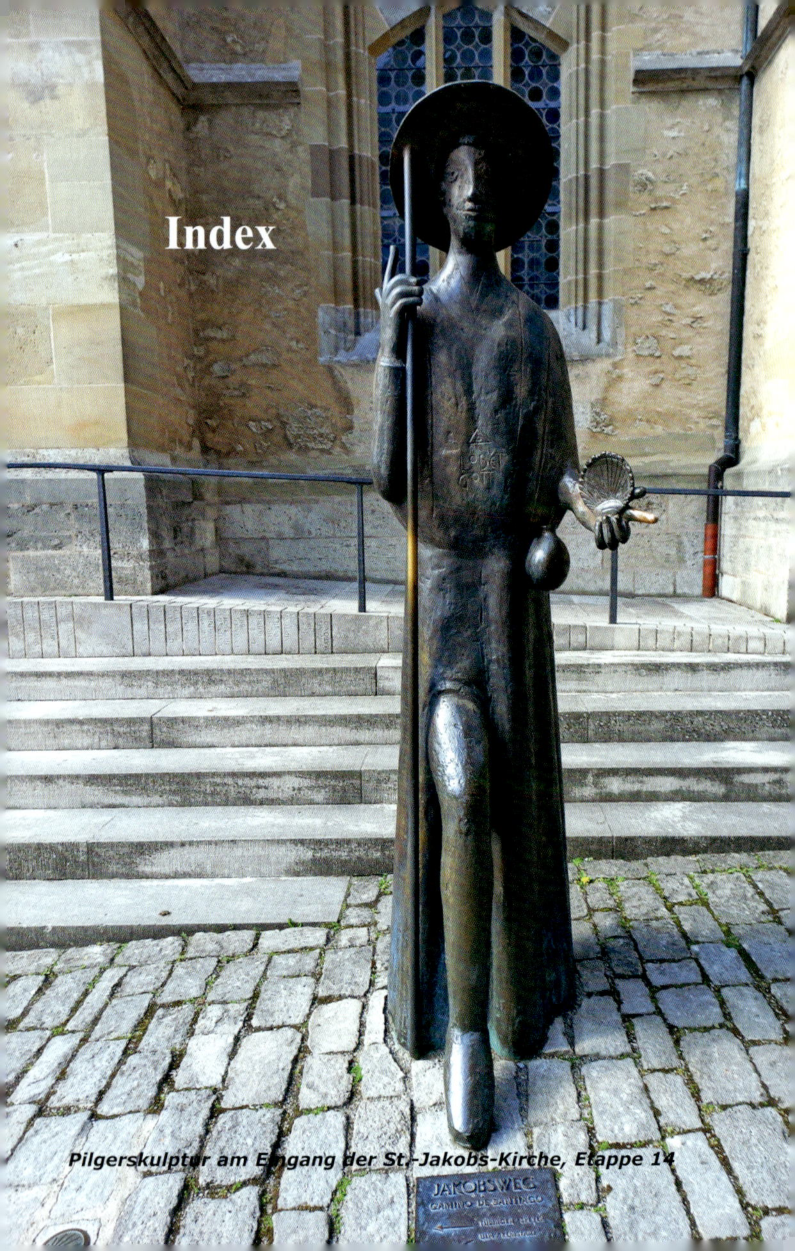

Pilgerskulptur am Eingang der St.-Jakobs-Kirche, Etappe 14